工程经济
与项目管理解析与实战

■ 王 莉／编 李慧民／主审

辽宁大学出版社
Liaoning University Press

图书在版编目（CIP）数据

工程经济与项目管理解析与实战/王莉编. —沈阳：辽宁大学出版社，2021.1
ISBN 978-7-5698-0183-5

Ⅰ.①工… Ⅱ.①王… Ⅲ.①工程经济学②工程项目管理 Ⅳ.①F062.4②F284

中国版本图书馆CIP数据核字（2020）第223887号

工程经济与项目管理解析与实战
GONGCHENG JINGJI YU XIANGMU GUANLI JIEXI YU SHIZHAN

出 版 者：辽宁大学出版社有限责任公司
（地址：沈阳市皇姑区崇山中路66号　邮政编码：110036）
印 刷 者：沈阳东泽印刷有限公司
发 行 者：辽宁大学出版社有限责任公司
幅面尺寸：170mm×240mm
印　　张：16.25
字　　数：300千字
出版时间：2021年1月第1版
印刷时间：2021年1月第1次印刷
责任编辑：吕　娜
封面设计：韩　实
责任校对：齐　悦

书　　号：ISBN 978-7-5698-0183-5
定　　价：75.00元

联系电话：024-86864613
邮购热线：024-86830665
网　　址：http://press.lnu.edu.cn
电子邮件：lnupress@vip.163.com

目 录

第 1 章 绪论 ··· 1
1.1 内容分析 ·· 1
1.2 重点及难点分析 ·· 2
1.3 思考题 ··· 2

第 2 章 工程经济评价基础 ·· 9
2.1 内容分析 ·· 9
2.2 重点及难点分析 ·· 10
2.3 思考题 ··· 11
2.4 计算题及解题指导 ··· 21

第 3 章 投资方案经济效果评价 ··· 28
3.1 内容分析 ·· 28
3.2 重点及难点分析 ·· 29
3.3 思考题 ··· 29
3.4 计算题及解题指导 ··· 41

第 4 章 项目工程经济分析 ··· 50
4.1 内容分析 ·· 50
4.2 重点及难点分析 ·· 51
4.3 思考题 ··· 52
4.4 计算题及解题指导 ··· 76

第 5 章 价值工程 ··· 94

5.1 内容分析 ··· 94
5.2 重点及难点分析 ··· 95
5.3 思考题 ··· 95
5.4 计算题及解题指导 ··· 116

第 6 章 工程项目施工合同管理 ··· 129

6.1 内容分析 ··· 129
6.2 重点及难点分析 ··· 130
6.3 思考题 ··· 130

第 7 章 工程项目组织管理 ··· 144

7.1 内容分析 ··· 144
7.2 重点及难点分析 ··· 146
7.3 思考题 ··· 146

第 8 章 工程项目质量管理 ··· 159

8.1 内容分析 ··· 159
8.2 重点及难点分析 ··· 160
8.3 思考题 ··· 161
8.4 计算题及解题指导 ··· 174

第 9 章 工程项目成本管理 ··· 180

9.1 内容分析 ··· 180
9.2 重点及难点分析 ··· 181
9.3 思考题 ··· 182
9.4 计算题及解题指导 ··· 194

第 10 章 工程项目安全与环境管理 ··· 201

10.1 内容分析 ··· 201

目 录

    10.2   重点及难点分析 ………………………………………… 202

    10.3   思考题 …………………………………………………… 203

第 11 章　工程项目风险管理 ………………………………………… 218

    11.1   内容分析 ………………………………………………… 218

    11.2   重点及难点分析 ………………………………………… 219

    11.3   思考题 …………………………………………………… 219

    11.4   综合题 …………………………………………………… 230

第 12 章　建筑工程项目进度管理 …………………………………… 233

    12.1   内容分析 ………………………………………………… 233

    12.2   重点及难点分析 ………………………………………… 234

    12.3   思考题 …………………………………………………… 234

    12.4   综合题 …………………………………………………… 246

第1章 绪 论

1.1 内容分析

1.1.1 学习目的

了解基本建设与建筑业的关系；建设工程项目管理内容分类；熟悉建设项目经济评价的内容及作用；建设项目可行性研究的内容；掌握基本建设内容、程序；建设工程项目管理基础知识。

1.1.2 学习内容

本章知识结构，如图1.1所示。

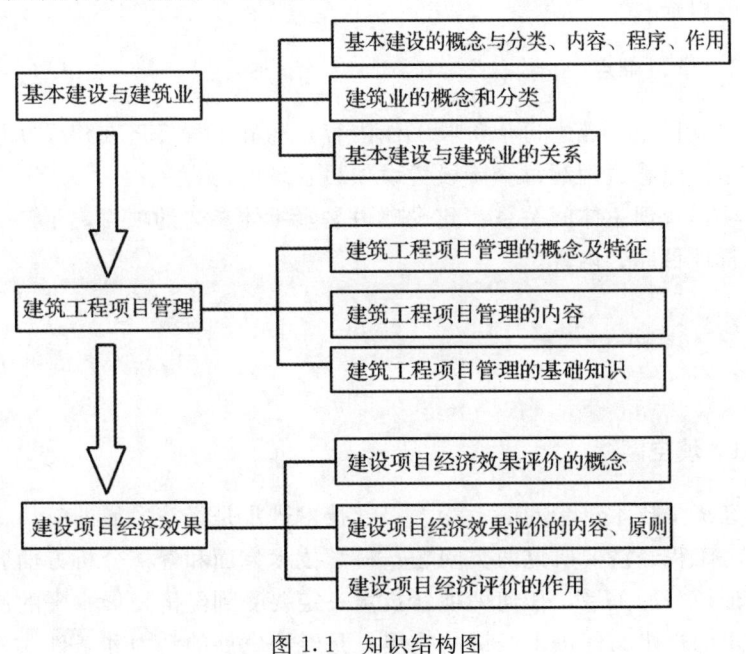

图1.1 知识结构图

1.2 重点及难点分析

1.2.1 学习重点

基本建设的内容：固定资产的建造；固定资产的购置；其他基本建设工作（包括勘察设计、土地征用、职工培训、建设单位管理等工作）。

基本建设程序，如图 1.2 所示。

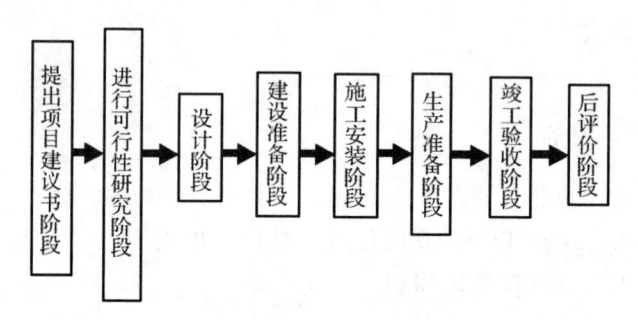

提出项目建议书阶段 → 进行可行性研究阶段 → 设计阶段 → 建设准备阶段 → 施工安装阶段 → 生产准备阶段 → 竣工验收阶段 → 后评价阶段

图 1.2 基本建设程序

建设工程项目管理基础知识：建筑工程项目管理的内容；各参与方对建设项目管理的内容。

1.2.2 学习难点

基本建设程序：熟悉每个阶段工作内容，明确工程经济在建设初期和建设后期的应用；熟悉、理解每个阶段建设项目管理的内容。

建设项目管理主体间关系：建设项目是多主体参与的项目，了解、知道各参与方的管理目标、内容。

1.3 思考题

1.3.1 填空题

（1）经济是技术进步的（　　　　），技术进步是经济发展的（　　　　）。

解析：工程经济要研究两类问题：科学技术方面和经济分析方面。两者之间存在辩证统一的关系，任何一项新技术一定要受到经济发展水平的制约和影响，而技术的进步又促进了经济的发展，是经济发展的动力和条件。

第 1 章 绪论

答案：目的和动力；手段和方法

（2）工程经济，就是研究为实现一定功能而提出的在（　　　　）上可行的技术方案、生产过程、产品或服务，在（　　　　）上进行计算分析、比较和论证的方法的科学。

解析：工程经济是一门研究工程（技术）领域经济问题和经济规律的科学。具体地说，就是研究为实现一定功能而提出的在技术上可行的技术方案、生产过程、产品或服务，在经济上进行计算分析、比较和论证的方法的科学。

答案：技术；经济

（3）基本建设的内容包括（　　　　　　　　　　　　　　　　　　）。

解析：基本建设是对一定的固定资产的建筑、设备的添置和安装活动以及与此相联系的其他工作，是一种综合性的经济活动，是固定资产投资中新建与扩建的投资活动。内容包括固定资产的建造、固定资产的购置（包括符合固定资产条件的设备、工具、器具等的购置）和其他基本建设工作。

答案：固定资产的建造、固定资产的购置（包括符合固定资产条件的设备、工具、器具等的购置）和其他基本建设工作

（4）（　　　　　）是指以建筑产品生产过程为主导，以相关工程服务为辅助，以与建筑业有关的科研、教育及相关工业生产（如建材、机械设备制造等）为依托的、功能完善的产业。

解析：建筑业以建筑产品生产过程为主导，以相关工程服务为辅助，以与建筑业有关的科研、教育及相关工业生产（如建材、机械设备制造等）为依托的、功能完善的产业。

答案：建筑业

（5）（　　　　　）分别从项目的技术上、经济上和财务上进行全面论证、优化和推荐最佳方案。

解析：可行性研究阶段（包括可行性研究报告评估）分别从项目的技术上、经济上和财务上进行全面论证、优化和推荐最佳方案。

答案：可行性研究阶段（包括可行性研究报告评估）

（6）建筑工程项目管理，是指从事工程项目管理的企业，受工程项目业主方委托，对工程建设（　　　　）或（　　　　）进行专业化管理和服务活动。其内涵是：自项目开始至项目完成，通过项目策划和项目控制，以使项目的费用目标、进度目标和质量目标得以实现。

解析：建筑工程项目管理，是指从事工程项目管理的企业，受工程项目业主方委托，对工程建设全过程或分阶段进行专业化管理和服务活动。其内涵是：自项目开始至项目完成，通过项目策划和项目控制，以使项目的费用目

· 3 ·

标、进度目标和质量目标得以实现。

答案：全过程；分阶段

（7）项目的单件性和一次性特点决定了建筑工程项目管理的（　　　）特点。

解析：建筑工程项目管理是一种一次性的管理。项目的单件性和一次性特点决定了建筑工程项目管理的一次性特点。

答案：一次性

（8）总承包项目管理的主要任务包括"四控、四管、一协调"。其中，"四控"是指（　　　）。

解析：总承包项目管理的主要任务包括"四控、四管、一协调"。其中，"四控"是指安全目标控制、投资控制和总承包成本控制、进度控制、质量控制。

答案：安全目标控制、投资控制和总承包成本控制、进度控制、质量控制

（9）建设项目经济效果评价是对建设项目所投入的人力、物力、财力，经过建设工程活动所达到的效果的评价，其反应的是工程项目建设领域的（　　　）之间的关系。

解析：建设项目经济效果评价是对建设项目所投入的人力、物力、财力，经过建设工程活动所达到的效果的评价，其反应的是工程项目建设领域的劳动消耗和由此获得的固定资产之间的关系。

答案：劳动消耗和由此获得的固定资产

（10）建设项目经济评价包括众多因素，比如可计量因素和不可计量的因素；远期经济效果和近期经济效果；微观经济效果和宏观经济效果；综合的、全面的经济效果。其内容包括两方面：（　　　）。

解析：建设项目经济评价包括众多因素，比如可计量因素和不可计量的因素；远期经济效果和近期经济效果；微观经济效果和宏观经济效果；综合的、全面的经济效果。其内容包括两方面：财务评价和国民经济评价。

答案：财务评价和国民经济评价

1.3.2 简答题

（1）简述基本建设的内容及其作用。

解析：基本建设内容：①固定资产的建造——固定资产的建造包括建筑物和构筑物的营造与设备安装两部分。营造工作主要包括各类房屋及构筑物的建造工程，管道及输电线路的敷设工程，水利工程，炼铁及炼焦炉的砌筑工程；设备安装工作主要包括生产、动力、起重、运输、传动和医疗、试验、检验等

各种需要安装的设备的装配和装置工程。②固定资产的购置——固定资产的购置包括符合固定资产条件的设备、工具、器具等的购置。固定资产不是根据其物质的技术性质决定的，而是根据其经济用途决定的。设备购置是流通过程，也是形成固定资产的一条途径。因此，固定资产的购置是基本建设的重要内容。③其他基本建设工作——包括勘察设计、土地征用、职工培训、建设单位管理等工作。这些工作是进行基本建设所不可缺少的，所以也是基本建设的重要内容。

基本建设作用：①为国民经济各部门提供生产能力——基本建设是提高人民物质、文化生活水平和加强国防实力的重要手段。具体作用是：为国民经济各部门提供生产能力；影响和改变各产业部门内部、各部门之间的构成和比例关系；使全国生产力的配置更趋合理；用先进的技术改造国民经济，为社会提供住宅、文化设施、市政设施；为解决社会重大问题提供物质基础。基本建设所形成的生产性固定资产，它的物质内容就是生产手段，而生产手段是构成生产力的重要因素之一。②为提高人民的生活水平创造新的基础设施——基本建设新建的生产消费性产品的固定资产，使工业消费品的生产能力得到增加，从而提高了对人民生活需要的满足能力。基本建设还直接为社会提供住宅、文化设施、市政设施等固定资产。③合理配置生产力——我国大部分工厂分布在沿海城市，而沿海城市资源相对缺乏；西北地区资源丰富，但工厂不多。为改变这种生产力布局不合理的状况，使资源得到合理利用，需要通过调控基本建设投资加以调整。④利用先进技术改造国民经济——为尽快提升我国生产力水平，就必须用现代化科学技术来改造国民经济各部门，即要通过基本建设新建一些用先进技术装备起来的新企业，又要通过基本建设对现有企业用先进技术进行技术改造。

（2）简述建筑业在国民经济中的作用。

解析：①为国民经济各部门提供生产能力——基本建设所形成的生产性固定资产，它的物质内容就是生产手段，而生产手段是构成生产力的重要因素之一。②为提高人民的生活水平创造新的基础设施——基本建设新建的生产消费性产品的固定资产，使工业消费品的生产能力得到增加，从而提高了对人民生活需要的满足能力。基本建设还直接为社会提供住宅、文化设施、市政设施等固定资产。③合理配置生产力——通过基本建设可即时调整和改善经济的重大比例关系，调整产业和部门结构，推进经济持续有效的发展。④利用先进技术改造国民经济——为尽快使我国生产力水平达到中等发达国家水平，就必须用现代化科学技术来改造国民经济各部门，即要通过基本建设新建一些用先进技术装备起来的新企业，又要通过基本建设对现有企业用先进技术进行技术改造。

(3) 简述基本建设与建筑业之间的关系。

解析：两者联系——基本建设的主要内容由建筑业来完成；基本建设投资是促进建筑业发展的客观需要。两者区别——性质不同：基本建设是一种投资行为、活动，建筑业是物质生产活动；内容不同：基本建设包含建筑业完成的建安工程及设备购置，建筑业包含基本建设投资形成和更新改造、维修资金形成的建安任务；任务不同：基本建设是为形成固定资产，建筑业是形成建筑产品并获得利润。

(4) 简述生产性工程建设项目建设程序。

解析：现行的基本建设程序为如下七个阶段：①项目建议书阶段。项目建议书是由投资者（一般由项目主管部门或企、事业单位）对准备建设项目提出的大体轮廓性设想和建议。主要确定拟建项目必要性和是否具备建设条件及拟建规模等，为进一步研究论证工作提供依据。②可行性研究阶段（包括可行性研究报告评估）。该阶段分别从项目的技术上、经济上和财务上进行全面论证、优化和推荐最佳方案，与这一阶段相联系的工作还有由工程咨询公司对可行性研究报告进行评估。③设计阶段，也称为勘察设计阶段，是项目决策后进入建设实施的重要阶段。设计阶段主要工作通常包括扩大初步设计和施工图设计两个阶段，对于技术复杂的项目还要增加技术设计文件。以上设计文件和资料是国家安排建设计划和项目组织施工的主要依据。④建设准备阶段。主要工作包括申请列入固定资产投资计划及开展各项施工准备工作。这一阶段的工作质量，对保证项目顺利建设具有决定性作用。这一阶段工作就绪，即可编制开工报告，申请正式开工。⑤施工安装阶段。在建设项目已列入年度基本建设计划，并已做好施工准备，具有开工条件，开工报告经主管机关批准以后，才允许正式施工。⑥竣工验收阶段。这一阶段是项目建设实施全过程的最后一个阶段，是考核项目建设成果，检验设计和施工质量的重要环节，也是建设项目能否由建设阶段顺利转入生产或使用阶段的一个重要阶段。⑦项目后评价阶段。

(5) 简述什么是建筑工程项目管理。

解析：建筑工程项目管理，是指从事工程项目管理的企业，受工程项目业主方委托，对工程建设全过程或分阶段进行专业化管理和服务活动，其内涵是：自项目开始至项目完成，通过项目策划和项目控制，以使项目的费用目标、进度目标和质量目标得以实现。按建设工程生产组织的特点，一个项目往往由众多参与单位承担不同的建设任务，而各参与单位的工作性质、工作任务和利益不同，因此形成了以下不同的建设工程项目管理类型：①业主方的项目管理（它是建设工程项目管理的核心，是建设工程项目生产的总组织者）；

②设计方的项目管理；③施工方的项目管理；④供货方的项目管理；⑤建设项目总承包方的项目管理；⑥其他建设工程项目管理。

（6）简述建筑工程项目管理的特点。

解析：①建筑工程项目管理是一种一次性的管理。项目的单件性和一次性特点决定了建筑工程项目管理的一次性特点。②建筑工程项目管理的主体是多方面的。建筑工程是个多主体参与的工程项目，涉及设计单位、施工单位、材料供应商、建设主管行政单位等，不同的参与主体所站的管理角度不一样，因此增加了建筑工程项目管理协调和沟通上的难度。③建筑工程项目管理具有复杂性。建筑工程项目投资大、建设周期长、项目组成复杂，其生产工艺技术和建造技术具有专业特殊性，因此造就了建筑工程项目管理的复杂性。④建筑工程项目管理是一种全过程的综合性管理。建筑工程项目各阶段有明显的界限，既相互衔接又相互不可间断，这就决定了建筑工程项目是对建筑工程项目生命周期全过程的管理。

（7）简述建设工程项目管理的内容。

解析：①建筑工程项目质量管理：建筑工程质量是指反映建筑工程满足相关标准规定或合同约定的要求，包括其在安全、使用功能及其耐久性能、环境保护等方面所有明显和隐含能力的特性总和。因此，在整个建筑工程项目建设周期内，对涉及工程项目质量的因素均应纳入质量管理范畴。②建筑工程进度管理：现代建筑工程项目进度是一个综合指标，其直接目的就是按照合同要求工期完成建筑工程项目内容。进度控制已不仅仅是指施工工期的控制，而必须对工期以及劳动消耗、成本、工程实物、资源因素等统一规划。工期作为进度的一个基本指标，建筑工程进度控制首先表现为工期控制，高效的工期控制才能达到高效的进度控制。③建筑工程成本管理：建筑工程项目成本管理是在保证满足工程质量、工期等合同要求的前提下，对工程项目实施过程中所发生的费用，通过进行有效的计划、组织、控制和协调等活动实现预定的成本目标，并尽可能地降低成本费用、实现目标利润、创造良好经济效益的一种科学的管理活动。

（8）简述建设项目经济评价的含义。

解析：建设项目经济效果评价是对建设项目所投入的人力、物力、财力，经过建设工程活动所达到的效果的评价，其反应的是工程项目建设领域的劳动消耗和由此获得的固定资产之间的关系。其目的是根据国民经济发展战略和行业、地区发展规划的要求，在做好产品（或服务）市场预测分析和厂址选址、工艺技术方案等选择等工程技术研究的基础上，对项目投入的费用和产出的效益进行计算、分析，通过多方案比较，分析论证拟建项目的财务可行性和经济合理性，为做出正确的决策提供科学依据。对一个建设项目的评价，不仅要权衡其技术的先进性与完善程度，更重要的是权衡其投入使用后的经济效果。

(9) 简述建设项目经济评价的内容。

解析：内容包括两方面：财务评价和国民经济评价。

①财务评价是从企业经济利益角度，考察建设项目的盈利能力、清偿能力、财务生存能力，评价建设项目在财务上的可行性，进而决定该建设项目是否应该投资建设。②国民经济评价是从国家和社会整个国民经济角度来考察建设项目的经济合理性，是根据国家现行财税制度、价格体系和有关法规和规定，分析、计算项目直接发生的财务效益和费用，编制财务报表，计算评价指标，从项目（企业）角度考察项目盈利能力、清偿能力以及外汇平衡等财务状况，据以判别项目的财务可行性的一种经济评价方法。

(10) 简述建设项目经济评价须遵守的原则。

解析：建设项目经济评价时应遵循以下原则：①符合国家有关规定，符合社会主义市场经济发展规律；②宏观经济评价与微观经济评价相结合；③动态经济评价与静态经济评价相结合；④定量分析与定性分析相结合；⑤价值量分析与实物量分析相结合；⑥全过程经济效果分析与阶段性经济效果分析相结合。

第2章　工程经济评价基础

2.1　内容分析

2.1.1　学习目的

掌握现金流量图画法；掌握资金时间价值的概念；掌握单利及复利计息方法。

2.1.2　学习内容

本章知识结构，如图2.1所示。

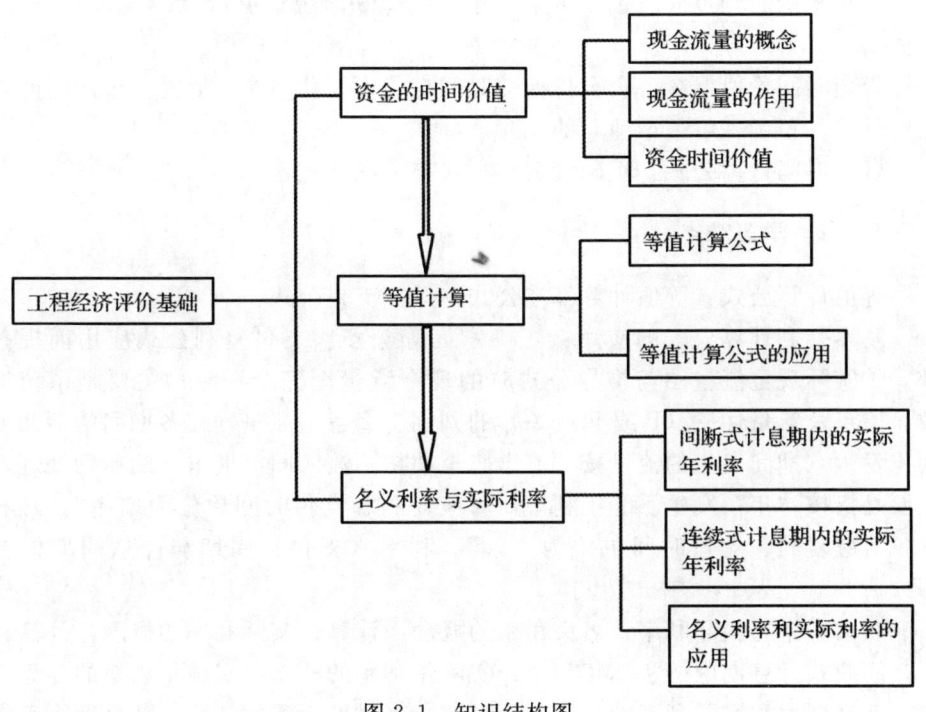

图2.1　知识结构图

2.2 重点及难点分析

2.2.1 学习重点

现金流量概念（Cash Flows）：是针对特定的经济系统在某一时点发生了使用权或所有权转移的现金或其等价物（可以是国库券、定期存单、银行承兑汇票等）的数量。

现金流量图：现金流量图的三大要素；现金流量图。

资金的时间价值：资金时间价值的概念；衡量资金时间的尺度；单利计算资金时间价值；复利计算资金时间价值。

现金流量图的正确理解及画法：①水平线是时间标度，时间的推移是自左向右，每一格代表一个时间单位（年、月、日）；时间长度称为期数。②垂直箭线表示现金流量：常见的向上——现金的流入，向下——现金的流出。③一般假定现金的支付都发生在每期期末。④现金流量图与立脚点有关。⑤时间的连续性决定了坐标轴上的每一个时点既表示上一期期末也表示下一期期初，如第一年年末的时刻点同时也表示第二年年初。⑥净现金流量$_t$＝现金流入$_t$－现金流出$_t$。

资金时间价值概念：资金价值随时间变化而变化，主要研究资金随时间增值的现象。正确理解"增值"的概念。

资金时间计算公式：正确理解单利法与复利法。

2.2.2 学习难点

等值计算公式：等值计算基本公式；等额支付公式。

基本复利计算公式的应用：正确掌握等额多次支付复利公式应用前提条件。①实际现金流量图与推导公式时的现金流量图完全一致；主要是系统期数、原点及流量性质（P或F或A）的判别。②各笔流量均在各期间的期初或期末发生（期间发生的流量按"流出归至期初、流入归至期末"的原则处理），主要是指按"年"发生。③年利率，对应复利、支付时间单位为"年"。月利率，对应复利、支付时间单位为"月"。利率（支付）周期与计息周期保持一致。

名义利率与实际利率：名义利率的概念，计算；实际利率的概念，计算。

间断式计息期内的实际年利率：实际年利率的概念；实际年利率的计算。

名义利率和实际利率的应用：计息期与支付期一致的计算；计息期短于支

付期的计算；计息期长于支付期的计算。

名义利率、实际利率、实际年利率：正确理解三者之间关系，会互相转换。

名义利率和实际利率的应用：当出现名义利率、实际利率时，注意复利公式的应用。支付期、计息周期所采用的计息利率的时间单位必须要一致，才能使用相应公式。

2.3 思考题

2.3.1 填空题

(1) 现金流量反映的是工程项目在整个寿命周期内现金活动的(　　　　)。

解析：现金流量（Cash Flows），是针对特定的经济系统（如：一个建设项目、一个企业、一个国家、一个地区或一个部门）在某一时点发生了使用权或所有权转移的现金或其等价物（可以是国库券、定期存单、银行承兑汇票等）的数量。现金流量是指拟建项目在整个项目计算期内的各个时点上实际所发生的现金流入、现金流出，以及流入与流出的差额（又称为净现金流量）。一是计算现金流量的周期为寿命周期，二是资金的流入或流出。

答案：实际收入和支出

(2) 现金流量一般以(　　　　)为时间量单位。

解析：现金流量一般以计息周期（年、季、月等）为时间量的单位，用现金流量图或现金流量表来表示。

答案：计息周期

(3) 资金只有在生产和流通过程中随着时间推移才会产生(　　　　)。

解析：资金在生产和流通过程中，即产品价值的形成过程中，随时间推移而产生的资金增值——资金时间价值。

答案：资金时间价值

(4) (　　　　)是指资金在生产流通过程中，随着时间变化而产生的资金增值。

解析：资金在生产和流通过程中，即产品价值的形成过程中，随时间推移而产生的资金增值——资金时间价值。

答案：资金时间价值

(5) 现金流量的三个要素为现金流量的(　　　　)。

解析：现金流量图的三个要素：大小——现金流量的数额；流向——现金

流入或流出；时点——现金流入或流出所发生的时间点。

答案：大小、流向、时点

（6）现金流量图中时间轴上的点称为（　　　），通常表示的是该年的（　　　）。

解析：现金流量图以横轴为时间轴，向右延伸表示时间的延续，轴上每一个刻度表示一个时间单位，可取年、半年、季度或月等，若没有特别说明的情况下，一般以年表示。0表示时间序列的起点，n表示时间序列的终点。

答案：时点；年末

（7）影响资金等值的因素有（　　　　　　　　　　）。

解析：影响资金等值的因素有三个：金额的多少，资金发生的时间，利率（或折现率）的大小。其中利率是关键因素，一般等值计算中以同一利率为依据。

答案：金额、时间、利率

（8）由于（　　　　　）的存在，不同时期相同金额的资金价值是不等的。

解析：资金有时间价值，即使金额相同，因其发生在不同时间，其价值就不相同。反之，不同时点绝对不等的资金在时间价值的作用下却可能具有相等的价值。

答案：资金时间价值

（9）衡量资金时间价值的绝对尺度是（　　　　　　）。

解析：衡量资金时间价值的尺度有两种：其一为绝对尺度，即利息、盈利或收益；其二为相对尺度，即利率、盈利率或收益率。

答案：利息

（10）（　　　　）是衡量资金时间价值最直观的表现。

解析：利息是衡量资金时间价值的绝对尺度，是其最直观的表现。

答案：利息

（11）（　　　　）反映了资金随时间变化的增值率。

解析：利率是一个计算期内所得的利息额与借贷金额（本金）的比值，它反映了资金随时间变化的增值率。

答案：利率

（12）（　　　　　）的计息方式是指只按本金计息，到期不付的利息不再生息。

解析：单利计息是指仅用本金计算利息，利息到期不付不再生息。不论本金时间有多长，只对本金计算利息，不考虑先期产生利息的利息。

答案：单利

(13) 工程经济分析中一般采用（　　　　）计息。

解析：复利计息更符合资金在社会再生产过程中运动的实际状况，工程经济分析中一般采用复利计息。

答案：复利

(14) 名义利率是指（　　　　　　　　　　　　　　　　　　）。

解析：名义利率，是指当计息周期小于利率周期时，计息周期利率乘以一个利率周期内的计息周期数所得的利率周期利率。

答案：计息周期和利率周期不一致时的利率

(15) 年利率为12%，按月计息，则12%为（　　　　　）。

解析：名义利率，是指当计息周期小于利率周期时，计息周期利率乘以一个利率周期内的计息周期数所得的利率周期利率。

答案：名义利率

(16) 名义利率通常是计息期（　　　）1年的年利率；其明显有别于实际利率。

解析：名义利率实质上是计息期不是1年的年利率，通常是计息期<1年的年利率；其明显有别于实际利率。

答案：小于

(17) 计息周期和利率周期保持一致时的利率称为（　　　）。

解析：计息周期和利率周期保持一致时的利率，称为实际利率。

答案：实际利率

(18) 每年计息期m越多，$i_{实}$与$i_{名}$相差（　　　）。

解析：每年计息期m越多，$i_{实}$与$i_{名}$相差越大。

答案：越大

(19) 计算利息的时间单位有（　　　　）和（　　　　　　）。

解析：计算利息的时间单位有两种：间断复制和连续复制。间断复利：计息周期为一定的时间区间（年、月等）的复利计息。连续复利：计息周期无限缩短（即0）的复利计息。

答案：间断复利；连续复利

2.3.2　选择题

(1) 关于现金流量图，下列说法错误的是（　　　）。

A. 现金流量图的三大要素：时间、箭线、大小

B. 现金流量图主要表示不同时点资金的流入与流出情况

C. 现金流量图中某个时点既表示上一期计算期末，又表示下一个计算期期初

D. 现金流量图中用向上的箭头表示现金流入，向下的箭头表示现金流出

解析：现金流量图，是能反映经济系统现金流量随时间变换的图式，是把经济系统的现金流入量、现金流出量汇入一个时间坐标图中，从而清晰地表现出各现金流入、流出与相应时间点的关系。现金流量图的三大要素是指时点、流向、大小。现金流量图中，水平线是时间标度，时间的推移是自左向右，每一格代表一个时间单位（年、月、日）；时间长度称为期数。垂直箭线表示现金流量：常见的向上——现金的流入，向下——现金的流出。一般假定现金的支付都发生在每期期末。现金流量图与立脚点有关。

答案：A

（2）现金流量图中，垂直于时间轴向上的箭线是（　　）。

A. 现金流出

B. 净现金流量

C. 现金流入

D. 累计净现金流量

解析：垂直箭线表示现金流量：常见的向上——现金的流入，向下——现金的流出。

答案：C

（3）关于现金流量图的绘制方法，说法正确的是（　　）。

A. 现金流量图绘制时，表示现金流的箭线长短与现金流大小无关

B. 现金流量图绘制时，其箭线方向与所站角度无关

C. 箭线与时间轴的交点指现金流发生的时点

D. 现金流量图绘制时，投资总是绘制在 0 时刻点上

解析：现金流量图中，箭线长短与现金流量数值大小应成比例。但由于经济系统中各时点现金流量的数额时常相差较多，不易绘成比例，因此现金流量图中的箭线长短只要能适当体现各自数值的差异，在各箭线上方或下方表示其现金流量的数值即可。箭线与时间轴的交点即为现金流量发生的时点。现金流入与流出总是针对特定的经济系统而言的，分析时所占角度不一样，其现金流入与流出也不一样。

答案：C

（4）对资金时间价值概念，下列说法错误的是（　　）。

A. 产品价值的形成过程中，随时间推移而产生的资金增值称为资金时间价值

B. 资金在运行过程中，所谓的增值是指双向的，即增或减

C. 直接影响资金等值的因素是资金额度和利率高低

D. 直接影响资金等值的因素是现金流和资金额度

解析：资金在生产和流通过程中，即产品价值的形成过程中，随时间推移而产生的资金增值——资金时间价值。资金价值随时间变化而变化，主要研究资金随时间增值的现象。直接影响资金等值的因素是资金额度和利率高低。

答案：D

（5）在利息率和现值相同的情况下，若计息期为一期，则复利终值和单利终值（　　）。

A. 前者大于后者

B. 相等

C. 后者大于前者

D. 不相等

解析：由于计息期只有一期，说明复利的实质并没有体现，而且利率和现值相等，因此复利终值与单利终值相等。

答案：B

（6）工程经济中常以采用复利计息的原因是（　　）。

A. 便于计算

B. 迎合市场要求

C. 财务制度要求

D. 更符合资金实际运行情况

解析：资金是在不停地运动，每时每刻都通过生产和流通在增值，应采用连续复利计息。

答案：D

（7）下列与年金终值系数互为倒数的是（　　）。

A. $(1+i)^n$

B. $\dfrac{(1+i)^n - 1}{i}$

C. $\dfrac{i}{(1+i)^n - 1}$

D. $\dfrac{(1+i)^n - 1}{i(1+i)^n}$

解析：$(A/F, i, n) = 1/(F/A, i, n)$。

答案：C

（8）现向银行存入1000元，在年利率为10%的情况下，第3年年初取出可以获得（　　）。

A. 1210元

B. 1331 元

C. 1300 元

D. 909.1 元

解析：$F=1000(F/P,10\%,3)(P/F,10\%,1)=1210(元)$。

答案：A

（9）连续 5 年每年年末借款 1000 元，按年利率 6% 计算，第 5 年年末积累的借款为（　）元。

A. 1300

B. 4917.3

C. 5637.1

D. 5000

解析：$F=A\left[\dfrac{(1+i)^n-1}{i}\right]=1000(F/A,6\%,5)=5637.1(元)$。

答案：C

（10）如图 2.2 所示现金流量，解法正确的是（　）。

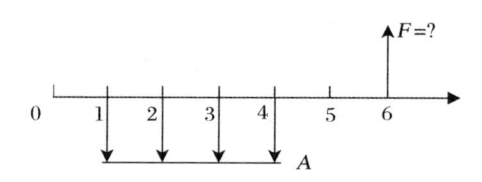

图 2.2　现金流量图

A. $F=A(F/A,i,4)(F/p,i,2)$

B. $F=A(F/A,i,4)(F/p,i,1)$

C. $F=A(P/A,i,4)(F/p,i,5)$

D. $F=A(F/A,i,6)$

解析：注意等额多次支付公式应用条件。

答案：A

（11）下列关于时间价值系数的关系式，表达正确的有（　）

A. $(F/A,i,n)=\dfrac{(P/A,i,n)}{(F/A,i,n)}$

B. $(A/P,i,n)=(A/F,i,n)+i$

C. $(F/G,i,n)=(F/A,i,n)-n$

D. $(A/P,i,n)=(A/F,i,n)-i$

解析：左 $=\dfrac{i(1+i)^n}{(1+i)^n-1}$

右 $= \dfrac{i}{(1+i)^n-1} + i = \dfrac{i+i(1+i)^n-i}{(1+i)^n-1} = \dfrac{i(1+i)^n}{(1+i)^n-1}$

等额多次支付公式应用时,所要求的 P 比第一笔 A 要早一个计算期。

答案:B

(12) 某企业从银行贷入一笔资金,复利计息,等额本息偿还,则各期应还款数额计算所采用的复利系数是( )。

A. $(P/F, i, n)$

B. $(F/A, i, n)$

C. $(A/F, i, n)$

D. $(A/P, i, n)$

解析:利用等额分付资本回收公式的资金恢复系数。

答案:D

(13) 现金流总是按照一个固定百分比逐期增加的现金流称为( )。

A. 等比序列

B. 等差序列

C. 可变序列

D. 多变序列

解析:各时点的现金流量按一定速度、以某一固定比率递增或递减,形成一个等比数列。

答案:A

(14) 某银行贷款利率为 12%,按月计息,则实际利率为( )。

A. 12%

B. 12.36%

C. 12.55%

D. 12.68%

解析:$i_{实} = (1 + \dfrac{i_{名}}{m})^m - 1 = (1 + \dfrac{12\%}{4})^4 - 1 = 12.68\%$。

答案:D

(15) 当名义利率一定时,计息次数越多,年实际利率( )。

A. 与名义利率的差距越小

B. 与名义利率的差距越大

C. 与名义利率没有差距

D. 与计息期实际利率相等

解析:每年计息期 m 越多,$i_{实}$ 与 $i_{名}$ 相差越大。

答案：B

（16）实际利率为 i，名义利率为 r，若一年计息次数大于 1，则 i 一定（　　）r。

A. 等于

B. 大于

C. 小于

D. 小于或等于

解析：年实际利率与名义利率之间关系为 $i_{实}=(1+\dfrac{i_{名}}{m})^m-1$。

答案：A

（17）名义利率与实际利率的区别在于（　　）。

A. 前者考虑了资金的时间价值

B. 前者考虑了投资风险

C. 后者考虑了资金的时间价值

D. 后者考虑了投资风险

解析：名义利率之所以称为名义利率，是因为其不能真实地反映资金在一段时间内（年）的增值情况。实际利率之所以称之为实际利率，是因为其确实可以反映资金在一段时间内（年）的增值情况。

答案：C

（18）年利率为 10%，按月计息，则名义利率与计息期利率分别为（　　）。

A. 10%，10%

B. 10.47%，10%

C. 10%，0.833%

D. 0.833%，10%

解析：$i_{名}=10\%$，$i_{计息期}=\dfrac{10\%}{12}=0.833\%$。

答案：C

（19）年利率为 8%，每季度计息一次，每季度末借款 1400 元，连续借 16 年，求与其等值的第 16 年年末的未来值为（　　）元。

A. 178604.53

B. 42454.02

C. 26095.02

D. 11840.86

解析：$F=A(F/A,2\%,64)=178604.53$。

答案：A

2.3.3 简答题

(1) 简述现金流量的概念？

解析：现金流量（Cash Flows），是针对特定的经济系统（如：一个建设项目、一个企业、一个国家、一个地区或一个部门）在某一时点发生了使用权或所有权转移的现金或其等价物（可以是国库券、定期存单、银行承兑汇票等）的数量。

(2) 绘制现金流量图的目的及主要注意事项是什么？

解析：绘制现金流量图的目的是运用现金流量图，就可全面、形象、直观地表达经济系统的资金运动状态。绘制现金流量图的主要注意事项是现金流量的大小（资金数额）、方向（资金流入或流出）和作用点（资金发生的时间点）。

(3) 什么是终值、现值、等值，等额年金？

解析：终值指发生（或折算到）某一特定时间序列终点的效益或费用，通常记作 F。

现值指发生（或折算到）某一特定时间序列起点的效益或费用，通常记作 P。狭义的年金表示连续地发生在每年年末且数额相等的现金流序列；广义的年金是连续地发生在每期期末且数值相等的现金流序列，通常计作 A。

(4) 简述什么是利息？

解析：利息是衡量资金时间价值的绝对尺度，是其最直观的表现。利息是劳动者为全社会创造的剩余价值（即社会纯收入）的再分配部分。利息是借贷资本时间价值的绝对衡量，是借贷过程中，债务人支付给债权人的超过原借款本金的部分。

(5) 何谓资金时间价值？考虑资金时间价值有何意义？

解析：资金的时间价值，指资金在用于生产、流通过程中，随时间的推移其数额日益增加而发生的增值现象。

考虑资金时间价值的意义：

①资金价值随时间的推移而变化是客观存在的，资金时间价值的变化有一定的规律性。

②只要商品生产和货币存在，就必须考虑资金的时间价值。

③可以促使合理有效地利用建设资金，提高投资的经济效益。

④可以加速资金周转，提高资金的利用效率。

⑤有利于国际贸易，为国争利。

(6) 单利和复利的区别是什么？

解析：单利和复利都是计息的方式。单利与复利的区别在于利息是否参与计息。

单利计算方法下，在到期时段内利息不参与计息；复利计算中利息按照约定的计息周期参与计息。二者的计算公式也有不同。

(7) 资金时间价值计算假定条件是什么？

解析：资金时间价值计算基本公式推导的前提条件包括：①实施方案的初期投资假定发生在方案的寿命期初；②方案实施中发生的经常性收益和费用假定发生在计息期的期末；③本期的期末为下期的期初；④现值 P 是当前期间开始时发生的；⑤将来值 F 是当前以后的第 n 期期末发生的；⑥年值 A 是在考察期间间隔发生的。

(8) 为什么要进行资金等值计算？影响资金等值计算的因素有哪些？

解析：工程经济分析中，为考察项目的经济效益，须对项目整个寿命期内不同时点收入与支出进行分析、计算，资金等值计算是考虑时间因素后，将不同时点发生的现金流量换算到同一时点上，从而满足收支在时间上的可比性。

影响资金等值的因素有三个：金额的多少，资金发生的时间，利率（或折现率）的大小。

(9) 按照现金流量的变化规律，不等额支付系列可分为哪几种情况？

解析：不等额支付系列是每期收支数额不相同的现金流量序列。按照现金流量的变化规律，可分为特殊情况下的等差和等比两种不等额现金流量序列，以及一般情况下无规律可循的不等额现金流量序列。①等差序列现金流量：现金流量序列在分析期内，每年年末发生的方向相同、大小按等额增加或减少的现金流量序列，称为等差序列现金流量。②等比序列现金流量：等比序列现金流量是指各时点的现金流量按一定速度、以某一固定比率递增或递减，形成一个等比数列。③一般不等额现金流量序列：若每期期末的现金收支不等，且无一定的规律可循。

(10) 简述等额多次支付现值公式应用前提条件？

解析：各期等额支付 A 发生在各期期末，即年值 A 是指折算到分析期内各年年末的等额现金流量；当问题包括 P 与 A 时，系列的第一个 A 与 P 隔一期，即 P 发生在系列 A 的前一期。

(11) 简述等差序列复利公式应用前提条件？

解析：对于等差序列，P 发生在第一个 G 的前两期。

(12) 什么是名义利率、实际利率？他们之间的关系是什么？

解析：名义利率，是指当计息周期小于利率周期时，计息周期利率乘以一个利率周期内的计息周期数所得的利率周期利率。实际利率是指按实际计息期计息的利率。两者间的关系可用下式表达：$i_{实·年} = \dfrac{L}{P} = (1 + \dfrac{i_名}{m})^m - 1$。

2.4 计算题及解题指导

（1）现有一项目，第 1 年年初需投资 85 万元，第 2 年年初投资 50 万元，第 3 年年末投资 100 万元，利率为 10%，问：
① 与现金流量图等值的现值。
② 与现金流量图等值的第 10 年年末的终值。
解析：现金流量图如图 2.3 所示：

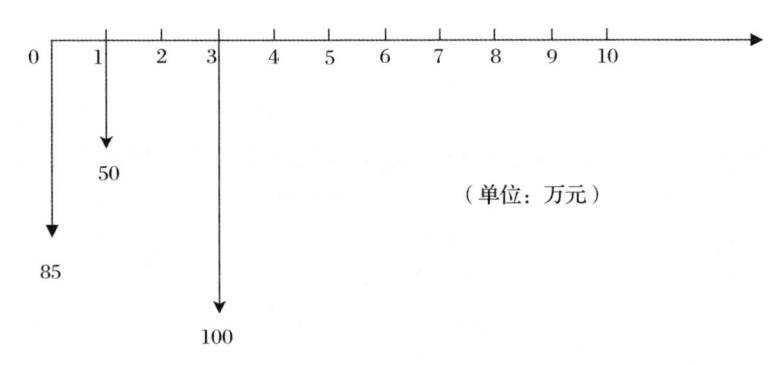

图 2.3 现金流量图

① $P = -85 - 50(P/F, 10\%, 1) - 100(P/F, 10\%, 3)$
$= -85 - 50 \times 0.9091 - 100 \times 0.7513$
$= -205.89(万元)$

② $F = -85(F/P, 10\%, 10) - 50(F/P, 10\%, 9)$
$\quad -100(F/P, 10\%, 7)$
$= -85 \times 2.5937 - 50 \times 2.3579 - 100 \times 1.9487$
$= -533.23(万元)$

（2）某设备经济寿命为 20 年，预计年净收益为 35 万元，残值为 8000 元，按照投资者要求的收益率为 25%，求该投资者最多愿意出多少钱购买该设备？
解析：现金流量图如图 2.4 所示：

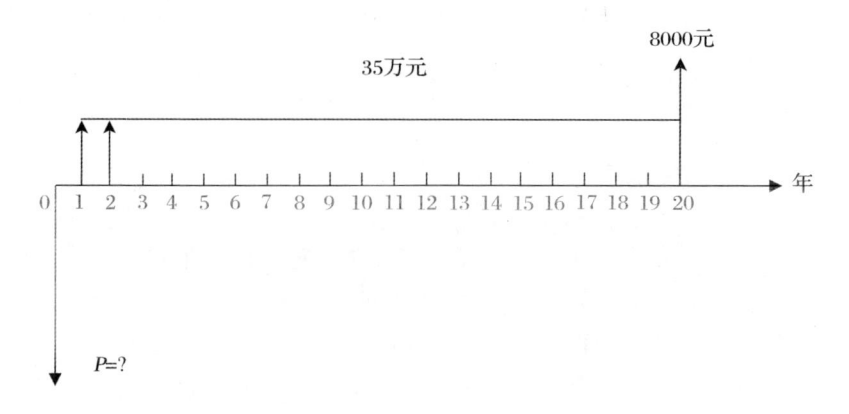

图 2.4 现金流量图

$P = 35(P/A,25\%,20) + 0.8(P/F,25\%,20)$
$= 35 \times 3.9539 + 0.8 \times 0.0115$
$= 138.40(万元)$

(3) 某建筑企业，10 年前 4800 元购入一台机械，该机械投入使用后每年可获利 1150 元。第一年维护费为 150 元，维护费以后每年递增 50 元；于第 11 年年末转让出售。设 $i=10\%$，则该机械最低售价应为多少？

解析：现金流量图如图 2.5 所示：

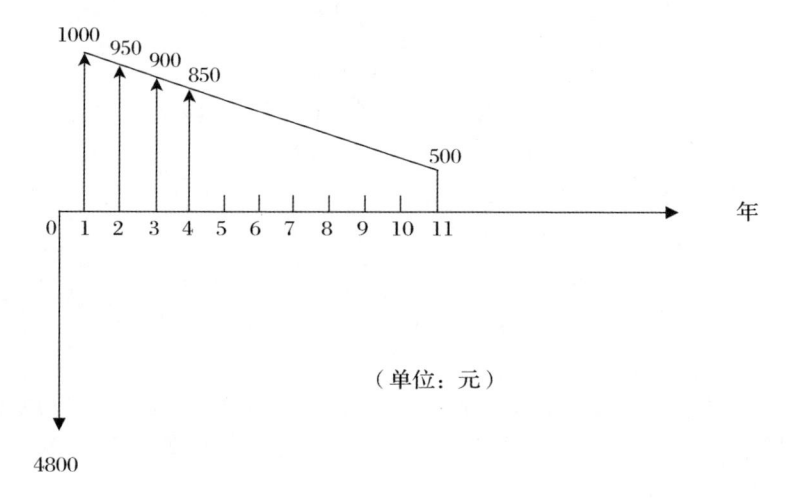

（单位：元）

图 2.5 现金流量图

$F = -4800(F/P,10\%,11) + [1000 - 50(A/G,10\%,11)](F/A,10\%,11)$

=1070.78(元)

(4) 某企业向银行贷款 300 万元开发一工程，第三年投产，投产后每年净收益为 60 万元，若年收益率为 10%，寿命期为 15 年，则：

①求与此等值的现值 P 为多少？

②投产后多少年能归还 300 万元贷款的本息？

解析：现金流量图如图 2.6 所示：

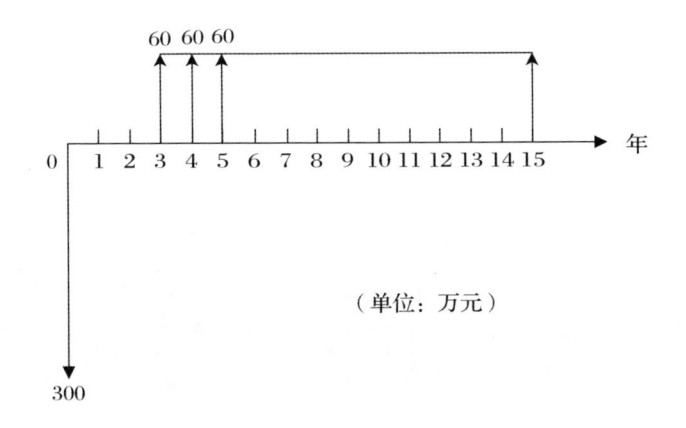

图 2.6 现金流量图

① $P = -300 + 60(P/A, 10\%, 13)(P/F, 10\%, 2)$
   $= -300 + 60 \times 7.1034 \times 0.8264$
   $= 52.21(万元)$

② $60(P/A, 10\%, n) = 300(F/P, 10\%, 2)$

查表得 $(P/A, 10\%, 9) = 5.759$，$(P/A, 10\%, 10) = 6.1446$

利用线性内插法得：

$$n = 9 + \frac{6.05 - 5.759}{6.1446 - 5.759} \times (10 - 9) = 9.75 \approx 10(年)$$

(5) 某人 2012 年至 2014 年每年年末存款 800 元，并计划从 2016 年至 2019 年每年年末存款 2000 元，年利率假设为 10%。问：

①与他所存款等值的 2020 年年末值？

②与之等值的 15 年年末值是多少？

③与之等值的 12 年至 2020 年各年年末等额资金为多少？

解析：现金流量图如图 2.7 所示：

（单位：元）

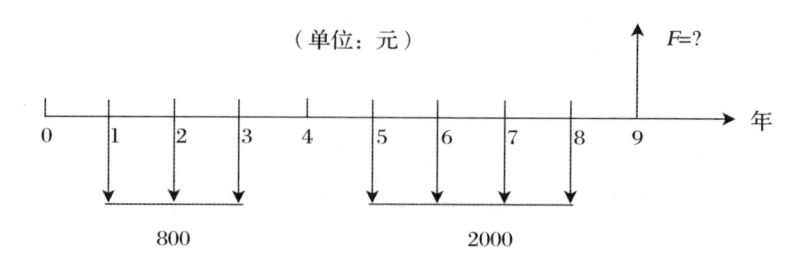

图 2.7 现金流量图

① $800(P/A, 10\%, 3)(F/P, 10\%, 9) + 2000(F/A, 10\%, 4)(F/P, 10\%, 1) = 14901.29$（元）

② 由第一问可得：$F_{15} = F_{20}(P/F, 10\%, 5) = 9252.21$（元）

③ 由第一问可得：$A = F_{20}(A/F, 10\%, 9) = 1096.73$（元）

（6）一个项目第1、2年分别投资1000万元、500万元，第3、4年各年经营收入100万元，经营费用分别为40万元，其余投资期望在以后6年内回收，问每年应回收多少资金？（利率为10%）

解析：现金流量图如图2.8所示：

（单位：万元）

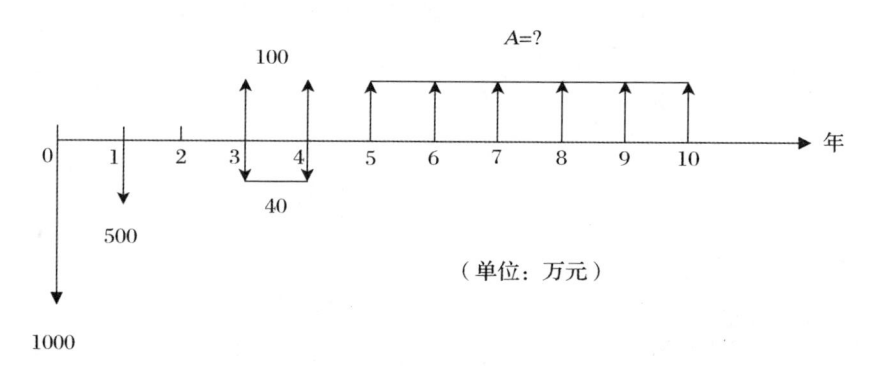

图 2.8 现金流量图

$A = [-1000(F/P, 10\%, 4) - 500(F/P, 10\%, 3) + 60(F/A, 10\%, 2)](A/P, 10\%, 6)$
$= 460$（万元）

（7）当年利率为10%时，现存入多少钱，才能正好从第4年到第8年的每年年末等额提取1000元？

解析：现金流量图如图2.9所示：

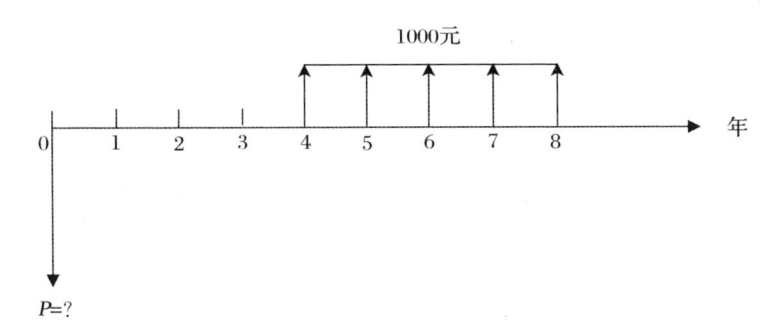

图 2.9 现金流量图

$P = 1000(F/A,10\%,5)(P/F,10\%,8) = 2848.03(元)$

（8）现存入多少钱可使今后 20 年每 5 年年末提取 3000 元？年利率为 10%。

解析：现金流量图如图 2.10 所示：

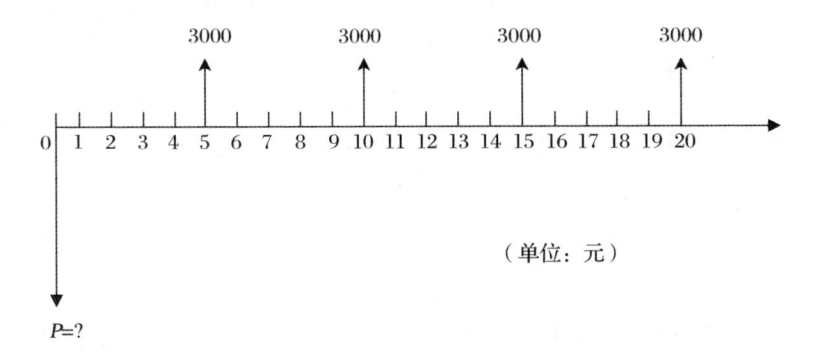

图 2.10 现金流量图

$P = 3000(A/F,10\%,5)(P/A,10\%,20) = 4183.58(元)$

（9）某地方政府新建一条公路，一次性投入 10000 万元，年维护费为 200 万元，折现率为 10%，求现值是多少？

解析：$P = \lim_{n \to \infty} A \cdot \left[\dfrac{(1+i)^n - 1}{i(1+i)^n}\right] = \dfrac{A}{i}$

$P = 10000 + \dfrac{200}{10\%} = 12000(万元)$

（10）某投资项目每年有 10 万元的投资收益，在投资收益率为 10% 的条件下，企业希望最后一次回收资金 100 万元，则该投资项目投资年限不得少于多少年？

解析：由题意可知 $(F/A,10\%,n) = 100/10 = 10$

查复利系数表可知：

$(F/A, 10\%, 7) = 9.4872$

$(F/A, 10\%, 8) = 11.4359$

求年限：$(n-7)/(10-9.4872) = (8-7)/(11.4359-9.4872)$

$n = 7.26$ 年

则该投资项目投资年限不得少于 7.26 年。

(11) 某企业向银行贷款 100 万元，利率为 10%，还款期限为 5 年。现有 2 种不同的还款方式：①到 5 年后一次还清本息；②每年年末偿还所欠利息，本金到第 5 年年末一次还清。试分析各种还款方式每年的债务情况。

解析：① $A = 100(F/P, 10\%, 5)(A/F, 10\%, 5) = 26.38$（万元）

② $A = [100(F/P, 10\%, 5) - 100](A/F, 10\%, 5) = 10$（万元）

(12) 某人计划每年年末存 1000 元，年利率 12%，每季度计息一次，连续 3 年，求存款金额的现值是多少？

解析：

解法一：

$i_{实\cdot年} = \left(1 + \dfrac{12\%}{4}\right)^4 - 1 = 12.55\%$

$P = 1000(P/A, 12.55\%, 3) = 2379$（元）

解法二：

$i_{实} = \dfrac{12\%}{4} = 3\%$

$P = 1000(A/F, 3\%, 4)(P/A, 3\%, 12) = 2379$（元）

(13) 年利率 12%，每半年计息一次，若每年年末存 1000 元，连存 6 年，求 6 年后的本利和？

解析：

解法一：

$i_{实\cdot年} = \left(1 + \dfrac{12\%}{2}\right)^2 - 1 = 12.36\%$

$F = 1000(F/A, 12.36\%, 6) = 8188.65$（元）

解法二：

$i_{实} = \dfrac{12\%}{2} = 6\%$

$F = 1000(A/F, 6\%, 2)(F/A, 6\%, 12) = 8188.65$（元）

(14) 某建设项目使用银行贷款，第一年年初贷款 100 万元，第一年年末贷款 500 万元，第二年年末贷款 800 万元。约定 10 年末一次性还清本利。若年利率为12%，按季度计息，则10年年末应偿还银行多少钱？

解析：

解法一：

$$i_{实·年} = \left(1 + \frac{12\%}{4}\right)^4 - 1 = 12.55\%$$

$F = 100(F/P, 12.55\%, 10) + 500(F/P, 12.55\%, 9) + 800(F/P, 12.55\%, 8) = 3835.43(元)$

解法二：

$$i_{实} = \frac{12\%}{4} = 3\%$$

$P = 100(F/P, 3\%, 40) + 500(F/P, 3\%, 36) + 800(F/P, 3\%, 32)$
$\quad = 3835.43(元)$

第3章 投资方案经济效果评价

3.1 内容分析

3.1.1 学习目的

了解项目现金流量的概念和构成；熟悉静态、动态经济效果评价指标的含义、特点；掌握静态、动态经济效果评价指标计算方法和评价准则；掌握互斥方案经济评价方法；掌握设备更新的理论和方法、设备经济寿命的计算。

3.1.2 学习内容

本章知识结构，如图 3.1 所示。

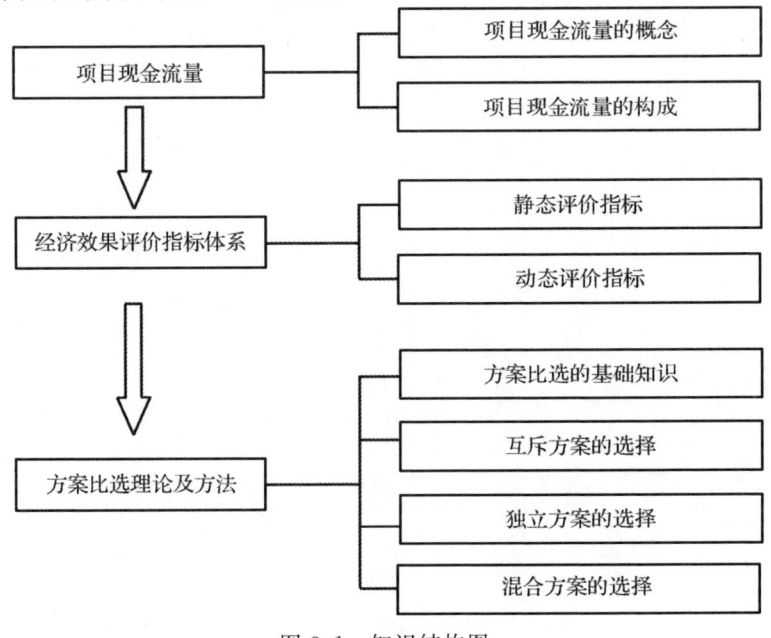

图 3.1 知识结构图

3.2 重点及难点分析

3.2.1 学习重点

投资回收期的概念和计算；净现值和净年值的概念和计算；基准收益率的概念和确定方法；净现值与收益率的关系；内部收益率的含义和计算；借款偿还期的概念和计算；利息备付率和偿债备付率的含义和计算；互斥方案的经济评价方法；设备磨损类型、补偿方式及更新分析的特点；设备经济寿命的概念和计算方法；设备更新分析方法及其应用。

3.2.2 学习难点

净现值与收益率的关系；内部收益率的含义和计算；互斥方案的经济评价方法；设备更新分析的特点；设备更新分析方法及其应用。

3.3 思考题

3.3.1 填空题

（1）在对多个方案进行比较选优时，如果各方案产出价值相同，则可以通过对各方案（　　　　）或（　　　　）的比较进行选择。

解析：在对多个方案进行比较选优时，如果各方案产出价值相同，可不予考虑，只比较各方案的费用即可，则可选择费用现值或费用年值进行比较。

答案：费用现值；费用年值

（2）内部收益率就是净现值为（　　　）时的折现率；而差额内部收益率是两互斥方案（　　　）时的折现率。

解析：此题考查内部收益率和差额内部收益率的含义。内部收益率就是净现值为零时的折现率；而差额内部收益率是两互斥方案差额净现值为零时的折现率。

答案：零；差额净现值为零

（3）根据是否考虑资金的时间价值，投资回收期分为（　　　）投资回收期和（　　　）投资回收期。

解析：根据是否考虑资金的时间价值，投资回收期分为静态投资回收期和动态投资回收期。

答案：静态；动态

（4）NPVI 指标仅适用于（　　　　　　）的方案比选。

解析：NPVI 指标仅适用于投资额相近且投资规模偏小的方案比选。

答案：投资额相近且投资规模偏小

（5）同一净现金流量的净现值随折现率 i 的增大而（　　　），因此基准折现率 i_0 定得越高，能被接受的方案越（　　　）。

解析：对于常规现金流量，净现值与折现率之间的关系是净现值的大小随着折现率的增大而单调减小。按照净现值的评价准则，只要净现值 NPV≥0，方案就可以接受；但由于净现值 NPV 是折现率 i 的递减函数，故基准折现率定得越高，能被接受的方案就越少。

答案：减小；少

（6）基准折现率 i_0 是反映投资决策者对资金时间价值估计的一个参数，它的确定不仅取决于资金来源的构成和未来的投资机会，还要考虑（　　　　　）和（　　　　　）等因素的影响。

解析：在整个项目计算期内，存在着发生不利于项目的环境变化的可能性，这种变化难以预料，即投资者要冒着一定风险作决策，仅考虑资金成本和机会成本因素是不够的，还应考虑风险因素。通常以一个适当的风险贴补率来提高基准收益率。另外，在通货膨胀影响下，各种材料、设备、房屋、土地的价格以及人工费都会上升，为反映和评价出拟建项目在未来的真实经济效果，在确定基准折现率时，还应考虑通货膨胀因素。

答案：风险贴补率；通货膨胀率

（7）对项目或技术方案评价时，需利用很多指标。就指标类型而言，净现值、净年值、费用现值和费用年值是以货币表述的（　　　　　）指标；内部收益率、投资收益率和净现值指数则是反映投资效率的（　　　　　）指标。

解析：净现值、净年值、费用现值和费用年值是以货币表述的价值性评价指标；内部收益率、投资收益率和净现值指数则是反映投资效率的比率性评价指标。

答案：价值性评价；比率性评价

（8）项目建设投资，一般由（　　　　　　　）、（　　　　　　　）、（　　　　　　　）和固定资产投资方向调节税四部分构成。

解析：项目建设投资包括固定资产投资、预备费、建设期利息以及固定资产投资方向调节税等内容。

答案：固定资产投资；预备费；建设期利息

第 3 章 投资方案经济效果评价

(9) 对投资项目或技术方案进行分析时,固定资产投资主要包括（　　　）、（　　　）和其他费用。

解析：固定资产投资主要包括建安工程费、设备及工器具购置费和其他费用。

答案：建安工程费；设备及工器具购置费

(10) 在技术经济分析中,为了便于计算,通常按照各费用要素的经济性质和表现形态将其归并,把总费用分成（　　　）、（　　　）、（　　　）、（　　　）、（　　　）、（　　　）、利息支出、修理费和其他费用等九项。

解析：在技术经济分析中,为了便于计算,通常按照各费用要素的经济性质和表现形态将其归并,把总费用分成九类,它们与总成本的关系为总成本费用＝外购材料＋外购燃料＋外购动力＋工资及福利费＋折旧费＋摊销费＋利息支出＋修理费＋其他费用。

答案：外购材料；外购燃料；外购动力；工资及福利费；折旧费；摊销费

(11) 经营成本是工程项目在生产经营期的经常性实际支出,是项目现金流量表中运营期现金流出的主体部分,指总成本费用中扣除（　　　）、（　　　）、财务费用之后的余额。

解析：经营成本是工程项目在生产经营期的经常性实际支出,是项目现金流量表中运营期现金流出的主体部分,指总成本费用中扣除折旧费、摊销费、财务费用后的余额。

答案：折旧费；摊销费

(12) 静态评价指标主要用于技术经济数据不完备和不精确的（　　　）；动态评价指标则用于项目最后决策前的（　　　）。

解析：静态评价指标主要用于技术经济数据不完备和不精确的项目初选阶段；动态评价指标则用于项目最后决策前的可行性研究阶段。

答案：项目初选阶段；可行性研究阶段

(13) 内部收益率的经济含义可以这样理解：在项目的整个寿命期内按利率 $i=IRR$ 计算,始终存在（　　　）,而在寿命结束时,投资恰好（　　　）。

解析：内部收益率的经济含义是指项目到计算期末正好将未回收的投资全部收回来的折现率。在项目的整个寿命期内,始终存在未回收的投资,而在寿命结束时,投资恰好被完全收回。

答案：未回收的投资；被完全收回

(14) 费用现值适用于多个方案寿命相同的情况比选,当各个方案寿命不

· 31 ·

等时比选，则可采用（　　　　　　）指标。

解析：当各个方案寿命不等时比选，可采用费用年值指标。

答案：费用年值

(15) 投资收益率是指项目在正常生产年份的净收益与（　　　　　　）的比值。

解析：投资收益率是指项目在正常生产年份的净收益与项目总投资的比值。

答案：项目总投资

(16) 某购置设备方案，投资 3500 元，使用期 5 年，每年纯收入 1000 元，统一按年利率 10% 计算，若使用期不变，试问其纯收入在大于（　　　　　　）元的范围变动，方案是可行的。

解析：设纯收入为 X 元，令净现值 $NPV = -3500 + X(P/A, 10\%, 5) = 0$，得 $X = 923.29$ 元，要使方案可行，及 $NPV > 0$，则纯收入应在大于 923.29 元的范围变动，方案才是可行的。

答案：923.29

(17) 设备在使用（或闲置）过程中会发生（　　　　　）和（　　　　　）两种形式。

解析：设备在使用（或闲置）过程中会发生有形磨损和无形磨损两种形式。

答案：有形磨损；无形磨损

(18) 设备更新的时期，一般取决于设备的（　　　　　）和（　　　　　）。

解析：设备更新的时期，一般取决于设备的技术寿命和经济寿命。

答案：技术寿命；经济寿命

(19) 计算设备的经济寿命时，经济寿命是指（　　　　　　）的使用期限。

解析：在所有的设备使用期限中，能使设备的年均费用 AC_n 最低的使用期限就是设备的经济寿命。

答案：能使设备的年均费用 AC_n 最低

(20) 通过计算设备的经济寿命来决定设备是否需要更新，在比较方案时应注意，如果一台设备在整个使用期内，其年度使用费固定不变、估计残值也固定不变，这时其使用年限越长、年度费用（　　　　　），应选定尽可能（　　　　　）的寿命；如果其年度使用费逐年增加且目前残值和未来估计值相等，这时其使用的年限越长、年度费用（　　　　　），则应选定尽可能（　　　　　）的

第 3 章 投资方案经济效果评价

寿命。

解析：通过计算设备的经济寿命来决定设备是否需要更新，在比较方案时应注意，如果一台设备在整个使用期内，其年度使用费固定不变、估计残值也固定不变，这时其使用年限越长、年度费用越低，应选定尽可能长的寿命；如果其年度使用费逐年增加且目前残值和未来估计值相等，这时其使用的年限越长、年度费用越高，则应选定尽可能短的寿命。

答案：越低；长；越高；短

3.3.2 选择题

(1) 下列中属于价值性评价指标的是(　　)。
A. 资本金净利润率　　　　　B. 总投资收益率
C. 净现值　　　　　　　　　D. 投资回收期

解析：A、B 项为比率性评价指标，C 项为价值性评价指标，D 项为时间性评价指标。

答案：C

(2) 当多个方案的计算期不同时，较为简便的经济评价方法为(　　)。
A. 净年值　　　　　　　　　B. 净现值
C. 费用现值　　　　　　　　D. 内部收益率

解析：为满足时间可比性，在使用净现值和费用现值比选方案时需要给各个方案设定一个相同的计算期再进行比较，内部收益率计算麻烦且计算量大，最简便的方法是净年值法。

答案：A

(3) 某项目财务评价时，当折现率 $i_1=6\%$ 时，$NPV_1=445.33$ 万元，当 $i_2=8\%$ 时，$NPV_2=-184.62$ 万元，用线性内插法求其内部收益率为(　　)。
A. 6.55%　　　　　　　　　B. 7%
C. 7.41%　　　　　　　　　D. 8%

解析：用线性内插法求其内部收益率 $IRR=6\%+\dfrac{445.33}{445.33+|-184.62|}(8\%-6\%)=7.41\%$。

答案：C

(4) 在多方案决策中，各个方案彼此之间是相互替代关系，具有排他性，则方案类型属于(　　)。
A. 独立方案　　　　　　　　B. 互斥方案
C. 相关方案　　　　　　　　D. 互补方案

· 33 ·

解析：互斥方案彼此之间存在着互不相容、互相排斥的关系。在众多方案比选时，接受其中之一，就要放弃其他方案，方案不能同时存在，故选择B项。

答案：B

（5）在资金有限相关方案评价中，当各相关方案投资占投资预算比例很小时，宜采用（　　）方法对多方案进行取舍。

　　A. 净现值率排序法　　　　　　B. 互斥方案组合法
　　C. 排列组合法　　　　　　　　D. 增量内部收益法

解析：在资金有限相关方案评价中，具体评价方法有互斥方案组合法和净现值率排序法。互斥方案组合法需找出所有互斥方案组合进行计算比较，当方案数目较多时，计算比较繁琐。而净现值率排序法计算相对简便，当各相关方案投资占投资预算比例很小时能达到或接近于净现值最大的目标。

答案：A

（6）对于常规现金流量的项目而言，净现值 NPV 随着折现率 i 的增大而（　　）。

　　A. 不变　　　　　　　　　　　B. 增大
　　C. 不确定　　　　　　　　　　D. 减小

解析：对于常规现金流量的项目而言，净现值 NPV 随着折现率 i 的增大而逐渐减小。

答案：D

（7）在经济评价中，对常规投资项目而言，内部收益率的决策准则为（　　）。

　　A. IRR＜0　　　　　　　　　　B. IRR≥基准收益率
　　C. IRR＞0　　　　　　　　　　D. IRR＜基准收益率

解析：对常规投资项目而言，内部收益率的决策准则为 IRR≥基准收益率。

答案：B

（8）一个常规投资项目的内部收益率大于基准收益率，则其净现值（　　）。

　　A. 可能大于也可能小于零　　　B. 一定小于零
　　C. 一定大于零　　　　　　　　D. 等于零

解析：对于常规现金流量的项目而言，净现值 NPV 是 i 的单调递减函数，随着折现率 i 的逐渐增大，净现值将由大变小，由正变负。当净现值为 0 时，折现率 i 即为内部收益率，若内部收益率大于基准收益率，则其净现值一定大于 0。

答案：C

（9）在对投资方案进行经济效果评价时，应（　　）。

A. 以动态评价方法为主，以静态评价方法为辅

B. 只采用动态评价方法

C. 以静态评价方法为主，以动态评价方法为辅

D. 只采用静态评价方法

解析：在对投资方案进行经济效果评价时，应选用多种指标从不同角度反映项目的经济性，考虑到实际中资金的时间价值，应以动态评价方法为主，而仅以动态指标进行评价并不能完整、全面反映项目的经济效果，故以静态评价方法为辅进行评价。

答案：A

（10）在项目投资中，下列哪一个因素不应该考虑（　　）。

A. 现金流入　　　　　　　B. 机会成本

C. 沉入成本　　　　　　　D. 资金成本

解析：在项目投资中，只考虑未来发生的现金流量，对以前发生的现金流量及沉入成本不予考虑。

答案：C

（11）在下列投资方案评价指标中，考虑资金时间价值的盈利性指标是（　　）。

A. 利息备付率和内部收益率　　B. 动态投资回收期和净现值率

C. 利息备付率和借款偿还期　　D. 净年值和内部收益率

解析：四个选项中符合题干资金时间价值的盈利性指标约束的只有净年值和内部收益率。

答案：D

（12）采用投资收益率指标评价投资方案经济效果的缺点是（　　）。

A. 考虑了投资收益的时间因素，因而使指标计算较复杂

B. 虽在一定程度上反映了投资效果的优劣，但仅适用于投资规模大的复杂工程

C. 只能考虑正常生产年份的投资收益，不能全面考虑整个计算期的投资效益

D. 正常生产年份的选择比较困难，因而使指标计算的主观随意性较大

解析：投资收益率指标的经济意义明确、直观，计算简便，在一定程度上反映了投资效果的优劣，可适用于各种投资规模。但不足的是，没有考虑投资

收益的时间因素，忽视了资金具有时间价值的重要性；指标计算的主观随意性太强，换句话说，就是正常生产年份的选择比较困难，如何确定带有一定的不确定性和人为因素。因此，以投资收益率指标作为主要的决策依据不大可靠。

答案：D

（13）关于利息备付率的说法，正确的是（ ）。

A. 利息备付率越高，表明利息偿付的保障程度越高

B. 利息备付率越高，表明利息偿付的保障程度越低

C. 利息备付率大于零，表明利息偿付能力强

D. 利息备付率小于零，表明利息偿付能力强

解析：利息备付率应分年计算。利息备付率越高，表明利息偿付的保障程度越高。利息备付率应大于1，并结合债权人的要求确定。

答案：A

（14）采用净现值指标评价投资方案经济效果的优点是（ ）。

A. 能够全面反映投资方案中单位投资的使用效果

B. 能够全面反映投资方案在整个计算期内的经济情况

C. 能够全面反映投资方案运营期各年的经营成果

D. 能够全面反映投资方案中的资本调整速度

解析：净现值指标考虑了资金的时间价值，并全面考虑了项目在整个计算期内的经济情况。

答案：B

（15）采用增量内部收益率（ΔIRR）法，挑选计算期相同的两个可行互斥方案时，基准收益率为 i_c，则保留投资额大的方案的前提条件是（ ）。

    A. ΔIRR＞0   B. ΔIRR＜0

    C. ΔIRR＞i_c D. ΔIRR＜i_c

解析：按初始投资额由小到大依次计算相邻两个方案的增量内部收益率ΔIRR，若ΔIRR＞i_c，则说明初始投资额大的方案优于初始投资额小的方案，保留投资额大的方案。

答案：C

（16）与净现值比较，采用内部收益率法评价投资方案经济效果的优点是能够（ ）。

A. 考虑资金的时间价值

B. 反映项目投资中单位投资的盈利能力

C. 反映投资过程的收益程度

D. 考虑项目在整个计算期内的经济状况

解析：NPV法计算简便，但得不出投资过程收益程度，且受外部参数基准收益率 i_c 的影响；IRR法较烦琐，但能反映投资过程的收益程度，而IRR的大小不受外部参数的影响，完全取决于投资过程的现金流量。

答案：C

(17) 下列关于基准收益率的表述中正确的是（　　）。

A. 基准收益率是以动态的观点所确定的投资资金应当获得的平均盈利率水平

B. 基准收益率应等于单位资金成本与单位投资的机会成本之和

C. 基准收益率是以动态的观点所确定的、可接受的投资项目最低标准的收益水平

D. 评价风险小、盈利大的项目时，应适当提高基准收益率

解析：基准收益率也称基准折现率，是企业或行业或投资者以动态的观点所确定的、可接受的投资项目最低标准的收益水平。它表明投资决策者对项目资金时间价值的估价，是投资资金应当获得的最低盈利率水平，是评价和判断投资方案在经济可行性上是否可行的依据，是一个重要的经济参数。

答案：C

(18) 下列关于互斥方案经济效果评价方法的表述中，正确的是（　　）。

A. 采用净年值法可以使寿命不等的互斥方案具有可比性

B. 最小公倍数法适用于某些不可再生资源开发型项目

C. 采用研究期法时不需考虑研究期以后的现金流量情况

D. 最小公倍数法的适用条件是互斥方案在某时间段具有相同的现金流量

解析：净现值（NPV）用于互斥方案评价时，必须考虑时间的可比性，即在相同的计算期下比较净现值（NPV）的大小。常用的方法有最小公倍数法和研究期法。①最小公倍数法（又称方案重复法），是以各备选方案计算期的最小公倍数作为比选方案的共同计算期，并假设各个方案均在共同的计算期内重复进行。利用最小公倍数法有效地解决了寿命不等的方案之间净现值的可比性问题。但对于某些不可再生资源开发型项目，就不能用最小公倍数法确定计算期。②研究期法，是以相同时间来研究不同期限的方案。研究期的确定一般以互斥方案中年限最短方案的计算期作为互斥方案评价的共同研究期。通过比较各个方案在共同研究期内的净现值来对方案进行比选，以净现值最大的方案为最佳方案。需要注意的是，对于计算期比共同的研究期长的方案，要对其在共同研究期以后的现金流量情况进行合理的估算，以免影响结论的正确性。

答案：A

(19) ( ) 是指设备在开始使用后持续地能够满足使用者需要功能的时间。

A. 自然寿命　　　　　　　　B. 技术寿命
C. 折旧寿命　　　　　　　　D. 经济寿命

解析：技术寿命是指设备在开始使用后持续地能够满足使用者需要功能的时间。

答案：B

(20) 机器设备在使用或闲置过程中所发生的实体的磨损称为( )。

A. 有形磨损　　　　　　　　B. 第一种有形磨损
C. 第二种有形磨损　　　　　D. 无形磨损

解析：由于设备被使用或自然环境造成设备实体的内在磨损称为设备的有形磨损或物质磨损。

答案：A

3.3.3　简答题

(1) 技术经济分析中对费用与成本的理解与企业财务会计中的理解有什么不同？

解析：技术经济分析中对费用与成本的理解与企业财务会计中的理解不完全相同。主要表现在：①财务会计中的费用和成本是对企业经营活动和产品生产过程中实际发生的各种耗费的真实记录，所得到的数据是唯一的，而技术经济分析中使用的费用和成本数据是在一定的假定前提下对拟实施项目未来情况预测的结果，带有不确定性；②会计中对费用成本的计量分别针对特定的会计期间，而技术经济分析中一般针对某一投资项目或技术方案的实施结果；③技术经济分析强调对现金流量的考察分析，一般不严格区分费用和成本的概念，有时还要引入财务会计中不常使用的一些费用与成本概念，而且这些费用成本的经济含义有别于会计中的费用与成本。

(2) 建设项目基本的财务收益（现金流入）和财务费用（现金流出）项主要包括哪些？

解析：建设项目基本的现金流入主要包括营业收入、补贴收入、回收固定资产余值和回收流动资金四项构成；建设项目基本的现金流出主要包括建设投资、流动资金、经营成本、营业税金及附加、维持营运投资五项构成。

(3) 简述静态投资回收期的优缺点及其适用范围。

解析：静态投资回收期经济意义明确、直观，计算简便，在一定程度上反映了方案经济效果的优劣和项目风险的大小,但是没有考虑资金的时间价值,且没有考虑回收期以后项目收益的情况,不能全面反映项目在整个寿命期内真实的经济效果,因此只能作为一种项目评价的辅助指标,经常应用于可行性研究初始阶段的粗略分析和评价,以及方案的初选阶段。

(4) 简述净现值指标的优缺点。

解析:①优点:考虑了资金的时间价值,而且考虑了项目在整个寿命期内的经济状况,经济意义明确,评价标准容易确定,判断直观。

②缺点:必须先确定一个符合经济现实的基准收益率,而基准收益率的确定比较复杂;在互斥方案评价时,净现值必须慎重考虑互斥方案的寿命,若寿命不等,必须构造一个相同的研究期,才能进行方案比选;净现值不能反映项目投资中单位投资的使用效率。

(5) 什么是内部收益率?其经济含义是什么?

解析:内部收益率是指在方案寿命期内,使项目各年净现金流量现值之和为零时的折现率。其经济含义是指项目到计算期末正好将未回收的投资全部收回来的折现率。

(6) 影响基准折现率的因素主要有哪些?

解析:影响基准折现率的因素主要有资金成本、机会成本、风险贴补率、通货膨胀率。

(7) 在经济效果评价指标体系中,用于分析项目(方案)盈利能力和偿债能力的静态指标分别有哪些?各指标的具体判别准则是什么?

解析:在经济效果评价指标体系中,用于分析项目(方案)盈利能力的静态指标包括静态投资回收期、总投资收益率、资本金净利润率。静态投资回收期的判别准则是静态投资回收期小于等于基准投资回收期,则项目可行;反之,则不可行。总投资收益率的判别准则是总投资收益率高于行业收益率参考值时,则认为该项目盈利能力满足要求。资本金净利润率的判别准则是资本金净利润率高于行业净利润率参考值时,表明该项目盈利能力满足要求。

用于分析偿债能力的静态指标包括偿债备付率、利息备付率、资产负债率。偿债备付率正常情况应当不低于1.3,并满足债权人的要求。利息备付率不宜低于2,并满足债权人的要求。资产负债率的分析,应结合国家宏观经济状况、行业发展趋势、企业所处竞争环境等具体条件判定。

(8) 主要的经济评价方法有几种?为什么要采用这么多的评价方法?

解析:经济评价方法主要包括静态评价法和动态评价法。静态评价法包括投资回收期法、投资收益率法等;动态评价法包括净现值法、净年值法、费用现值法、费用年值法、内部收益率法等。采用这么多评价方法是由于客观事物是错综复杂的，某一种具体的评价方法可能只反映了事物的一面，却忽略了其他的因素，故单凭一个指标达不到全面分析的目的。而且技术经济方案内容各异，所要达到的目标也不尽相同，应采用不同的指标予以反映。

（9）为什么投资回收期指标只能判断方案的可行性，不能用它来进行方案选优？

解析：不管是静态投资回收期还是动态投资回收期，都不能指出该项投资究竟能获得多少收益，因此不能用作方案的选优。只能与净现值法结合使用，当方案具有相同或近似的收益率时，必须再参考回收期来确定最优方案。

（10）简述设备更新分析的特点。

解析：设备更新分析的特点：①设备更新分析的中心是确定设备的经济寿命。②设备更新分析应站在客观的角度分析问题。③设备更新分析只考虑未来发生的现金流量，对以前发生的现金流量及沉入成本不予考虑。④通常在比较设备更新分析方案时，假设设备产生的效益是相同的，因此只比较设备的费用。⑤由于不同设备方案的服务寿命不同，常常采用费用年值法进行设备更新分析。

（11）在决策时为什么不考虑沉入成本？

解析：沉入成本是指以往发生的与当前决策无关的费用。经济活动在时间上具有连续性，但从决策的角度上看，以往发生的费用只是造成当前状态的一个因素，当前状态是决策的出发点，要考虑的是未来可能发生的费用及所能带来的收益，未来的行动才会受现在所选方案的影响，而沉入成本是过去发生的，目前决策不能改变的，与技术经济研究无关；同时，不考虑沉入成本并不会影响决策的正确性，所以在决策时，不考虑以往发生的费用——即沉入成本。

（12）机会成本和沉入成本的概念是针对什么目的提出来的？

解析：机会成本的概念可以帮助我们寻找利用有限资源的最佳方案，可以看成是一种对得失的权衡；而沉入成本的目的是提醒人们，在进行一项新的决策时要向前看，不要总想着已发生而不能收回的费用，而影响未来的决策。

（13）设备的自然寿命、技术寿命和经济寿命有何区别和联系？

解析：设备的自然寿命是指设备从全新状态下开始使用，直到不堪再用而予以报废的全部时间过程。自然寿命主要取决于设备有形磨损的速度。技术寿命是指设备在开始使用后持续地能够满足使用者需要功能的时间。技术寿命的长短主要取决于无形磨损的速度，技术进步越快，技术寿命越短。经济寿命是指能使投入使用的设备等额年总成本最低或等额年净收益最高的期限，是从经济角度看设备最合理的使用期限,它是由有形磨损和无形磨损共同决定的。

(14) 设备寿命一般有哪几种不同的概念?设备更新分析时以哪种寿命为基础?

解析:设备寿命一般有自然寿命、技术寿命、折旧寿命和经济寿命四种概念。设备更新分析时是以经济寿命为基础进行分析的。设备从投入使用到其等值年成本最低(或年盈利最高)的使用年限为设备的经济寿命。

(15) 设备磨损分为哪几种类型,具体的补偿方式有哪些?

解析:设备磨损分为有形磨损和无形磨损两种类型。有形磨损是指设备在使用或闲置过程中所发生的实体磨损,它又分为使用磨损和自然磨损两种;无形磨损是指由于技术进步,生产同类型同功能设备的必要劳动量减少,使得原有设备的价值相对降低。具体的补偿方式一般有局部补偿和完全补偿两种。设备有形磨损的局部补偿是修理,设备无形磨损的局部补偿是改造;有形磨损和无形磨损的完全补偿是更新,即淘汰旧设备、更换新设备。

(16) 什么是增量内部收益率?在两个方案比选时其准则是什么?

解析:增量内部收益率是指相比较的两个方案净现金流量差额的现值之和等于零时的折现率。采用增量内部收益率进行方案比选时,判别准则是:若增量内部收益率大于等于基准收益率,则投资大的方案为优;若增量内部收益率小于基准收益率,则投资小的方案为优。

3.4 计算题及解题指导

3.4.1 例题精解

(1) 某项目期初投资为8000元,第一年末现金流入为1000元,第二年末现金流入为2000元,第三、四、五、六年末的现金流入为3000元,当基准收益率为10%,试评价此方案的经济可行性。

解析:选用净现值指标进行评价。

NPV=－8000+1000 (P/F, 10%, 1) +2000 (P/F, 10%, 2) +3000 (P/A, 10%, 4) (P/F, 10%, 2) =2421 (万元)

由于NPV>0,所以此方案经济上可行。

(2) 某投资方案建设期为2年,建设期内每年年初投资400万元,运营期每年年末净收益为150万元。若基准收益率为12%,运营期为18年,残值为零,求该投资方案的净现值和静态投资回收期。

解析:静态投资回收期计算过程如下:

表 3.1　　　　　　　　某投资方案累计净现金流量

年份	0	1	2	3	4	5	6	7	8	……	20
净现金流量	−400	−400	0	150	150	150	150	150	150	……	150
累计净现金流量	−400	−800	−800	−650	−500	−350	−200	−50	100		

静态投资回收期 $Pt = 8 - 1 + \dfrac{|-50|}{150} = 7.33$（年）

净现值 NPV = −400−400（P/F，12%，1）
　　　　　+150（P/A，12%，18）（P/F，12%，2）
　　　　　=109.77（万元）

（3）某项目计算期各年的净现金流量见表3.2（单位：万元），设基准收益率为10%，试填写下表，并计算该项目的①静态投资回收期；②动态投资回收期；③财务净现值。（计算结果保留到小数点后2位）

表 3.2　　　　　　　　　某项目净现金流量表

年份	1	2	3	4	5	6	7	8
净现金流量	−600	−1100	350	520	860	860	860	1040
累计净现金流量								
折现系数								
折现值								
累计折现值								

解析：计算出各年累计净现金流量及累计折现值，填入表格如下：

表 3.3　　　　　某项目累计净现金流量及累计折现值

年份	1	2	3	4	5	6	7	8
净现金流量	−600	−1100	350	520	860	860	860	1040
累计净现金流量	−600	−1700	−1350	−830	30	890	1750	2790
折现系数	0.9091	0.8264	0.7513	0.6830	0.6209	0.5645	0.5132	0.4665
折现值	−545.46	−909.04	262.96	355.16	533.97	485.47	441.35	485.16
累计折现值	−545.46	−1454.50	−1191.55	−836.39	−302.41	183.06	624.41	1109.57

根据表格数据计算：

① 静态投资回收期 $Pt = 5 - 1 + \dfrac{830}{860} = 4.97$（年）

② 动态投资回收期 $Pt' = 6 - 1 + \dfrac{302.41}{485.47} = 5.62$（年）

③ 财务净现值 $FNPV = -600\,(P/F,10\%,1) - 1100\,(P/F,10\%,2)$
$\qquad\qquad\qquad + 350\,(P/F,10\%,3) + 520\,(P/F,10\%,4)$
$\qquad\qquad\qquad + 860\,(P/F,10\%,5) + 860\,(P/F,10\%,6)$
$\qquad\qquad\qquad + 860\,(P/F,10\%,7) + 1040\,(P/F,10\%,8)$
$\qquad\qquad = 1109.57$（万元）

（4）某项目需要投资 5000 万元，预期寿命期为 10 年，并且为了 10 年中每年可得净收益 100 万元，该投资设备残值为 7000 万元，若基准折现率为 4%，试用内部收益率法分析该投资方案的可行性。

解：该方案的净现值表达式为：

$NPV(i) = -5000 + 100\,(P/A,i,10) + 7000\,(P/F,i,10)$

进行试算：设 $i_1 = 5\%$，则

$NPV(i_1) = -5000 + 100\,(P/A,5\%,10) + 7000\,(P/F,5\%,10)$
$\qquad\qquad = -5000 + 100 \times 7.7217 + 7000 \times 0.6139$
$\qquad\qquad = 69.47 > 0$

设 $i_2 = 6\%$，则

$NPV(i_2) = -5000 + 100\,(P/A,6\%,10) + 7000\,(P/F,6\%,10)$
$\qquad\qquad = -5000 + 100 \times 7.3601 + 7000 \times 0.5584$
$\qquad\qquad = -355.19 < 0$

可见 IRR 处于 5%～6% 之间，采用线性内插法计算 IRR。

$IRR = i_1 + \dfrac{NPV_1}{NPV_1 + NPV_2} \times (i_2 - i_1)$

$\qquad = 5\% + \dfrac{69.47}{69.47 + |-355.19|}(6\% - 5\%) = 5.16\%$

由于 $IRR = 5.16\% > i_0\,(4\%)$，因而该方案经济上是可行的。

（5）某厂为扩大生产，现有三种可供选择的设备购买方案，其具体数据见表 3.4，若企业要求基准投资收益率为 10%，应选哪个方案。

表 3.4　　　　　　　　　各方案设备购置基本情况表

方案	投资（元）	收益（元）	寿命（年）	残值
A	15000	2000	20	0
B	31000	4000	20	0
C	50000	4000	20	10000

解析：该题中方案 A、B、C 为互斥方案，故可采用 NPV 和 NAV 指标对其进行比选。

计算过程与结果见表 3.5。

表 3.5　　　　　　　各方案 NPV 与 NAV 计算及决策分析

方案	NPV（元）	决策
A	$-15000+2000(P/A,10\%,20)=2027.2$	可行
B	$-31000+4000(P/A,10\%,20)=3054.4$	最优
C	$-50000+4000(P/A,10\%,20)+10000(P/F,10\%,20)=-14459.6$	不可行

方案	NAV（元）	决策
A	$-15000(A/P,10\%,20)+2000=238.1$	可行
B	$-31000(A/P,10\%,20)+4000=358.74$	最优
C	$-50000(A/P,10\%,20)+4000+10000(A/F,10\%,20)=-1698.4$	不可行

采用 NPV 和 NAV 指标比较的结果一致，B 方案最优。

（6）某公司欲在自有土地上开设商店，以弥补经费不足。根据预测，商店的规模可以有三种，其初期投资额、每年净收益见表 3.6。如果商店的寿命期为 10 年，解答下列问题：

已知 $(P/A,15\%,10)=5.019$；$(P/A,20\%,10)=4.192$；$(P/A,25\%,10)=3.571$；$(P/A,30\%,10)=3.092$；$(P/A,40\%,10)=2.414$。

表 3.6　　　　　　　各方案投资及年净收益表

投资方案	初期投资额（万元）	每年的净收益（万元）
A	6000	1680
B	3000	880
C	1000	150

①若折现率 $i_c=15\%$，哪个方案最优？

②A 方案和 B 方案优劣相同时的利率 i 值应为多少？（结果保留两位小数）

解析：①用净现值 NPV 指标对方案 A、B、C 进行比较。

$$NPV（A）=-6000+1680（P/A，15\%，10）$$
$$=-6000+1680\times5.019=2431.92（万元）$$
$$NPV（B）=-3000+880（P/A，15\%，10）$$
$$=-3000+880\times5.019=1416.72（万元）$$
$$NPV（C）=-1000+150（P/A，15\%，10）$$
$$=-1000+150\times5.019=-247.15（万元）$$

净现值指标值大于等于 0 则方案可行，且值越大说明方案越优，明显 C 方案不可行，而 A 方案净现值大于 B 方案净现值，所以 A 方案最优。

②当 A 方案和 B 方案优劣相同时，则其净现值应相等：

$$-6000+1680（P/A，i，10）=-3000+880（P/A，i，10）$$

可得 $（P/A，i，10）=3.75$，

又 $（P/A，20\%，10）=4.192$，$（P/A，25\%，10）=3.571$，

可知 i 应在 20% 和 25% 之间，由线性内插法得：

$$i=20\%+\frac{3.75-4.192}{3.571-4.192}(25\%-20\%)=23.56\%$$

A 方案和 B 方案优劣相同时的利率 i 值应为 23.56%。

（7）某项目有 A、B 两种方案供选择：A 方案初始投资 3500 万元，每年收益 1900 万元，每年支出 700 万元，寿命期 4 年，估计残值为 160 万元；B 方案初始投资 5000 万元，每年收益 2700 万元，每年支出 1450 万元，寿命期 8 年，估计残值为 300 万元。设基准收益率为 10%，请比较两个方案的优劣。

解析：因为 A、B 方案的寿命期不等，可优先选用较为简便的净年值指标进行比选。

$$NAV（A）=-3500（A/P，10\%，4）+1900-700+160（A/F，10\%，4）$$
$$=-3500\times0.3155+1900-700+160\times0.2155$$
$$=130.23（万元）$$
$$NAV（B）=-5000（A/P，10\%，8）+2700-1450+300（A/F，10\%，8）$$
$$=-5000\times0.1874+2700-1450+300\times0.0874$$
$$=339.22（万元）$$

由于 $NAV（A）<NAV（B）$，所以 B 方案更优。

（8）某城市拟修建跨河大桥，现有两种可选方案：(a) 索桥方案，初始投资 2050 万元，年维护费为 1.5 万元，桥面每 10 年需翻修一次，每次翻修费为 12 万元；(b) 桁架桥方案，初始投资 2000 万元，年维护费为 3 万元，每 3 年

油漆一次需 5 万元，桥面每 6 年需翻修一次，每次翻修费为 10 万元。$i_c=8\%$，从经济性角度应选择哪个方案。（结果保留两位小数）

解析：选用费用年值法进行评价。计算两个方案的费用年值：

AC（a）$=2050×8\%+1.5+12\ (A/F,\ 8\%,\ 10)$
　　　$=2050×8\%+1.5+12×0.069$
　　　$=166.33$（万元）

AC（b）$=2000×8\%+3+5\ (A/F,\ 8\%,\ 3)+10\ (A/F,\ 8\%,\ 6)$
　　　$=2000×8\%+3+5×0.308+10×0.1363$
　　　$=165.90$（万元）

由于 AC（a）＞AC（b），所以 b 方案经济。

(9) 有 6 个方案的数据见表 3.7，设定资金限额为 255 万元，基准折现率为 10%，寿命为 5 年，现已知 AB 方案互斥，CD 方案互斥，EF 方案互斥，C 和 D 方案均从属于 A 方案，E 方案从属于 B 方案，F 方案从属于 C 方案，请选择最优的投资组合。（计算结果保留到小数点后 2 位）

表 3.7　　　　　　　　　　方案数据表　　　　　　　　　（单位：万元）

方案	A	B	C	D	E	F
初始投资	120	160	90	70	80	70
年净收益	40	50	30	25	30	25

解析：根据各方案之间的关系组成互斥组合 A、B、A+C、A+D、B+E、A+C+F，其中 A+C+F 组合超过了资金限制，故舍去。分别计算各个互斥组合的净现值：

NPV（A）$=-120+40\ (P/A,\ 10\%,\ 5)=-120+40×3.7908$
　　　　$=31.63$（万元）

NPV（B）$=-160+50\ (P/A,\ 10\%,\ 5)=-160+50×3.7908$
　　　　$=29.54$（万元）

NPV（A+C）$=-210+70\ (P/A,\ 10\%,\ 5)=-210+70×3.7908$
　　　　　$=55.36$（万元）

NPV（A+D）$=-190+65\ (P/A,\ 10\%,\ 5)=-190+65×3.7908$
　　　　　$=56.40$（万元）

NPV（B+E）$=-240+80\ (P/A,\ 10\%,\ 5)=-240+80×3.7908$
　　　　　$=63.26$（万元）

由于 B+E 组合的净现值最大，故最优的投资组合为 B+E。

(10) 某公司为了增加生产量，计划进行设备投资，有三个互斥的方案，寿命均为6年，不计残值，基准收益率为10%，各方案的投资及现金流量见表3.8，试用增量内部收益率法进行方案选优。

$(P/A, 3\%, 6) = 5.417$；$(P/A, 5\%, 6) = 5.076$；
$(P/A, 10\%, 6) = 4.355$；$(P/A, 15\%, 6) = 3.784$；
$(P/A, 20\%, 6) = 3.326$；$(P/A, 25\%, 6) = 2.951$；
$(P/A, 30\%, 6) = 2.643$。

表3.8　　　　　　　各方案的投资及现金流量表

方案	0（年）	1～6（年）
A	-200	70
B	-300	95
C	-400	115

解析：分别计算各方案的NPV与IRR，计算结果列于表3.9，由于各方案的NPV均大于零，IRR均大于10%，故从单个方案看均是可行的。

表3.9　　　　　　　互斥方案的现金流量及评价指标

方案	0（年）	1～6（年）	NPV（万元）	IRR（%）
A	-200	70	104.9	26.4
B	-300	95	113.7	22.1
C	-400	115	100.9	18.2

采用增量内部收益率ΔIRR来分析，计算过程及结果列于表3.10。根据计算结果，由ΔIRR（B-A）>10%，可知B优于A；由ΔIRR（C-B）<10%，可知B优于C。因此，B方案较优。

表3.10　　　　　　　增量现金流量及评价指标

方案	0（年）	1～6（年）	ΔNPV（万元）	ΔIRR（%）
A-0	-200	70	104.9	26.4
B-A	-300	95	8.8	13.0
C-B	-400	115	-12.8	5.5

3.4.2　习题

（1）某项目的现金流量见表3.11，基准收益率为15%，试计算：①投资回收期；②净现值NPV。

表 3.11　　　　　　　　某项目的现金流量表

年份	0	1	2	3	4	5
现金流量（万元）	-2000	450	550	650	700	800

（2）某投资方案初始投资为 120 万元，年营业收入为 100 万元，寿命为 6 年，残值为 10 万元，年经营费用为 50 万元。试求该项目的方案的内部收益率。

（3）用增量内部收益率法比较以下两个方案并进行选择。企业要求最低收益率为 12%。各方案的现金流量见表 3.12。

$(P/A, 12\%, 3) = 2.4018$；$(P/A, 15\%, 3) = 2.2832$；

$(P/A, 20\%, 3) = 2.1065$；$(P/A, 25\%, 3) = 1.9520$。

表 3.12　　　　　　　　　　现金流量表

方案	0（年）	1（年）	2（年）	3（年）
A 方案现金流量（元）	-100000	40000	40000	50000
B 方案现金流量（元）	-120000	50000	50000	60000

（4）独立方案 A、B、C 的投资分别为 100 万元、70 万元和 120 万元，计算各方案的净年值分别为 30 万元、27 万元和 32 万元，如果资金有限，不超过 250 万元投资，问如何选择方案。

（5）某投资项目第一年投资 1000 万元；第二年投资 2000 万元；第三年投资 100 万元；第四年收益为 500 万元；第五年收益为 800 万元；第六年至第七年收益为 1000 万元；第八年至第十二年收益为 1200 万元。基准收益率为 5%，试计算该项目的静态投资回收期及财务净现值。

$(A/P, 5\%, 3) = 0.3672$；$(A/P, 5\%, 5) = 0.2310$；

$(F/A, 5\%, 4) = 4.3101$；$(P/A, 5\%, 8) = 6.4632$。

（6）某公共事业拟定一个 15 年规划，分三期建成，开始投资 60000 元，5 年后再投资 50000 元，10 年后再投资 40000 元。每年的保养费：前 5 年每年 1500 元，次 5 年每年 2500 元，最后 5 年每年 3500 元。15 年年末残值为 8000 元，试用 8% 的基准收益率计算该规划的费用现值和费用年值。

（7）建一个临时仓库需 8000 元，一旦拆除即毫无价值，假定仓库每年净收益为 1360 元。①使用 8 年时，其内部收益率为多少？②若希望得到 10% 的收益率，则该仓库至少使用多少年才值得投资？

（8）已知方案 A、B、C 的有关资料（表 3.13），基准收益率为 15%，试分别用净现值法与内部收益率法对这三个方案选优。

表 3.13　　　　　　　方案 A、B、C 的有关资料

方案	初始投资（万元）	年收入（万元）	年支出（万元）	经济寿命（年）
A	3000	1800	800	5
B	3650	2200	1000	5
C	4500	2600	1200	5

（9）某施工机械有两种不同型号，其有关数据见表 3.14，利率为 10%，试问购买哪种型号的机械比较经济？

表 3.14　　　　　　　两种型号施工机械的有关资料

方案	初始投资（元）	年营业收入（元）	年经营费（元）	残值（元）	寿命（年）
A	120000	70000	6000	20000	10
B	90000	70000	8500	10000	8

（10）为修建某河的大桥，经考虑有 A、B 两处可供选点，在 A 地建桥其投资为 1200 万元，年维护费 2 万元，水泥桥面每 10 年翻修一次需 5 万元；在 B 点建桥，预计投资 1100 万元，年维护费 8 万元，该桥每三年粉刷一次 3 万元，每 10 年整修一次 4 万元。若利率为 10%，试比较两个方案哪个最优。

（11）有四个独立方案，其数据见表 3.15，若预算资金为 30 万元，各方案寿命均为 8 年，折现率为 12%，应选择哪些方案？

表 3.15　　　　　　　独立方案数据（万元）

方案	A	B	C	D
初始投资	15	14	13	17
年净收益	5	4	3.5	5.5

（12）有 6 个方案的数据见表 3.16，设定资金限额为 30 万元，基准收益率为 10%，寿命为 5 年。现已知：A1、A2 互斥，B1、B2 互斥，C1、C2 互斥；B1、B2 从属于 A1，C1 从属于 A2，C2 从属于 B1，试选择最优的投资组合方案。

表 3.16　　　　　　　方案数据（万元）

方案	A1	A2	B1	B2	C1	C2
初始投资	12	16	9	7	8	7
年净收益	4	5	3	2.5	3	2.5

第 4 章　项目工程经济分析

4.1　内容分析

4.1.1　学习目的

理解资金成本的概念；掌握工程项目财务分析；了解国民经济评价；掌握线性盈亏平衡分析；理解单因素敏感性分析；熟悉决策树法；了解费用效益分析。

4.1.2　学习内容

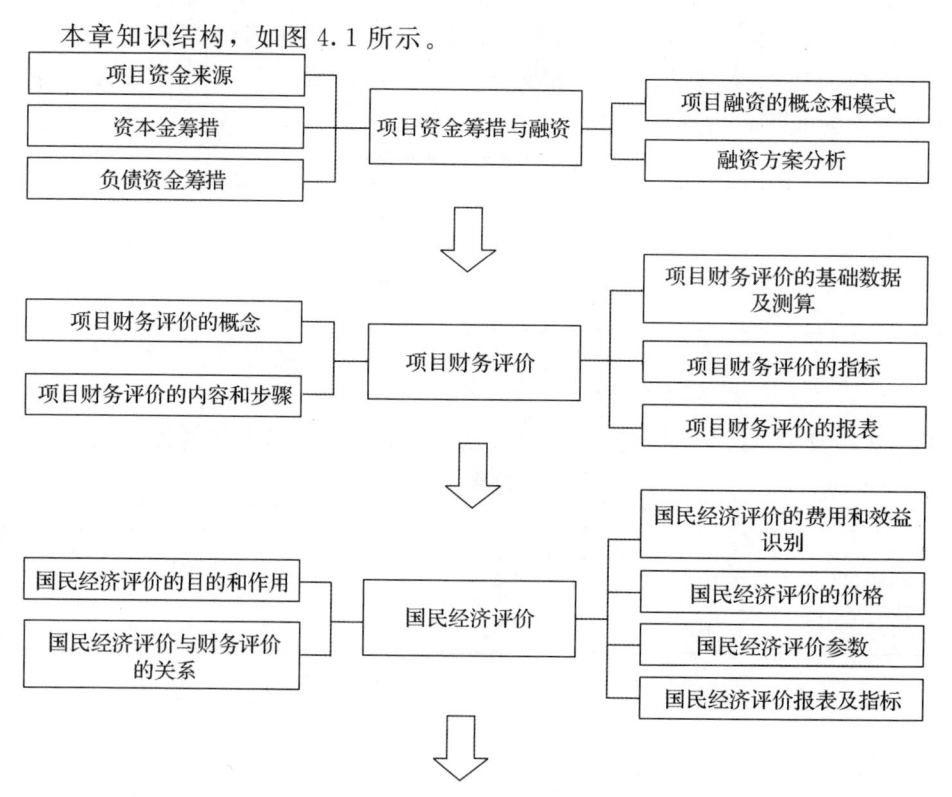

本章知识结构，如图 4.1 所示。

第4章 项目工程经济分析

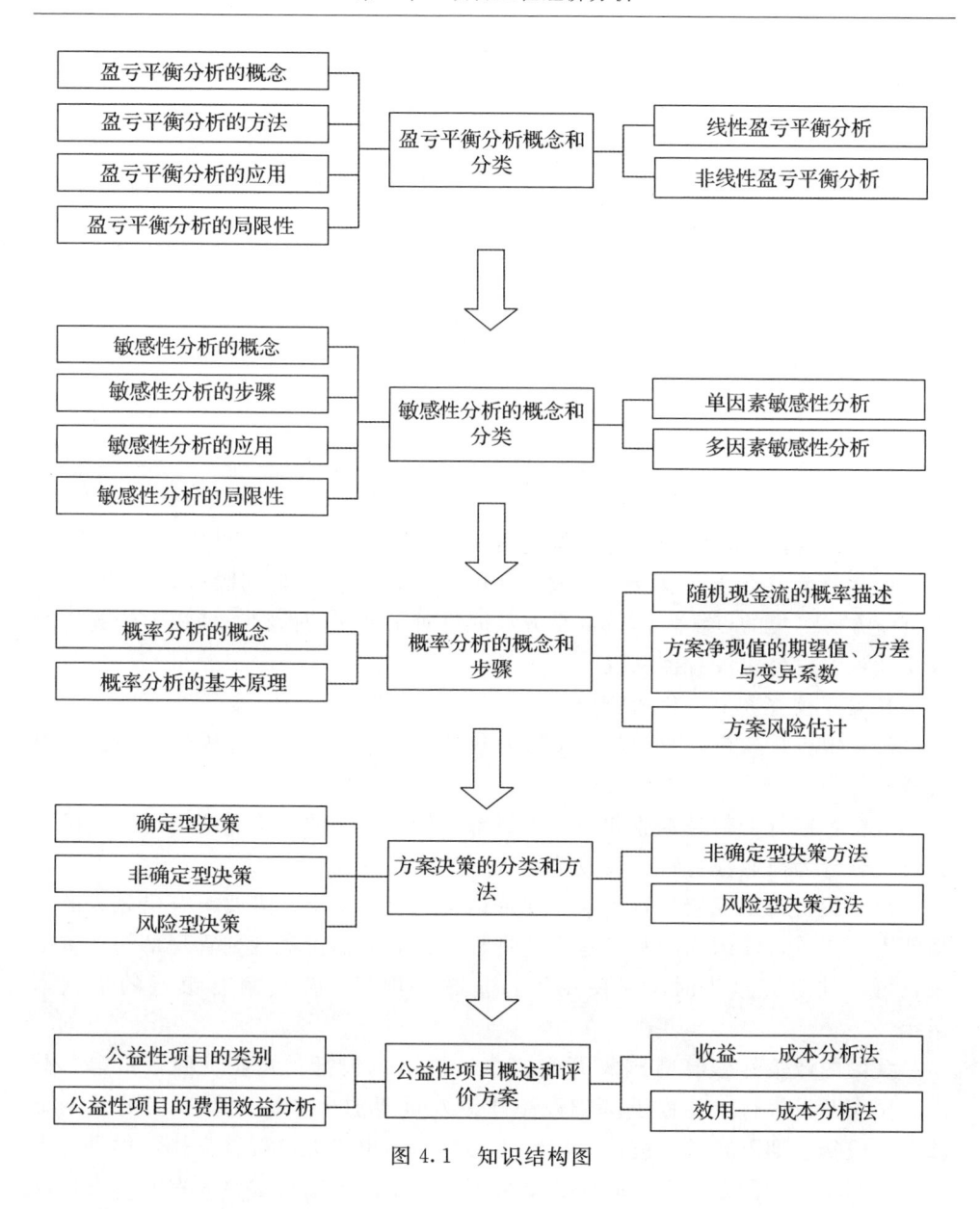

```
盈亏平衡分析的概念 ┐
盈亏平衡分析的方法 ┤── 盈亏平衡分析概念和分类 ──┬── 线性盈亏平衡分析
盈亏平衡分析的应用 ┤                          └── 非线性盈亏平衡分析
盈亏平衡分析的局限性┘
                              ↓
敏感性分析的概念 ┐
敏感性分析的步骤 ┤── 敏感性分析的概念和分类 ──┬── 单因素敏感性分析
敏感性分析的应用 ┤                          └── 多因素敏感性分析
敏感性分析的局限性┘
                              ↓
                                           ┌── 随机现金流的概率描述
概率分析的概念   ┐                          │
概率分析的基本原理┤── 概率分析的概念和步骤 ──┼── 方案净现值的期望值、方差与变异系数
                 ┘                          │
                                            └── 方案风险估计
                              ↓
确定型决策 ┐
非确定型决策┤── 方案决策的分类和方法 ──┬── 非确定型决策方法
风险型决策 ┘                          └── 风险型决策方法
                              ↓
公益性项目的类别      ┐                       ┌── 收益——成本分析法
公益性项目的费用效益分析┤── 公益性项目概述和评价方案 ┤
                                              └── 效用——成本分析法
```

图 4.1 知识结构图

4.2 重点及难点分析

4.2.1 学习重点

工程项目财务分析；线性盈亏平衡分析及应用；单因素敏感性分析及

· 51 ·

应用。

4.2.2 学习难点

单因素敏感性分析及应用;方案决策的方法及其应用;费用效益分析的概念及其应用。

4.3 思考题

4.3.1 填空题

(1) 资金来源按所取得资金的权益特性不同分为两大部分:(　　　)及(　　　)。

解析:现代公司的资金来源按所取得资金的权益特性不同分为两大部分:权益资金及负债资金。以权益方式筹集的资金,提供资金方取得公司的产权;以负债方式筹集的资金,提供资金方只取得对于公司的债权,债权人优先于股权受偿,但对公司没有控制权。

答案:权益资金;负债资金

(2) 银行贷款是企业和新建项目筹集债务资金的一个重要渠道,我国的银行贷款分为(　　　)及(　　　)。

解析:银行贷款是企业和新建项目筹集债务资金的一个重要渠道,我国的银行贷款分为商业银行贷款及政策性银行贷款。

商业银行为了规避贷款风险、保证信贷资金的安全,需要审查借款人的偿债能力。按照目前国家的基本建设管理程序,政府的投资计划管理部门在审批项目可行性研究报告时,对使用银行贷款的项目,需要附有银行的贷款承诺函。

我国的政策性银行有国家开发银行、进出口银行、农业发展银行等。其中,国家开发银行主要提供基础设施建设及重要的生产性建设项目的长期贷款,一般贷款期限较长;进出口银行主要为产品出口提供贷款支持,提供的出口信贷利率通常低于一般的商业贷款利率;农业发展银行主要为农业、农村发展项目提供贷款,贷款利率通常较低。

答案:商业银行贷款;政策性银行贷款

(3) 资金成本是指项目或企业为筹集和使用资金而付出的代价,包括资金筹集费和(　　　)两部分。

解析:资金成本是指项目或企业在筹集资金时所支付的一定代价,主要包括筹资费和资金的使用费。筹资费是指在筹集资金过程中发生的各种费用,如委托金融机构代理发行股票、债券而支付的注册费和代理费等,向银行借款而支付的手续费等;使用费是指因使用资金而向资金提供者支付的报酬,如使用发行股票筹集的资金要向股东们支付红利,使用发行债券和银行贷款借入的资金要向债权人支付利息,使用租入的资产要向出租人支付租金等。

答案:资金使用费

(4) 某公司从银行取得 5 年期长期借款 200 万元,年利率为 10%,每年付息一次,到期一次还本,借款费用率 0.2%,企业所得税税率 20%,则这笔借款的资金成本率为( )。

解析:在计算银行借款的资金成本率时,利息费用可在税前支付,计算资金成本需考虑利息的抵税作用,一般情况下,资金成本率的计算按以下公式:

$$银行借款资金成本率 = \frac{借款额 \times 年利率 \times (1 - 所得税税率)}{借款额 \times (1 - 手续费率)}$$

$$= \frac{年利率 \times (1 - 所得税税率)}{1 - 手续费率}$$

在本案例中,资金成本率的计算如下:

$$银行借款资金成本率 = \frac{200 \times 10\% \times (1 - 20\%)}{200 \times (1 - 0.2\%)}$$

$$= \frac{10\% \times (1 - 20\%)}{1 - 0.2\%}$$

$$= 8.016\%$$

答案:8.016%

(5) 财务评价是根据国家现行的( )和( )从财务角度进行投资的微观经济效果评价。

解析:工程项目财务评价(亦称财务分析),是根据国家现行的财税制度和价格体系,分析计算工程项目直接发生的财务效益和费用,编制报表,计算评价指标,考察项目的盈利能力、清偿能力以及外汇平衡状况,并且还要进行不确定性分析,以判别工程项目的投资在财务上是否可行。

答案:财税制度;价格体系

(6) 工程项目财务评价一般包括财务盈利能力评价、( )和不确定性分析三个部分。

解析:工程项目财务评价一般包括财务盈利能力评价、财务清偿能力分析和不确定性分析三个部分。涉及外汇收支的项目,必要时还需进行外汇平衡分析。

答案:财务清偿能力分析

(7) （　　　　）可以认为是投资项目的社会资金的影子利率,反映了社会对资金时间价值的估计。

解析：社会折现率是社会对资金时间价值的估计,代表投资项目的社会资金所应达到的按复利计算的最低收益水平,即资金的影子利率。对以优化配置资源为目的的国民经济分析来说,社会折现率是从整个国民经济角度对资金的边际投资内部收益率的估值。

答案：社会折现率

(8) 不确定经济分析方法中,可以同时用于财务评价和国民经济评价的方法是（　　　　）和（　　　　）。

解析：常用的不确定性分析包括盈亏平衡分析、敏感性分析、概率分析三种方法。对项目进行不确定性分析的内容和方法,要在综合考虑项目的类型、特点,决策者的要求,相应的人力、财力以及项目对国民经济的影响程度等条件下来选择。一般来讲,盈亏平衡分析只适用于项目的财务评价,而敏感性分析和概率分析则可同时用于财务评价和国民经济评价。

答案：敏感性分析；概率分析

(9) 固定成本是不受（　　　　）变化影响的成本费用。

解析：固定成本是指在技术方案一定的产量范围内不受产品产量影响的成本,即不随产品产量的增减发生变化的各项成本费用,如工资及福利费（计件工资除外）、折旧费、修理费、无形资产及其他资产摊销费、其他费用等。

答案：产品产量

(10) 盈亏平衡分析中,项目的盈亏平衡生产能力利用率越高,则项目亏损的可能性（　　　　），其适应市场变化的能力（　　　　）。

解析：盈亏平衡点反映了技术方案的抗风险能力和对市场变化的适应能力。盈亏平衡点越低,对应于此点的产量就越少,技术方案投产后造成亏损的可能性越小,其抗风险能力越强,适应市场变化的能力也越强；反之,技术方案投产后造成亏损的可能性越大,其抗风险能力越弱,适应市场变化的能力也越弱。

答案：越大；越弱

(11) 某工程方案的设计生产能力 12 万吨/年,单位产品销售价 520 元/吨,年总固定成本 1500 万元,单位产品的可变成本 220 元/吨,单位产品营业中税金及附加 40 元/吨,则产量和价格允许的降低率分别为（　　　　）和（　　　　）。

解析：计算盈亏平衡产量 Q^* 和盈亏平衡销售价格 P^*：

$$Q^* = \frac{C_f}{P - C_v - T_v} = \frac{1500 \times 10^4}{520 - 220 - 40} = 5.77 \times 10^4 \text{ 吨}$$

$$P^* = \frac{C_f + C_v Q_0 + T_v Q_0}{Q_0} = C_v + T_v + \frac{C_f}{Q_0} = 220 + 40 + \frac{1500 \times 10^4}{12 \times 10^4} = 385 \text{ 元}$$

产量允许的降低率为 $1 - \dfrac{Q^*}{Q_0} = 1 - \dfrac{5.77 \times 10^4}{12 \times 10^4} = 52\%$

价格允许的降低率为 $1 - \dfrac{P^*}{P} = 1 - \dfrac{385}{520} = 26\%$

答案：52%；26%

（12）在建设项目的不确定性分析中，对项目经济评价指标产生较大影响的因素称为（　　　　）。

解析：一个项目，在其建设与生产经营的过程中，许多因素都会发生变化，如投资、价格、成本、产量、工期等，都可能随项目内外部环境的变化而变化，与在项目经济评价中对其所做的预测值（估计值）之间存在差异，不可避免地会对项目的经济评价指标产生影响。但这种影响的程度又各不相同：有些因素可能仅发生较小幅度的变化，就能引起经济评价指标发生了较大变动，而另一些因素虽然变化幅度较大，但对经济评价指标的影响却并不显著。前一类因素称为敏感性因素，后一类因素称为非敏感性因素。

答案：敏感性因素

（13）在单因素敏感性分析中，经常用到的敏感性分析的对象有（　　　　）和（　　　　）。（试列举两种）

解析：敏感性分析的对象就是各项经济评价指标。一般是根据项目的特点、不同的研究阶段、实际需求情况和指标的重要程度来选择一至两种指标为研究对象，经常用到的是净现值（NPV）和内部收益率（IRR）。一般敏感性分析中所确定的经济评价指标，应与确定性经济效果评价指标一致，不宜设立新指标。

答案：净现值（NPV）；内部收益率（IRR）

（14）单因素敏感性分析图中，横坐标表示（　　　　），常以百分比（％）表示。

解析：敏感性分析图是通过在坐标图上作出各个不确定性因素的敏感性曲线，进而确定各因素敏感程度的一种图解方法。图示中，以纵坐标表示项目的经济评价指标（项目敏感性分析的对象），横坐标表示各个变量因素的变化幅度（以％表示）。

答案：各个变量因素的变化幅度

（15）在敏感性分析中，根据敏感性分析的计算结果绘出各个变量因素的变化曲线，其中与横坐标相交角度较大的变化曲线所对应的因素就是(　　　　　)。

解析：敏感性分析图是通过在坐标图上作出各个不确定性因素的敏感性曲线，进而确定各因素敏感程度的一种图解方法。以纵坐标表示项目的经济评价指标（项目敏感性分析的对象），横坐标表示各个变量因素的变化幅度（以％表示）；根据敏感性分析的计算结果绘出各个变量因素的变化曲线，其中与横坐标相交角度较大的变化曲线所对应的因素就是敏感性因素。

答案：敏感性因素

(16) 项目敏感性分析方法的主要局限是(　　　　　)。

解析：敏感性分析的局限性在于，它不能说明不确定因素发生变动的情况的可能性是大还是小，即没有考虑不确定因素在未来发生变动的概率，而这种概率是与项目的风险大小密切相关的。经常会碰到这样的情况，某些因素在未来发生不利变动的可能性很小，虽然它可能是一个敏感性较强的因素，但实际上它给项目带来的风险并不大；而另外有一些因素，虽然并不是十分敏感，但由于它们在未来发生不利变化的可能性很大，实际上给项目带来的风险可能比敏感因素还要大。对于此类问题，尚需借助于概率分析。

答案：不能说明不确定性因素发生变动的可能性大小

(17) 某建筑制品厂生产一种新产品，由于没有资料，只能设想出三种方案以及各种方案在市场销路好、一般、差三种情况下的损益值，具体见表4.1，每种情况出现的概率也无从得知。若用后悔值准则进行方案决策，则选取的方案为(　　　　　)。

表 4.1　　　　　　　　损益矩阵表

产品销售情况		销路好	销路一般	销路差
损益值（万元）	A	42	25	−5
	B	35	27	2
	C	20	15	6

解析：用每种自然状态下的最大损益值减去该自然状态下各方案的损益值，即得到该方案在该自然状态下的后悔值，找出每一种方案的最大后悔值，从中选取最大后悔值最小的方案即为决策方案。后悔值的计算及决策过程见表4.2。

第4章 项目工程经济分析

表 4.2　　　　　　　　　　　　后悔值计算表

产品销售情况		销路好	销路一般	销路差	各方案最大后悔值
最理想收益值（万元）		42	27	6	
后悔值（万元）	A	42−42=0	27−25=2	6−(−5)=11	11
	B	42−35=7	27−27=0	6−2=4	7
	C	42−20=22	27−15=12	6−6=0	22
选取方案		B			

答案：B方案

（18）决策树包含决策点、机会点、方案枝和(　　　　)等要素。

解析：决策树是以方框与圆圈为节点，由直线连接而成的一种树形图，包含决策点、方案节点（机会点）、结果点、方案枝、概率枝等要素。各要素表达在决策树图形中如图 4.2 所示。

答案：概率枝

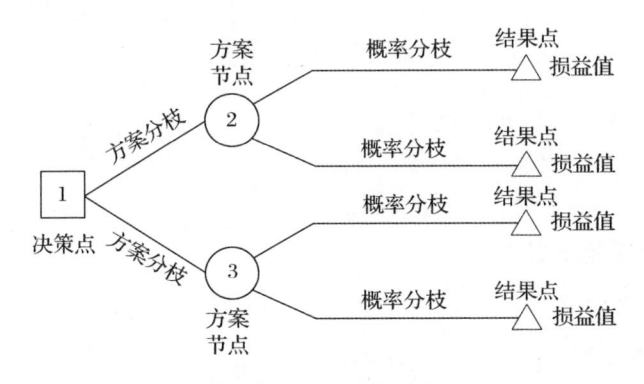

图 4.2　决策树结构图

（19）决策树图形中，由决策点引出的各条直线，称为(　　　　)。

解析：决策树图形中，从决策点引出若干直线，表示该决策点有若干可供选择的方案，在每条直线上标明方案名称，称为方案分枝。

答案：方案分枝

（20）某厂进行技术改造，有两个方案备选：①从国外全套引进技术，需要投资 200 万元；②引进部分国外关键技术，其余由企业自行解决，需要投资 140 万元。两方案投产后的使用期限均为 8 年。未来市场需求的情况以及两方案在各种需求情况下每年的收益值见表 4.3。若用决策树法进行决策，则选择的最优方案是(　　　　)。

表 4.3　　　　　　　　某项目信息表

未来市场需求情况		投资	畅销（概率0.3）	一般（概率0.5）	滞销（概率0.2）
损益值（万元/年）	全套引进	200	120	70	20
	部分引进	140	90	65	45

解析：a. 绘制决策树，见图 4.3 所示。

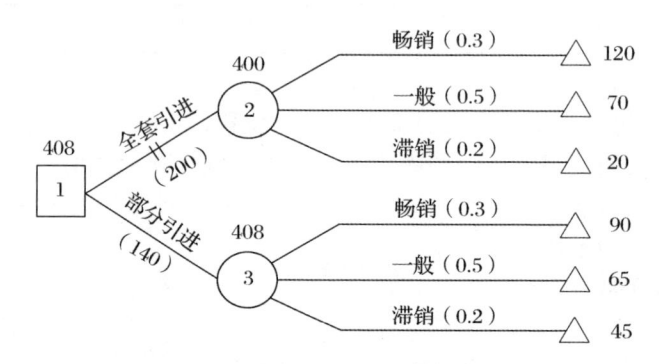

图 4.3　决策树结构图

b. 计算各状态点的损益期望值。

E（全套）＝（120×0.3＋70×0.5＋20×0.2）×8－200＝400

E（部分）＝（90×0.3＋65×0.5＋45×0.2）×8－140＝408

因此，选择部分引进。

答案：引进部分国外关键技术

4.3.2　选择题

（1）下列不属于资金成本中筹资费的是（　　）。

A. 注册费　　　　　　　　B. 手续费

C. 代理费　　　　　　　　D. 红利

解析：资金成本是指项目或企业在筹集资金时所支付的一定代价，主要包括筹资费和资金的使用费。筹资费是指在筹集资金过程中发生的各种费用，如委托金融机构代理发行股票、债券而支付的注册费和代理费等，向银行借款而支付的手续费等；使用费是指因使用资金而向资金提供者支付的报酬，如使用发行股票筹集的资金要向股东们支付红利，使用发行债券和银行贷款借入的资金要向债权人支付利息，使用租入的资产要向出租人支付租金等。

答案：D

第 4 章 项目工程经济分析

(2) 流动比率指标是用来反映项目的( )。
A. 财务风险程度　　　　　　B. 偿付流动负债能力
C. 清偿能力　　　　　　　　D. 快速偿付流动负债能力

解析：工程项目财务评价中常用的清偿能力指标有资产负债率、流动比率和速动比率等。资产负债率指负债总额与资产总额之比，它用于衡量企业利用债权人提供的资金进行经营活动的能力，能够反映项目各年所面临的财务风险程度及债务清偿能力，因此也反映债权人发放贷款的安全程度；流动比率是反映项目各年偿付流动负债能力的指标，衡量项目流动资产在短期债务到期前可变为现金用于偿还流动负债的能力。速动比率是反映项目快速偿付（用可以立即变现的货币资金偿付）流动负债的能力。

答案：B

(3) 对于涉及进出口贸易项目的经济评价工作，下述说法中正确的是( )。
A. 可只进行企业财务评价　　　　B. 须进行国民经济评价
C. 主要以企业决策者评价为主　　D. 应以环境评价为取舍依据

解析：对于中小型建设项目，一般只进行企业经济评价，即认为项目的宏观经济效果基本上可以通过其微观效果反映出来；但是，对于严重影响国计民生的重大项目、涉及进出口贸易的项目、中外合资项目、有关稀缺资源开发和利用的项目以及产品和原料价格明显失真的项目，除需进行企业经济评价外，还必须进行国民经济评价，而且强调前者要服从后者。

答案：B

(4) 在工程项目财务评价和国民经济评价中，下列关于工程项目投入和产出物价值计量的说法，正确的( )。
A. 国民经济评价采用影子价格计量，财务评价采用预测的市场交易价格计量
B. 国民经济评价采用预测的市场交易价格计量，财务评价采用影子价格计量
C. 国民经济评价和财务评价均采用预测的市场交易价格计量
D. 国民经济评价和财务评价均采用影子价格计量

解析：国民经济评价和企业财务评价中费用和效益计算所采用的价格不同。财务评价采用现行市场价格、行业基准收益率、官方汇率；国民经济评价采用影子价格、社会折现率、影子汇率。

答案：B

(5) 在项目财务评价和国民经济评价中均可以使用的不确定性分析方法

是( )。

　　A. 敏感性分析法　　　　　　B. 现金流量分析法
　　C. 投入产出分析法　　　　　D. 盈亏平衡分析法

　　解析：常用的不确定性分析包括盈亏平衡分析、敏感性分析、概率分析三种方法。对项目进行不确定性分析的内容和方法，要在综合考虑项目的类型、特点、决策者的要求，相应的人力、财力以及项目对国民经济的影响程度等条件下来选择。一般来讲，盈亏平衡分析只适用于项目的财务评价，而敏感性分析和概率分析则可同时用于财务评价和国民经济评价。

　　答案：A

（6）项目盈亏平衡分析时，一般应列入固定成本的是( )。

　　A. 生产工人计件工资
　　B. 外购原材料费用
　　C. 外购燃料动力费用
　　D. 固定资产折旧费

　　解析：固定成本是指在技术方案一定的产量范围内不受产品产量影响的成本，即不随产品产量的增减发生变化的各项成本费用，如工资及福利费（计件工资除外）、折旧费、修理费、无形资产及其他资产摊销费、其他费用等。

　　答案：D

（7）盈亏平衡分析是基于( )。

　　A. 收入等于成本　　　　　　B. 产量等于收入
　　C. 收入等于可变成本　　　　D. 产量等于成本

　　解析：当年利润为零时，年总销售收入等于年总成本，表示该项经济活动盈亏平衡，这个临界点即盈亏平衡点。盈亏平衡分析就是基于收入等于成本，找出方案盈利和亏损在产量、单价、成本等方面的临界点，判断不确定性因素对方案经济效果的影响程度，说明方案实施风险的大小。

　　答案：A

（8）某项目有甲、乙、丙、丁4个方案，依次计算得知各方案的盈亏平衡生产能力利用率分别为68%、80%、55%和52%，则风险最小的是( )。

　　A. 方案甲　　　　　　　　　B. 方案乙
　　C. 方案丙　　　　　　　　　D. 方案丁

　　解析：盈亏平衡点反映了技术方案的抗风险能力和对市场变化的适应能力。盈亏平衡点越低，对应于此点的产量就越少，技术方案投产后造成亏损的可能性越小，其抗风险能力越强，适应市场变化的能力也越强。题目中盈亏平衡生产能力利用率最低的方案，其风险性最小，而方案丁的盈亏平衡生产能力利用率最低，为52%，则风险最小的是方案丁。

答案：D

（9）某产品单位销售价格510元/t，单位可变成本250元/t，年总固定成本为1500万元，在不考虑营业税金的情况下，则其产量平衡点为（　　）t。

A. 57692   B. 19737
C. 29412   D. 57962

解析：盈亏平衡产量的表达式为 $Q^* = \dfrac{C_f}{P - C_v - T_v}$，其中：$C_f$——年固定成本，$P$——单位产品价格，$C_v$——单位产品可变成本，$T_v$——单位产品营业税金及附加。

题目中，盈亏平衡产量 $Q^* = \dfrac{1500 \times 10^4}{510 - 250}$ t = 57692t。

答案：A

（10）某企业在决策某生产线的引进时，预计年产量为800万件。若引进甲生产线，固定成本为400万元，单位产品可变成本为0.6元；若引进乙生产线，固定成本为500万元，单位产品可变成本为0.4元，则（　　）。

A. 引进甲
B. 引进乙
C. 都不引进
D. 无法判断

解析：根据题意，预计年产量为800万件，则各方案的成本分别为：

$TC_甲 = 400 + 0.6Q = 400 + 0.6 \times 800 = 880$（万元），

$TC_乙 = 500 + 0.4Q = 500 + 0.4 \times 800 = 820$（万元），

∵ $TC_甲 > TC_乙$，

∴乙方案成本较低，故应选择引进乙生产线。

答案：B

（11）工程项目盈亏平衡分析的特点是（　　）。

A. 能够预测项目风险发生的概率，但不能确定项目风险的影响程度
B. 能够确定项目风险的影响范围，但不能量化项目风险的影响效果
C. 能够分析产生项目风险的根源，但不能提出应对项目风险的策略
D. 能够度量项目风险的大小，但不能揭示产生项目风险的根源

解析：盈亏平衡分析虽然能够度量项目风险的大小，但并不能揭示产生项目风险的根源。比如说，虽然知道降低盈亏平衡点，就可以降低项目的风险、提高项目的安全性，也知道降低盈亏平衡点可采用降低固定成本的方法；但如

何降低固定成本、应该采取哪些可行的方法或通过哪些有利途径来达到目的，盈亏平衡分析并未给出答案，还需采用其他一些方法来开展进一步的分析。

答案：D

(12) 敏感性分析中，通常会选择（　　）的因素进行分析。

A. 在其可能变动范围内对评价指标影响较大

B. 对其数据的准确性把握较大

C. 在其可能变动范围内对评价指标影响较小

D. 对确定性经济分析指标无影响

解析：敏感性分析的目的就在于，通过分析各个因素对项目经济评价指标的影响程度大小，找出敏感性因素，以便为采取必要的风险防范措施提供依据。敏感性因素就是那些仅发生较小幅度的变化就能引起经济评价指标发生较大变动的因素。

答案：A

(13) 单因素敏感性分析过程包括：①确定敏感因素；②确定分析指标；③选择需要分析的不确定性因素；④分析每个不确定性因素的波动程度及其对分析指标可能带来的增减变化情况。正确顺序是（　　）。

A. ③→②→④→①　　　　　　　　B. ①→②→③→④

C. ②→④→③→①　　　　　　　　D. ②→③→④→①

解析：单因素敏感性分析基本步骤如下：

①确定敏感性分析的对象。一般是根据项目的特点、不同的研究阶段、实际需求情况和指标的重要程度来选择一至两种指标为研究对象，经常用到的是净现值（NPV）和内部收益率（IRR）。②选择需要分析的不确定性因素。一般是选择一些主要影响因素，如项目总投资、建设年限、经营成本、产品价格、标准折现率等。③计算各不确定性因素对经济评价指标的影响程度。对所选定的需要进行分析的不确定性因素，按照一定的变化幅度（如±5%、±10%、±15%、±20%等）改变其数值，然后计算该变化所对应的经济评价指标（如NPV、IRR等）值，建立一一对应的数量关系。④确定敏感因素。根据分析问题的目的不同一般可通过相对测定法和绝对测定法来确定对经济评价指标产生较大影响的敏感因素。

答案：D

(14) 单因素敏感性分析中，某建设项目的净年值为31.52万元，当该项目的销售收入增加5%时，净年值指标变为91.52万元，则净年值指标对销售收入的敏感度系数为（　　）。

A. 30.93　　　　　　　　　　　　B. 38.07

C. 32.79　　　　　　　　　　D. 39.15

解析：敏感度系数表示方案经济效果评价指标对不确定因素的敏感程度。计算公式为：

$$S_{AF} = \frac{\Delta A/A}{\Delta F/F}$$

式中，S_{AF}——敏感度系数；

　　　$\Delta F/F$——不确定因素 F 的变化率（%）；

　　　$\Delta A/A$——不确定因素 F 发生 ΔF 变化时，评价指标 A 的相应变化率（%）。

题目中，净年值指标对销售收入的敏感度系数为

$$\beta = \frac{(91.52-31.52)/31.52}{5\%} = 38.07$$

答案：B

(15) 现对某技术方案进行评价，确定性评价得到技术方案的内部收益率为 18%，选择 3 个影响因素对其进行敏感性分析，当产品价格下降 3%、原材料价格上涨 3%、建设投资上涨 3% 时，内部收益率分别降至 8%、11%、9%。因此，该项目的最敏感因素为(　　)。

A. 建设投资　　　　　　　　B. 原材料价格
C. 产品价格　　　　　　　　D. 内部收益率

解析：敏感因素是指会对经济评价指标产生较大影响的因素，可以通过相对测定法进行确定，即设定要分析的因素均从初始值开始变动，且假设各个因素每次变动的幅度均相同，分别计算在同一变动幅度下各个因素的变动对经济评价指标的影响程度，各个不确定因素在同一变动幅度下致使评价指标的变动幅度最大者，即为最敏感因素。

题目中，产品价格下降 3%、原材料价格上涨 3%、建设投资上涨 3%，即三个不确定因素产品价格、原材料价格和建设投资的变化幅度均为 3% 时，内部收益率分别降至 8%、11%、9%，由此可见，三个不确定因素产品价格、原材料价格和建设投资的变化幅度相同时，按内部收益率对各个因素的敏感程度排序，依次是原材料价格、建设投资、产品价格，最敏感的因素是原材料价格。

答案：B

(16) 对某技术方案进行单因素敏感性分析，选择净现值作为分析对象，如图 4.4 所示，甲、乙、丙三个不确定因素按敏感性由大到小的顺序排列为(　　)。

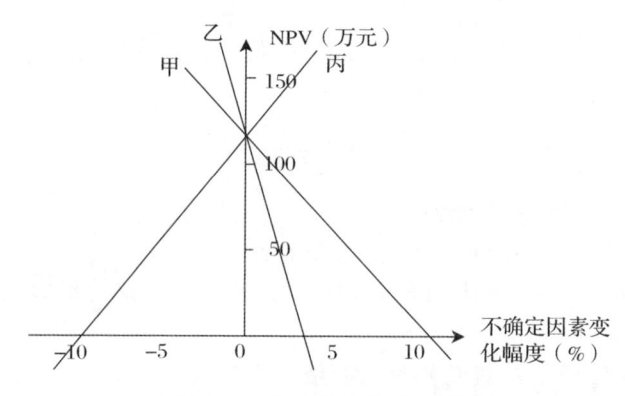

图 4.4 单因素敏感性分析图

A. 甲－乙－丙　　　　　　　　B. 乙－丙－甲
C. 甲－丙－乙　　　　　　　　D. 乙－甲－丙

解析：对技术方案进行单因素敏感性分析时，根据敏感性分析的计算结果绘出各个变量因素的变化曲线，各变化曲线与横坐标的相交角度反映了技术方案经济效果评价指标对各不确定因素的敏感程度，相交角度越大，所对应的因素越敏感。题目中，根据三条变化曲线与横坐标的相交角度来判断甲、乙、丙三个不确定因素的敏感程度，相交角度大小依次为乙因素的变化曲线、丙因素的变化曲线和甲因素的变化曲线，所以甲、乙、丙三个不确定因素按敏感性由大到小的顺序排列为乙－丙－甲。

答案：B

(17) 已知某项目有四个方案 A_1、A_2、A_3、A_4，其在三种可能条件下的收益矩阵为：

$$\begin{array}{c} A_1 \\ A_2 \\ A_3 \\ A_4 \end{array} \begin{bmatrix} -20 & 30 & 40 \\ 18 & 20 & 25 \\ 26 & 21 & 17 \\ 10 & 29 & 16 \end{bmatrix}，试用乐观准则进行决策所得的结果为(　　)。$$

A. A_1 方案　　　　　　　　B. A_2 方案
C. A_3 方案　　　　　　　　D. A_4 方案

解析：乐观准则（或称大中取大法）的决策过程是：先从各种情况下选出每个方案的最大损益值，然后对各个方案进行比较，以收益值最大的方案为选择方案，其表达式为 $\max\limits_{j}\{\max\limits_{i}[a_{ij}]\}$，式中 a_{ij} 为方案 j 在状态 i 下的损益值。

题目中，运用乐观准则，

$$\max\limits_{j}\{\max\limits_{i}[a_{ij}]\} = \max\{40,25,26,29\} = 40$$

答案：A

（18）非确定型决策中的小中取大法又称为（　　）。
A．悲观法　　　　　　　　B．乐观法
C．后悔值法　　　　　　　D．机会值法

解析：非确定型决策的决策方法中乐观准则的特点是决策人对客观情况抱乐观态度，总是认为未来会出现最好的自然状态；其决策过程是先从各种情况下选出每个方案的最大损益值，然后对各个方案进行比较，以收益值最大的方案为选择方案，这种方法也称为大中取大法。悲观准则的特点是决策人对现实方案的选择持保守态度，为了保守起见，总是根据最坏的客观条件来选择行动方案；其决策过程是先从各种情况下选出每个方案的最小损益值，以最小损益值为最大的方案为选择方案，这种方法也称为小中取大法。后悔值准则又称为最小机会损失准则，后悔值是指每种情况下方案中最大损益值与各方案损益值之差，应用时先计算出各方案的最大后悔值，进行比较，以最大后悔值最小的方案作为最佳方案，故这种方法也称为大中取小法。

答案：A

（19）非确定型决策方法中，后悔值是指在每种情况下方案中的（　　）。
A．最大收益与其他方案损失之比
B．最大收益与其他方案损失之差
C．最大收益与其他方案收益之差
D．最大损失与其他方案收益之差

解析：后悔值是指在每种情况下方案中最大损益值与各方案损益值之差。如果决策者选择了某一个方案，但后来事实证明他所选择的方案并非最优方案，他就会少得一定的收益或承受一些损失，于是他会后悔把方案选错了，或者感到遗憾。这个因选错方案可得而未得到的收益或遭受的损失，称为后悔值或遗憾值。

答案：C

（20）用于公益性项目经济评价的评价方法是（　　）。
A．效益费用分析　　　　　B．概率分析
C．静态评价　　　　　　　D．动态评价

解析：公益性项目投资的目的是谋求社会效益，一般采用费用效益分析法，在区分并计量费用和效益（效果）的基础上，比较费用和效益（效果）的大小，以此来判断项目的优劣。

答案：A

4.3.3 简答题

(1) 项目筹资的基本要求是什么？

解析：①合理确定资金需要量，力求提高筹资效果无论通过什么渠道、采取什么方式筹集资金，都应首先确定资金的需要量，即要求筹资有一个"度"的问题。资金不足会影响项目的生产经营和发展；资金过剩不仅是一种浪费，也会影响资金使用的效果。在实际工作中，必须采取科学的方法预测与确定未来资金的需要量，选择合适的渠道与方式筹集所需的资金，以防止筹资不足或筹资过剩，提高资金的使用效果。

②认真选择资金来源，力求降低资金成本项目筹集资金可以采用的渠道和方式多种多样。不同渠道和方式筹资的难易程度、资金成本和风险各不一样。但任何渠道和方式的筹资都要付出一定的代价，在筹资中通常选择最经济方便的渠道和方式，以使综合的资金成本最低。

③适时取得资金，保证资金投放需要筹集资金有时间上的安排，这取决于投资的时间。合理安排筹资与投资，使其在时间上互相衔接，避免取得资金过早而造成投放前的闲置或取得资金滞后而耽误投资的有利时机。

④适当维持自有资金比例，正确安排举债经营举债经营即项目通过借债开展生产经营活动。举债经营可以给项目带来一定的好处，但负债的多少必须与自有资金和偿债能力的要求相适应。如负债过多，会发生较大的财务风险，甚至会由于丧失偿债能力而面临破产。因此，项目法人既要利用举债经营的积极作用，又要避免可能产生的债务风险。

(2) 采取传统的公司融资方式进行项目的融资，项目资本金来自于公司的自有资金，自有资金主要来自于哪些方面？

解析：主要来自于四个方面：企业现有的现金、未来生产经营中获得的可用于项目的资金、企业资产变现和企业增资扩股。

①企业现有的现金。企业库存现金和银行存款可以由企业的资产负债表反映，其中有一部分可以投入项目，即扣除保持必要的日常经营所需货币资金额，多余的资金可以用于项目投资。

②未来生产经营中获得的可用于项目的资金。在未来的项目建设期间，企业可以从生产经营中获得新的现金经营开支及其日常开支之后，剩余部分可以用于项目投资。未来企业经营获得的净现金流量，需要通过对企业未来现金流量的预测来估算。

③企业资产变现。企业可以将现有资产转让变现，取得现金用于项目投资。企业可以采取单项资产、资产组合、股权转让、经营权、对外长期投资和

证券资产等多种变现方式。资产的流动性强，变现较为容易和便捷。

④企业增资扩股。企业可以通过原有股东增资以及吸收新股东增资扩股，包括法人股、个人股和外资股的增资扩股。

(3) 简述负债资金的筹措方式。

解析：负债筹资是指项目筹资中除资本金外，以负债方式取得资金。负债资金的筹措方式主要有：商业银行贷款、政策性银行贷款、出口信贷、外国政府贷款、国际金融机构贷款、银团贷款、发行债券、可转换债和融资租赁等。

(4) 资金成本在生产经营活动中有哪些用途？

解析：资金成本是市场经济条件下企业财务管理中的一个重要概念，它在企业生产经营活动中有着广泛的用途：

①资金成本是选择资金来源、拟定筹资方案的主要依据。利用不同的筹资方式，资金成本有高有低。筹资决策的核心就是通过选择利用各种筹资方式，在及时、充分满足企业生产经营对资金需要的前提下，力求资金成本达到最低水平。因此，正确地测算资金成本，是正确进行筹资决策的一个重要条件。

②资金成本是评价投资项目可行性的主要经济标准。在市场经济条件下，只有资金利润率高于资金成本率的投资机会，才是有利可图的，才值得为之筹集资金并进行投资。

③资金成本可作为评价企业财务经营成果的依据。

(5) 简述项目融资和传统融资方式的区别。

解析：传统融资是指一个公司利用本身的资信能力所进行的融资，包括取得银行贷款、发行公司股票、公司债券等。投资方在提供资金时侧重于对公司整体情况的考核，而把对于该公司所要投资的某个具体项目的认识和控制放在较为次要的位置。

项目融资是相对于传统融资而言的新型融资方式。项目融资主要不是以项目业主的信用或者项目有形资产的价值作为担保来获得贷款，而是依赖于项目本身良好的经营状况和项目建成、投入后的现金流量作为偿还债务的资金来源；同时将项目的资产，而不是项目业主的其他资产作为借入资金的抵押。也就是说，项目融资将归还贷款资金来源限定在特定项目的收益和资产范围之内，在一定程度上依赖于项目的资产和现金流量，投资方自始至终着眼于控制和积极影响项目运行的全过程，并且能够根据项目的特点设计出多种多样的融资结构，使一些在传统融资条件下可能无法取得资金的项目得以开发。

(6) 新型项目融资模式有哪些？各融资模式存在哪些不同？

解析：新型项目融资模式有：①BOT（build—operate—transfer）模式，即"建设—经营—转让"；②PPP（public private partnership）融资模式，即

公共部门与私人企业合作模式；③ABS（asset－backed securitization）融资模式，是以项目所属的资产为支撑的资产证券化融资模式，是资产证券化的简称；④TOT（transfer－operate－transfer）融资模式，即移交－经营－移交；⑤价值捕捉模式（VC），环境的改善带来周围地带房地产和商业活动的增值与繁荣，价值捕捉就是将由于商业活动的增加而带来的企业获利的一部分转换为公共使用。

各融资模式在资金来源、融资成本、风险分担等方面都有所差别。表4.4对各个差别进行了分析。

表4.4　　　　　　　　　新型融资模式的比较分析表

比较因素	融资模式			
	PPP			ABS	VC
	BOT		TOT		
	内资	外资			
资金来源	国内民营资本	外资	大银行、大型建筑公司、其他金融机构、基金组织和私人资本，资金来源较BOT更广泛	国外债券、国内证券市场（退休养老基金、保险基金等都是潜在投资人）	项目周围企业、商铺因环境效益产生的特别税收或专项固定收费
融资成本	较高	很高	较低	较低	低
风险分担	主要由项目权益投资人和债务投资人分担风险，风险分担人数少，风险相对集中		回避了项目建设期的风险，且项目收益成本较为明朗；总的风险较小，但相对集中	投资人是债券购买者，风险相对分散；ABS债券可以在二级市场转让，变现能力强，降低了投资风险，风险小，且分散	风险由周围的企业商户承担，风险较分散

第4章 项目工程经济分析

续表

比较因素	融资模式			
	PPP		ABS	VC
	BOT	TOT		
	内资 | 外资			
所有权、运营权差异	所有权、运营权在特许期限内属于项目公司	运营权在特许期限内属于项目公司	债券的发行期内，项目资产的所有权属于SPV，项目的运营、决策权属于原始权益人	所有权归项目公司或政府所有
适用范围	基础设施领域内能通过收费获得收入的设施或服务项目	与BOT模式一致	有可预见的稳定的未来现金收入的基础设施资产，经过一定的结构重组都可采用	中小型的基础设施建设项目
操作繁简程度	复杂	简单	较简单	较简单

(7) 简述工程项目财务评价指标体系的构成。

解析：工程项目财务效益分析指标体系根据不同的标准，可作不同的分类。

①根据财务效益分析的目标，可分为反映财务盈利能力的指标映清偿能力的指标和反映外汇平衡分析的指标，如图4.5所示。

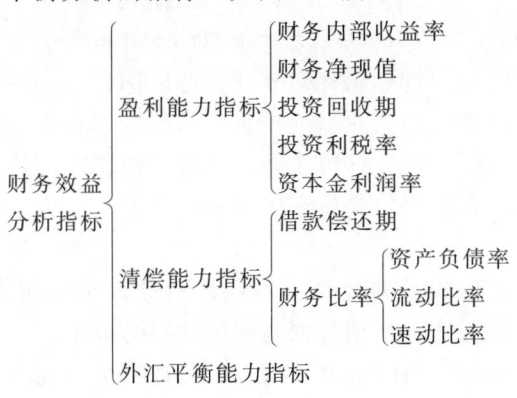

财务效益分析指标
- 盈利能力指标
  - 财务内部收益率
  - 财务净现值
  - 投资回收期
  - 投资利税率
  - 资本金利润率
- 清偿能力指标
  - 借款偿还期
  - 财务比率
    - 资产负债率
    - 流动比率
    - 速动比率
- 外汇平衡能力指标

图4.5 工程项目财务效益分析指标体系分类之一

②根据是否考虑资金时间价值，可分为静态评价指标和动态评价指标，如图4.6所示。

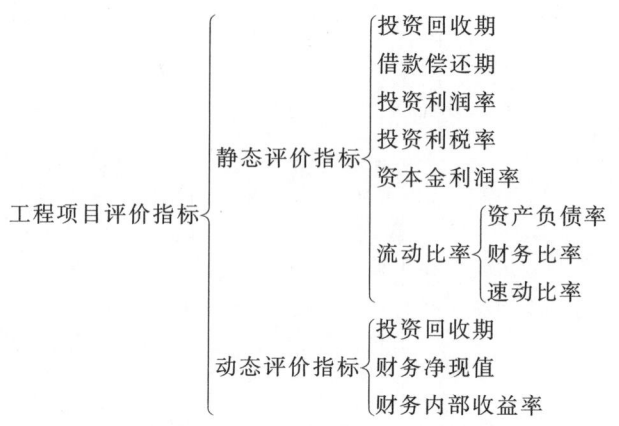

$$
\text{工程项目评价指标} \begin{cases} \text{静态评价指标} \begin{cases} \text{投资回收期} \\ \text{借款偿还期} \\ \text{投资利润率} \\ \text{投资利税率} \\ \text{资本金利润率} \\ \text{流动比率} \begin{cases} \text{资产负债率} \\ \text{财务比率} \\ \text{速动比率} \end{cases} \end{cases} \\ \text{动态评价指标} \begin{cases} \text{投资回收期} \\ \text{财务净现值} \\ \text{财务内部收益率} \end{cases} \end{cases}
$$

图4.6 工程项目财务效益分析指标体系分类之二

③根据指标的性质，可分为时间性评价指标、价值性比评价指标、比率性评价指标，如图4.7所示。

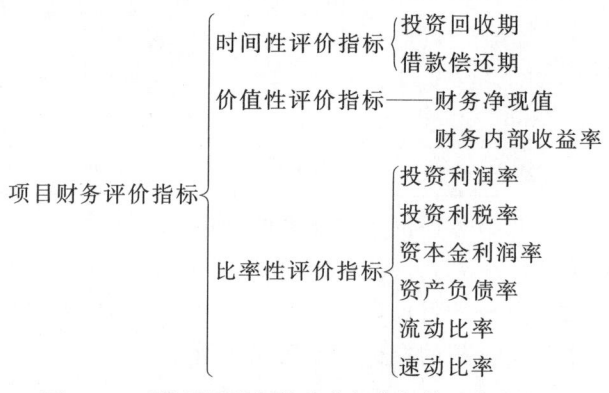

$$
\text{项目财务评价指标} \begin{cases} \text{时间性评价指标} \begin{cases} \text{投资回收期} \\ \text{借款偿还期} \end{cases} \\ \text{价值性评价指标} \begin{cases} \text{财务净现值} \\ \text{财务内部收益率} \end{cases} \\ \text{比率性评价指标} \begin{cases} \text{投资利润率} \\ \text{投资利税率} \\ \text{资本金利润率} \\ \text{资产负债率} \\ \text{流动比率} \\ \text{速动比率} \end{cases} \end{cases}
$$

图4.7 工程项目财务效益分析指标体系分类之三

（8）简述国民经济评价和企业财务评价的区别。

解析：国民经济评价和企业财务评价之间的区别在于：

①评估的角度不同。财务评价是站在企业的角度，评价项目的盈利能力及借款偿还能力；国民经济评价是站在国家整体角度，评价项目对国民经济所作的贡献。

②效益与费用的构成及涉及范围不同。财务评价采用直接收益与直接成本，可计量；国民经济评价采用直接或间接收益与成本。

③费用和效益计算采用的价格不同。财务评价采用现行市场价格、行业基准收益率、官方汇率；国民经济评价采用影子价格、社会折现率、影子汇率。

④采用的评价标准与评价参数不同。财务评价主要包括盈利性评价和清偿能力分析,采用盈亏分析法;国民经济评价主要包括盈利能力分析,没有清偿能力分析,采用费用效益分析法、综合分析法。

国民经济评价和企业财务评价之间的区别见表4.5。

表4.5　　　　　国民经济评价与企业财务评价的区别

区别	国民经济评价	财务评价
评价角度不同	站在国家整体角度,评价项目对国民经济所作的贡献	站在企业的角度,评价项目的盈利能力及借款偿还能力
费用和效益涉及范围不同	采用直接或间接收益与成本	采用直接收益与直接成本,可计量
费用和效益计算采用价格不同	采用影子价格、社会折现率、影子汇率	采用现行市场价格、行业基准收益率、官方汇率
采用的评价标准与评价参数不同	盈利能力分析,采用费用效益分析法、综合分析法;参数采用国家统一测定的影子汇率和社会折现率	盈利性评价和清偿能力分析;采用盈亏分析法;参数采用官方汇率和行业基准收益率

(9) 在国民经济评价中识别费用和效益的原则是什么?

解析:费用和效益都是相对于目标而言的。效益是对目标的贡献,费用是对目标的负贡献。国民经济分析以实现社会资源的最优配置,从而使国民收入最大化为目标,凡是增加国民收入的就是国民经济收益,凡是减少国民收入的就是国民经济费用。

(10) 什么是影子价格?

解析:影子价格是指当社会经济处于某种最优状态时,能够反映社会劳动消耗、资源稀缺程度和最终产品需求情况的价格。

(11) 国民经济评价中常用的经济指标有哪些?它们的判别准则是什么?

解析:①经济净现值(ENPV):反映项目对国民经济净贡献的绝对指标,是用社会折线率将项目计算期内各年的净效益流量折算到建设期初的现值之和。其判别准则是:项目经济净现值等于或大于零,就认为项目是可以接受的。

②经济内部收益率(EIRR):反映项目对国民经济净贡献的相对指标,表示项目占用资金所获得的动态收益率。它是项目在计算期内各年经济净效益流

量的现值累计等于零时的折现率。其判别准则是：经济内部收益率等于或大于社会折现率，表示项目对国民经济的净贡献达到或者超过要求的水平，应认为项目可以接受。

③经济节汇成本（EFC）：指项目生产出口产品或替代进口产品时，用影子价格、影子工资和社会折现率计算的为生产而投入的国内资源现值（以人民币表示）与产出品的经济外汇净现值（通常以美元表示）的比值，即获取1美元净外汇收入或节省1美元耗费所需消耗的国内资源价格（人民币元）。其判别准则是：经济节汇成本若小于影子汇率，表明项目生产出口品或替代进口品的经济效益好。经济节汇成本用于分析评价项目实施后其产品在国际上的竞争力，进而判断其产品是否应出口或进口。

(12) 什么是盈亏平衡分析法？其作用是什么？

解析：各种不确定因素（如投资、成本、销售量、产品价格、项目寿命期等）的变化会影响投资方案的经济效果，当这些因素的变化达到某一临界值时，就会影响方案的取舍。盈亏平衡分析也称量本利分析或保本点分析，其目的是通过分析产品产量、成本和盈利之间的关系，找出方案盈利和亏损在产量、单价、成本等方面的临界点，用来预测利润，控制成本，判断经营状况的一种数学分析方法。一般说来，销售收入＝成本＋利润，如果利润为零，则有收入＝成本＝固定成本＋变动成本，而收入＝（产品售价－单位产品营业中税金及附加）×产销量，变动成本＝单位变动成本×产销量，这样由（产品售价－单位产品营业中税金及附加）×产销量＝固定成本＋单位变动成本×产销量，可以推导出盈亏平衡点的计算公式。

作用：通过盈亏平衡分析可以找出盈亏平衡点，判断不确定性因素对方案经济效果的影响程度，说明方案实施风险的大小。盈亏平衡点反映了技术方案的抗风险能力和对市场变化的适应能力。盈亏平衡点越低，对应于此点的产量就越少，技术方案投产后造成亏损的可能性越小，其抗风险能力越强，适应市场变化的能力也越强。

(13) 什么是量本利图，如何绘制？在量本利图中，如何界定盈利区和亏损区？

解析：将量本利相互关系（利润＝产品售价×产销量－单位产品营业中税金及附加×产销量－固定成本－单位变动成本×产销量）在同一直角坐标系中表达出来，即成为基本的量本利图，如图4.8所示。绘制时，横坐标为产销量，纵坐标为收益或成本。假定在一定时期内，产品价格不变时，销售收入TR随产销量的增加而增加，呈线性函数关系，在图形上就是以零为起点的斜线；产品总成本TC是固定成本和变动成本之和，当单位产品的变动成本不变时，总成本也呈线性变化。

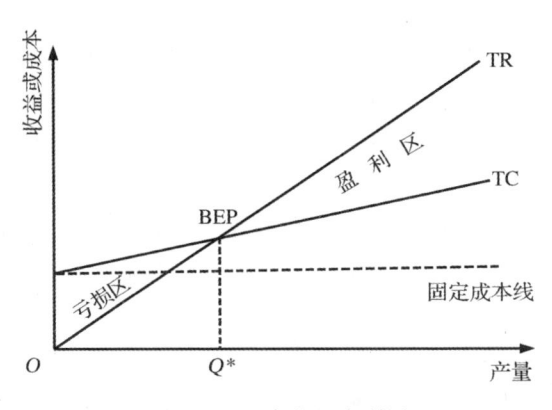

图 4.8 基本的量本利图

由图 4.8 可见，销售收入线与总成本线的交点是技术方案盈利和亏损的转折点，这个转折点被称为盈亏平衡点（Break Even Point，简称 BEP），也叫保本点。技术方案在此产销量下总收入等于总成本，既没有利润，也不发生亏损。在此基础上，增加产销量，销售收入超过总成本，收入线与成本线之间的距离为利润值，形成盈利区；反之，形成亏损区。

（14）盈亏平衡分析有什么局限性？

解析：盈亏平衡分析虽然能够度量项目风险的大小，但并不能揭示产生项目风险的根源。比如说，虽然知道降低盈亏平衡点就可以降低项目的风险、提高项目的安全性，也知道降低盈亏平衡点可采用降低固定成本的方法，但如何降低固定成本、应该采取哪些可行的方法或通过哪些有利途径来达到目的，盈亏平衡分析并未给出答案，还需采用其他一些方法来开展进一步的分析。因此在应用盈亏平衡分析时，应注意使用场合及目标。

（15）什么是敏感性因素和非敏感性因素？敏感性分析的目的是什么？

解析：一个项目，在其建设与生产经营的过程中，许多因素（如投资、价格、成本、产量、工期等）都会发生变化，都可能随项目内外部环境的变化而变化，与在项目经济评价中对其所做的预测值（估计值）之间存在差异，不可避免地会对项目的经济评价指标产生影响。但这种影响的程度又各不相同：有些因素可能仅发生较小幅度的变化，就能引起经济评价指标发生了较大变动，而另一些因素虽然变化幅度较大，但对经济评价指标的影响却并不显著。前一类因素称为敏感性因素，后一类因素称为非敏感性因素。

敏感性分析的目的就在于，通过分析各个因素对项目经济评价指标的影响程度大小，找出敏感性因素，以便为采取必要的风险防范措施提供依据。

（16）简述单因素敏感性分析的基本步骤。

解析：单因素敏感性分析基本步骤如下：

①确定敏感性分析的对象。敏感性分析的对象就是各项经济评价指标。一般是根据项目的特点、不同的研究阶段、实际需求情况和指标的重要程度来选择一至两种指标为研究对象，经常用到的是净现值（NPV）和内部收益率（IRR）。

②选择需要分析的不确定性因素。实际中不必对所有不确定性因素进行敏感性分析，一般是选择一些主要影响因素，如项目总投资、建设年限、经营成本、产品价格、标准折现率等。

③计算各不确定性因素对经济评价指标的影响程度。对所选定的需要进行分析的不确定性因素，按照一定的变化幅度（如±5％、±10％、±15％、±20％等）改变其数值，然后计算该变化所对应的经济评价指标（如NPV、IRR等）值，建立一一对应的数量关系，并用敏感性分析图或敏感性分析表的形式表示。

④确定敏感因素。敏感因素是指会对经济评价指标产生较大影响的因素，根据分析问题的目的不同一般可通过两种方法来确定：

第一种称为相对测定法。设定要分析的因素均从初始值开始变动，且假设各个因素每次变动的幅度均相同，分别计算在同一变动幅度下各个因素的变动对经济评价指标的影响程度，然后按灵敏度高低对各个因素进行排序，灵敏度越高的因素越敏感。

第二种称为绝对测定法。假定要分析的因素均向只对经济评价指标产生不利影响的方向变动，并设该因素达到可能的最差值，然后计算在此条件下的经济评价指标。如果计算出的经济评价指标已超过项目可行的临界值，以致使项目可行性发生了改变，则该因素敏感性较高。

（17）什么是敏感性分析？它有什么局限性？

解析：敏感性分析是研究当一个或多个不确定因素发生变化时，对方案经济效果的影响程度，以分析当外部条件发生不利变化时投资方案的承受能力。

敏感性分析的局限性在于，它不能说明不确定因素发生变动的情况的可能性是大还是小，即没有考虑不确定因素在未来发生变动的概率，而这种概率是与项目的风险大小密切相关的。经常会碰到这样的情况，某些因素在未来发生不利变动的可能性很小，虽然它可能是一个敏感性较强的因素，但实际上它给项目带来的风险并不大；而另外有一些因素，虽然并不是十分敏感，但由于它们在未来发生不利变化的可能性很大，实际上给项目带来的风险可能比敏感因素还要大。对于此类问题，尚需借助于概率分析。

第4章 项目工程经济分析

(18) 构成一个决策问题应具备哪些条件？

解析：构成一个决策问题通常应具备以下条件：

①存在着决策人希望达到的一个明确目标，如收益较大或损失最小；②存在着两个以上不以决策人的主观意志为转移的自然状态；③存在着两个以上可供选择的行动方案；④在各自然状态下，不同行动方案将导致不同的结果，其损益值可以计算出来；⑤在几种不同的自然状态中今后将出现哪种自然状态，决策人不能肯定。

(19) 对风险型决策问题，决策人常用的决策准则有哪些？运用每个准则的基本思路是什么？

解析：风险型决策方法有期望值准则、最大可能准则和决策树法。

运用每个准则的基本思路：①期望值准则。把每个行动方案看成是一个随机变量，其取值就是每个行动方案在各种自然状态下相应的损益值，而各方案的损益期望值则是各自然状态下的损益值与对应自然状态出现的概率的乘积之和，以期望值最大的行动方案作为最佳方案。

②最大可能准则。自然状态的概率越大，表明发生的可能性越大，该法取概率最大自然状态下的最大损益值对应的方案为最优方案。

③决策树法。它是一种利用树型决策网络来描述与求解风险型决策问题的方法，也是概率分析的一种图解方法。它是将决策过程中各种可供选择的方案、可能出现的自然状态及其概率和产生的结果，用一个像树枝的图形表示出来，把一个复杂的多层次的决策问题形象化。其基本原理是用决策点代表决策问题，用方案分枝代表可供选择的方案，用概率分枝代表方案可能出现的各种结果，经过对各种方案在各种结果条件下损益值的计算比较，为决策者提供决策依据。

(20) 何谓公益性项目？公益性项目评价与一般营利性项目评价有何区别？

解析：公益性项目是指为巩固国防、保障社会安全、满足人民物质文化生活需要而兴办的工程，主要指交通、水利、扶贫开发、防灾减灾、国家安全、教育、文化、卫生、体育、环保等，是各级政府及非政府社会组织承建的、以增进社会福利为目的的非营利性项目，有别于一般生产性固定资产投资。

公益性项目评价与一般营利性项目评价的区别：①一般营利性项目采用财务评价指标判断项目的优劣，主要以盈利能力评价指标为主，满足企业最大限度获取经济利益的要求；公益性项目投资的目的是谋求社会效益，一般采用费用效益分析法，在区分并计量费用和效益（效果）的基础上，比较费用和效益（效果）的大小，以此来判断项目的优劣。②财务评价中使用的基准收益率是建立在可接受的最小报酬率基础上的，而公益性项目评价中应使用社会折现率。③一般营利性项目评价，现金流入和现金流出针对的是一个投资主体，收益和支出比较容易区分和度量，一般都采用货币化的数量关系，直接应用各种财务评价指标计算即可；公益件项目评价，效益和费用针对不同的主体，效益主要是社会公众享受到的好处，费用主要是投资主体对项目的投入，且公益性项目几乎都有多方面的无形效果，比如就业、文教、卫生、国家安全、收入分配、社会稳定等。由于不存在相应的市场和价格，无形效果一般很难赋予货币价格，只能寻找其他方法对项目的无形效果进行评价。④对一般营利性项目进行财务评价时，尽管各利益主体之间也会出现不一致的情况，但协调的难度并不是很大，往往不会影响总的结论，从各个盈利能力指标来看，它们之间的关系基本上也是协调的。然而，不同的社会群体对公益性项目的关注点往往不同，公益性项目对其产生的影响也不同，有时为了大部分人的利益可能会牺牲小部分人利益，这可能导致评价指标之间具有显著的冲突，并且协调的难度也较大，由此增加了项目评价的复杂程度。

公益性项目评价与一般营利性项目评价的区别见表 4.6。

表 4.6　　　　公益性项目评价和一般营利性项目评价的区别

项目	公益性项目评价	一般营利性项目评价
评价方法	费用效益分析	财务分析
评价参数	社会折现率	财务基准收益率
使用的价格体系	影子价格体系	市场预测价格
费用和效益的度量	从全社会的角度考察，效益是社会公众得到的好处，费用是投资主体对项目的投入	根据项目直接发生的财务收支，计算费用和效益
评价结论协调的难度	协调难度较大，不同社会群体对公益性项目的关注点不同	协调难度不大，各利益主体之间的关系基本协调

4.4　计算题及解题指导

4.4.1　例题精解

(1) 某企业为某建设项目申请银行长期贷款 5000 万元，贷款年利率为 6%，每季度计息一次，复利计息，若贷款手续费费率为 1%，企业所得税税率为 33%，试求该项目长期借款的年资金成本。

解析：先计算年实际利率：

$$i_{实,年} = (1+\frac{6\%}{4})^4 - 1 = 6.136\%$$

再计算该长期借款的年资金成本：

$$长期借款资金成本 = \frac{5000 \times 6.136\% \times (1-33\%)}{5000 \times (1-1\%)}$$

$$= \frac{6.136\% (1-33\%)}{1-1\%}$$

$$= 4.15\%$$

(2) 某城市需建立垃圾焚烧炉，并用来发电，提供给附近工业新区用电，制定了三种方案：A_1方案，引进进口炉；A_2方案，引进国外厂商部分先进技术，国内生产；A_3方案，采用国产焚烧炉。其中，进口炉由于采用了先进技术，对垃圾燃烧热值利用较高，因此发电量较高，当然单位废物运行成本也高；国产炉由于技术不成熟，对于同样垃圾发电量要低，但是运行成本低；A_2方案炉子发电量和运行成本居于二者之间。由于工业新区刚刚建立，对于其发展前途和发展规模缺乏必要资料和准确预测，对于其将来企业数以及用电量无法进行有效估计，因此有可能出现进口炉发电量虽大，但面对未来需电量较小的状态，多生产的电卖不出去，而处理成本较高，因此可能亏本。但是，也有可能在未来需电量较大的状态下有较大收益，处理成本由卖电所抵消同时产生效益，因此收益受到未来发生自然状态的影响。根据表4.7提供的信息，试用五种准则分别进行方案决策。

表 4.7 损益矩阵表

方案	自然状态		
	需电量较大 N_1	需电量一般 N_2	需电量较小 N_3
A_1（万元）	900	420	-200
A_2（万元）	650	400	-100
A_3（万元）	400	350	50

解析：对于这种非确定型决策，分别用乐观准则、悲观准则、折中准则、等可能性准则和后悔值准则进行决策。

①乐观准则

$$\max_j\{\max_i[a_{ij}]\} = \max\{900, 650, 400\} = 900(万元)$$

故选取方案 A_1。

②悲观准则

$$\max_j\{\min_i[a_{ij}]\} = max\{-200, -100, 50\} = 50(万元)$$

故选取方案 A_3。

③折中准则

根据具体情况分析，设乐观系数 $\alpha=0.6$，则各方案的折中损益值为：

$C_{V_1}=0.6\times900+0.4\times(-200)=460$（万元）

$C_{V_2}=0.6\times650+0.4\times(-100)=350$（万元）

$C_{V_3}=0.6\times400+0.4\times50=260$（万元）

故选取方案 A_1。

④等可能性准则

$$\overline{a_1}=\frac{\sum_{i=1}^{n}a_{ij}}{n}=\frac{900+420+(-200)}{3}=373.33(万元)$$

$$\overline{a_2}=\frac{\sum_{i=1}^{n}a_{ij}}{n}=\frac{650+400+(-100)}{3}=316.67(万元)$$

$$\overline{a_3}=\frac{\sum_{i=1}^{n}a_{ij}}{n}=\frac{400+350+50}{3}=266.67(万元)$$

故选取方案 A_1。

⑤后悔值准则

用每种自然状态下的最大损益值减去该自然状态下各方案的损益值，即得到该方案在该自然状态下的后悔值，找出每一种方案的最大后悔值，从中选取最大后悔值最小的方案即为决策方案。后悔值的计算及决策过程见表4.8。

表 4.8　　　　　　　　　　后悔值计算表

自然状态		需电量较大 N_1	需电量一般 N_2	需电量较小 N_3	各方案最大后悔值
最理想收益值（万元）		900	420	50	
后悔值（万元）	A_1	900－900＝0	420－420＝0	50－(－200)＝250	250
	A_2	900－650＝250	420－400＝20	50－(－100)＝150	250
	A_3	900－400＝500	420－350＝70	50－50＝0	500
选取方案		A_1 或 A_2			

故选取方案 A_1 或 A_2。

(3) 某生产性建设项目，其设计生产能力6万件，年固定成本为5600万元，每件产品的销售价格为3600元，每件产品的可变成本为1600元，每件产品的营业中税金及附加之和为180元,该生产性建设项目的盈亏平衡产销量为多少?要使该项目年利润达到1000万元,年产量应为多少?

解析:①计算盈亏平衡产销量 Q^*:

$$Q^* = \frac{C_f}{P-C_v-T_v} = \frac{5600}{3600-1600-180} = 3.08 （万件）$$

②由公式 $B=(P-T_v)Q-(C_f+C_vQ)$ 得:

$$Q = \frac{B+C_f}{P-C_v-T_v} = \frac{1000+5600}{3600-1600-180} = 3.63 （万件）$$

(4) 某企业生产某种产品,销售价格为每台450元,单位产品营业中税金及附加为50元,企业年销售量为5万台,固定费用为720万元,变动费用为1100万元。如果年销售量为5.5万台,试计算其经营安全率,并评价其经营状况。

解析:计算单位产品可变成本 C_v:

$$C_v = \frac{C_V}{Q} = \frac{1100}{5} = 220 （元/台）$$

计算盈亏平衡产量 Q^*:

$$Q^* = \frac{C_f}{P-C_v-T_v} = \frac{720}{450-220-50} = 4 （万台）$$

经营安全率 r:

$$r = \left(1-\frac{Q^*}{Q}\right) \times 100\% = \left(1-\frac{4}{5.5}\right) \times 100\% = 27.27\%$$

该企业的经营安全率不足30%,因此该企业的经营并不突出,经营状况并不乐观。

(5) 某产品的建设方案年设计产量为50万件,每件产品的价格为100元,每件产品缴付的营业中税金及附加为6元,单位产品可变成本为80元,年固定成本为400万元。试计算:

①产量的盈亏平衡点和生产能力利用率的盈亏平衡点。

②若按年设计产量进行生产和销售,则售价的盈亏平衡点和每年可获利分别是多少?

解析:①计算盈亏平衡产量 Q^* 和盈亏平衡生产能力利用率 E^*:

$$Q^* = \frac{C_f}{P-C_v-T_v} = \frac{400}{100-80-6} = 28.57 （万吨）$$

$$E^* = \frac{Q^*}{Q_0} \times 100\% = \frac{C_f}{(P-C_v-T_v)Q_0} \times 100\% = \frac{28.57}{50} \times 100\% = 57.14\%$$

②若按年设计产量进行生产和销售,计算盈亏平衡销售价格 P^*:

$$P^* = \frac{C_f+C_vQ_0+T_vQ_0}{Q_0} = C_v+T_v+\frac{C_f}{Q_0} = 80+6+\frac{400}{50} = 94 （元）$$

若按年设计产量进行生产和销售，计算年利润 B：

$$B=TR-TC$$
$$=(P-T_v)Q_0-(C_f+C_vQ_0)$$
$$=(100-6)\times50-(400+80\times50)$$
$$=300（万元）$$

（6）某产品年固定费用为 500 万元，销售单价为 4000 元/台，销售收入 800 万元，结果亏损了 50 万元。若不考虑营业中税金及附加，试求保本点销售量，假如该企业欲获利 100 万元，需销售该产品多少台？

解析：根据题意，计算亏损 50 万元的销售量 Q：

$$Q=\frac{TR}{P}=\frac{800}{4000}=0.2（万台）$$

由式 $B=PQ-(C_f+C_vQ)$ 计算单位产品可变成本 C_v：

$$C_v=\frac{PQ-C_f-B}{Q}$$
$$=P-\frac{C_f+B}{Q}$$
$$=4000-\frac{C_f+B}{Q}$$
$$=4000-\frac{500+(-50)}{0.2}$$
$$=1750（元/台）$$

计算保本点销售量 Q^*：

$$Q^*=\frac{C_f}{P-C_v}=\frac{500}{4000-1750}=0.222（万台）$$

由式 $B=PQ-(C_f+C_vQ)$ 计算该企业欲获利 100 万元的销售量 Q'：

$$Q'=\frac{B+C_f}{P-C_v}=\frac{100+500}{4000-1750}=0.267（万台）$$

（7）某项目设计生产能力为年产 60 万件产品，根据资料分析，确定每件产品的销售价格为 90 元，单位可变成本为 50 元，年总固定成本为 300 万元，每件产品营业中税金及附加的综合税率为 5%。问题：

①试用年产量、生产能力利用率和产品单价计算该方案的盈亏平衡点。

②在市场销售良好的状况下，正常生产年份的最大可能盈利额是多少？

③在市场销售不良的情况下，为了促销，产品的市场价格由 90 元降低 10% 销售，若使年利润达到 160 万元，则年产量应为多少？

④从盈亏平衡角度判断建设项目的可行性。

解析：①计算产量盈亏平衡点 Q^* 和生产能力利用率盈亏平衡点 E^*：

$$Q^* = \frac{C_f}{P(1-t) - C_v} = \frac{300}{90 \times (1-5\%) - 50} = 8.45 （万件）$$

$$E^* = \frac{Q^*}{Q_0} \times 100\%$$

$$= \frac{C_f}{[P(1-t) - C_v] Q_0} \times 100\%$$

$$= \frac{8.45}{60} \times 100\% = 14.08\%$$

若按年设计生产能力进行生产和销售，计算单价盈亏平衡点 P^*：

$$P^* = \frac{C_f + C_v Q_0}{Q_0(1-t)} = \frac{300 + 50 \times 60}{60 \times (1-5\%)} = 57.89 （元）$$

②在市场销售良好的状况下，计算正常生产年份的最大可能盈利额 B：

$B = TR - TC$

$\quad = PQ_0(1-t) - (C_f + C_v Q_0)$

$\quad = 90 \times 60 \times (1-5\%) - (300 + 50 \times 60)$

$\quad = 1830 （万元）$

③由公式 $B = PQ(1-t) - (C_f + C_v Q)$ 得：

$$Q = \frac{B + C_f}{P(1-t) - C} = \frac{300 + 160}{90 \times (1-10\%) \times (1-5\%) - 50} = 17.07 （万件）$$

④根据盈亏平衡分析，该项目具有一定的盈利能力及抗风险能力，因此项目可行。

（8）某建设需要安装一条自动化生产线，现有三种方案可供选择。A方案为从国外引进全套生产线，年固定成本为1350万元，单位产品可变成本为1800元/台；B方案为仅从国外引进主机，国内组装生产线，年固定成本为950万元，单位产品可变成本为2000元/台；C方案为采用国内生产线，年固定成本为680万元，单位产品可变成本为2300元/台。假定各条生产线生产能力是相同的，试分析各种方案适用的生产规模。

解析：各条生产线生产能力相同，故评价指标应是成本大小，而成本又与生产规模有关，所以列出生产规模与成本关系式进行评价。

设预计生产规模为 Q 万台，则各方案的生产成本为：

$TC_A = 1350 + 1800Q$，$TC_B = 950 + 2000Q$，$TC_C = 680 + 2300Q$

当 $TC_A = TC_B$ 时，得 $Q_1 = 2$ 万台；当 $TC_A = TC_C$ 时，得 $Q_2 = 1.34$ 万台；当 $TC_B = TC_C$ 时，得 $Q_3 = 0.9$ 万台。

各方案的成本曲线如图4.9。

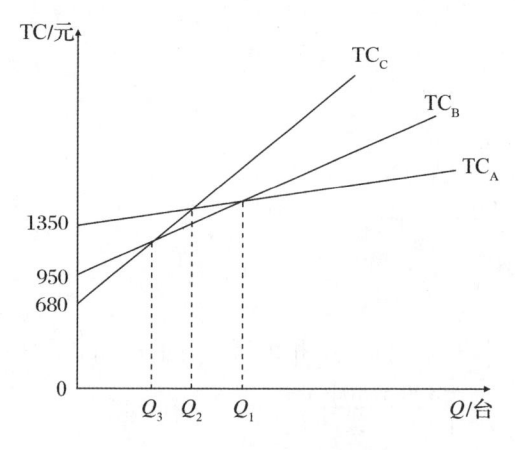

图 4.9 盈亏平衡分析图

由上可以看出,每种方案在不同的生产规模范围内有不同的效果,即生产规模越大,对方案 A 越有利,而对方案 C 越不利。当生产规模 $Q<Q_3=0.9$ 万台时,C 方案成本最低,故应选择 C 方案;当生产规模 Q 介于 $Q_3=0.9$ 万台～$Q_1=2$ 万台范围之内时,B 方案成本最低,故应选择 B 方案;当生产规模 $Q>Q_1=2$ 万台时,A 方案成本最低,故应选择 A 方案。

(9) 修建某金工车间(建筑面积为 $400\sim1200\text{m}^2$),可以采用三种结构:

①钢筋混凝土结构:每平方米造价 120 元,每年维修费 5600 元,每年空调费 2400 元,使用寿命 20 年。

②钢筋混凝土砖混结构:每平方米造价 146 元,每年维修费 5000 元,每年空调费 1500 元,使用寿命 20 年,残值为造价的 3.2%。

③砖木结构:每平方米造价 175 元,每年维修费 3000 元,每年空调费 1250 元,使用寿命 20 年,残值为造价的 1.0%。

若设定利率为 8%,试选择最经济的方案。

解析:设该金工车间的建筑面积为 $x\text{m}^2$($400\leqslant x\leqslant 1200$),则各结构形式的费用年值分别为:

$AC_1=120x\ (A/P,\ 8\%,\ 20)+5600+2400$

$\qquad =120x\cdot 0.1019+8000$

$\qquad =8000+12.228x$(元)

$AC_2=146x\ (A/P,\ 8\%,\ 20)+5000+1500-146x\cdot 3.2\%\ (A/F,\ 8\%,\ 20)$

$\qquad =146x\cdot 0.1019+6500-146x\cdot 3.2\%\cdot 0.0219$

$\qquad =6500+14.7751x$(元)

$AC_3=175x\ (A/P,\ 8\%,\ 20)+3000+1250-175x\cdot 1.0\%\ (A/F,\ 8\%,\ 20)$

$$= 175x \cdot 0.1019 + 4250 - 175x \cdot 1.0\% \cdot 0.0219$$
$$= 4250 + 17.7942x \text{（元）}$$

当 $AC_1 = AC_2$ 时，得 $x_1 = 588.9 \text{m}^2$；当 $AC_1 = AC_3$ 时，得 $x_2 = 673.7 \text{m}^2$；当 $AC_2 = AC_3$ 时，得 $x_3 = 745.3 \text{m}^2$。

各方案的成本曲线如图 4.10 所示。

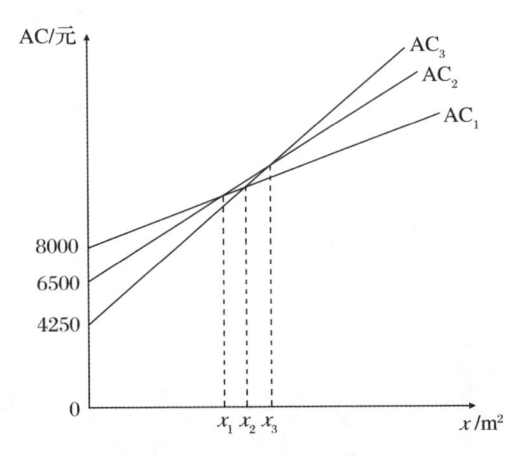

图 4.10 盈亏平衡分析图

由上可以看出，每种结构形式在不同的建筑面积范围内有不同的效果，即建筑面积越大，对方案 A 越有利，而对方案 C 越不利。当建筑面积 $Q < Q_3 = 0.9$ 万台时，C 方案成本最低，故应选择 C 方案；当生产规模 Q 介于 $Q_3 = 0.9$ 万台～$Q_1 = 2$ 万台范围之内时，B 方案成本最低，故应选择 B 方案；当生产规模 $Q > Q_1 = 2$ 万台时，A 方案成本最低，故应选择 A 方案。

（10）已知某建设项目的投资额、单位产品价格和年经营成本在初始值的基础上分别变动±10%时对应的净现值的计算结果见表 4.9。

表 4.9　　　　　　　单因素变动情况下的净现值表　　　　　　单位：万元

因素	变化幅度		
	−10%	0	10%
投资额	1410	1300	1190
单位产品价格	320	1300	2280
年经营成本	2050	1300	550

问题：

①根据表中数据列式计算各因素的敏感度系数，并对 3 个因素的敏感性进行排序。

②根据表中数据绘制单因素敏感性分析图，列式计算并在图中标出单位产品价格的临界点。

解析：①计算方案对各因素的敏感度：

投资额的敏感度系数 $= \dfrac{(1190-1300)/1300}{10\%} = -0.85$

单位产品价格的敏感度系数 $= \dfrac{(2280-1300)/1300}{10\%} = 7.54$

年经营成本的敏感度系数 $= \dfrac{(2050-1300)/1300}{-10\%} = -5.77$

以上3个因素敏感性由大到小排序为：单位产品价格、年经营成本、投资额。

②单因素敏感性分析图，如图4.11所示。

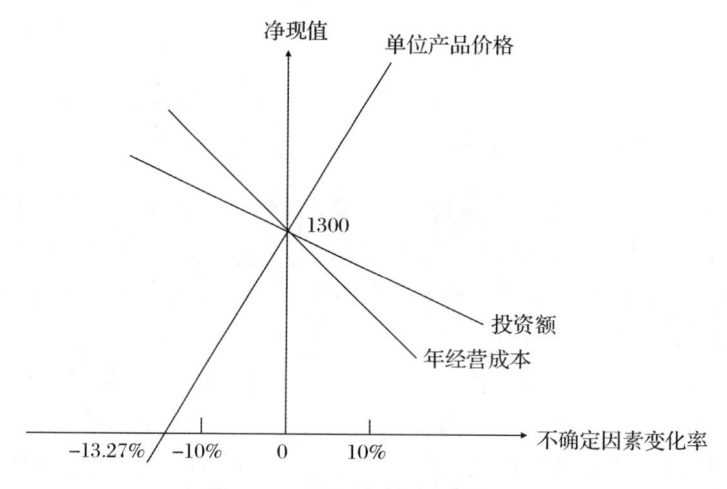

图4.11 单因素敏感性分析图

计算单位产品价格的临界点。

由图4-4可知，用几何方法求解：

$$1300 : 320 = X : (X-10\%)$$

$$X = \dfrac{1300 \times 10\%}{1300-320} = 0.1327 = 13.27\%$$

因此，该项目单位产品价格的临界点为百分比为 -13.27%，即单位产品价格最多下浮13.27%。

（11）设某项目基本方案的基本数据估算值见表4.10，试进行敏感性分析（基准收益率为 $i_c = 8\%$）。

表 4.10　　　　　　　　　基本方案的基本数据估算表

因素	建设投资（万元）	年营业收入（万元）	年经营成本（万元）	期末残值（万元）	寿命（年）
估算值	1500	600	250	200	6

解析：①以年营业收入、年经营成本和建设投资为拟分析的不确定因素。

②选择项目的内部收益率为评价指标。

③作出本方案的现金流量表，见表 4.11。

表 4.11　　　　　　　　　基本方案的现金流量表

年份	1	2	3	4	5	6
1. 现金流入		600	600	600	600	800
年营业收入		600	600	600	600	600
期末残值回收						200
2. 现金流出	1500	250	250	250	250	250
建设投资	1500					
年经营成本		250	250	250	250	250
3. 净现金流量	−1500	350	350	350	350	550

方案的内部收益率 IRR 由下式确定：

$$-1500(1+\text{IRR})^{-1} + 350\sum_{t=2}^{5}(1+\text{IRR})^{-1} + 550(1+\text{IRR})^{-6} = 0$$

采用试算法得：

$$\text{NPV}(i=8\%) = 31.08 > 0$$

$$\text{NPV}(i=9\%) = -7.92 < 0$$

采用线性内插法可求得：

$$\text{IRR} = 8\% + \frac{31.08}{31.08+7.92}(9\%-8\%) = 8.80\%$$

④计算营业收入、经营成本和建设投资变化对内部收益率的影响，结果见表 4.12。

表 4.12　　　　　　　　　因素变化对内部收益率的影响

不确定因素		变化率				
		-10%	-5%	基本方案	+5%	+10%
内部收益率(%)	年营业收入	3.01	5.94	8.80	11.58	14.30
	年经营成本	11.12	9.96	8.80	7.61	6.42
	建设投资	12.70	10.67	8.80	7.06	5.45

内部收益率的敏感性分析图，如图 4.12 所示。

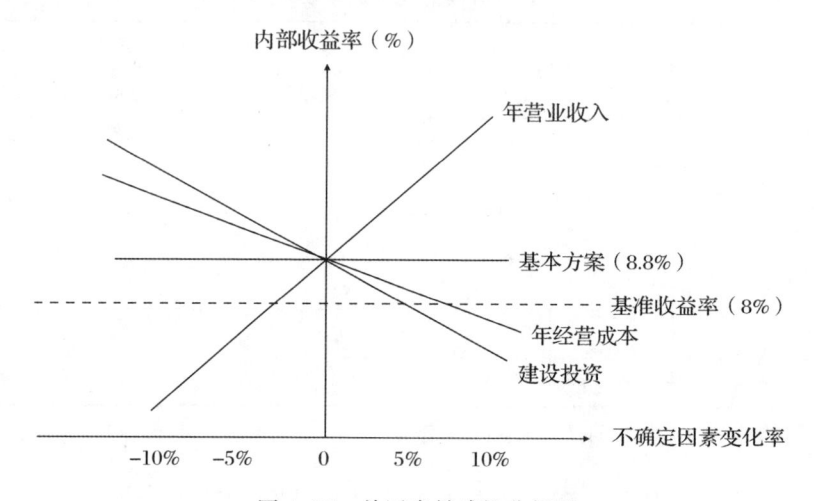

图 4.12　单因素敏感性分析图

⑤计算方案对各因素的敏感度。

年营业收入的敏感度系数 $=\dfrac{(14.30-3.01)/8.80}{20\%}=6.41$

年经营成本的敏感度系数 $=\dfrac{(6.42-11.12)/8.80}{20\%}=-2.67$

建设投资的敏感度系数 $=\dfrac{(5.45-12.70)/8.80}{20\%}=-4.12$

显然，内部收益率对年营业收入变化的反应最为敏感。

(12) 某露天作业工程，公司拟对该工程是否开工作出决策。已知若开工后天气好，则可按期完工，获利 4 万元；若开工后天气不好，则损失 5000 元；若不开工，无论天气好坏，都得付出窝工费 3000 元。根据天气预报资料，本月天气好的概率为 0.3。为使损失最小、利润最大，试用决策树法进行决策。

解析：a. 绘制决策树，如图 4.13 所示。

第4章 项目工程经济分析

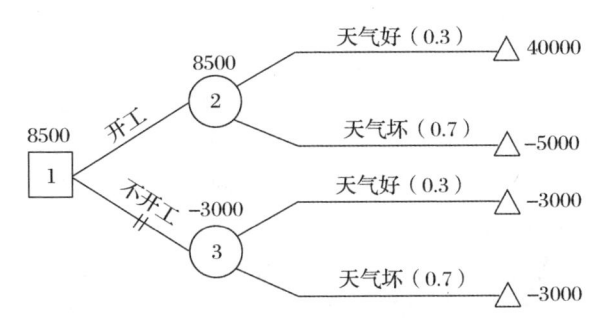

图 4.13 决策树(一)

b. 计算各状态点的损益期望值。

E(点②)$= 40000 \times 0.3 +(-5000)\times 0.7 = 8500$(元)

E(点③)$=(-3000)\times 0.3 +(-3000)\times 0.7 = -3000$(元)

因为 E(点②)$> E$(点③),故选边坡维护方案为优。

(13) 某沿河岸台地铺设地下管道工程,施工期内(1 年)有可能遭到洪水的袭击,据气象预测,施工期内不出现洪水或出现洪水不超过警戒水位的可能性为 60%,出现超过警戒水位的洪水的可能性为 40%。施工部门采取的相应措施:不超过警戒水位时只需进行洪水期间边坡维护,工地可正常施工,工程费约 1 万元;出现超警戒水位时为维护正常施工,普遍加高堤岸,工程费约 7 万元。工地面临两个选择:仅做边坡维护,但若出现超警戒水位的洪水,工地要损失 10 万元;普遍加高堤岸,即使出现超警戒水位也万无一失,试问应如何决策。

解析:a. 绘制决策树,见图 4.14。

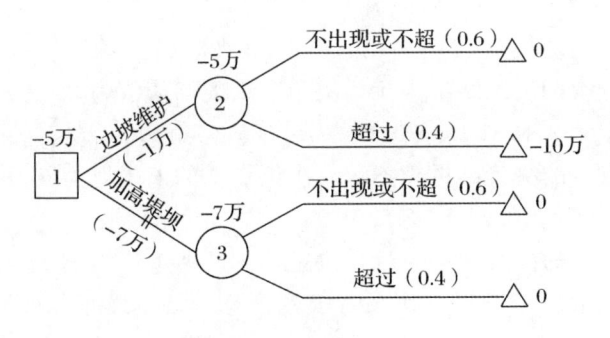

图 4.14 决策树(二)

b. 计算各状态点的损益期望值。

E(点②)$= 0 \times 0.6 +(-10)\times 0.4 - 1 = -5$(万元)

E（点③）$=0\times 0.6+0\times 0.4-7=-7$（万元）

因为 E（点②）$>E$（点③），故选边坡维护方案为优。

(14) 有一种摸球游戏分两阶段进行。第一阶段，参加者须先付 10 元，然后从含 45% 白球和 55% 红球的罐子中任摸一球，并决定是否继续第二阶段。如继续需再付 10 元，根据第一阶段摸到的球的颜色在相同颜色罐子中再摸一球。已知白色罐子中含 70% 蓝球和 30% 绿球，红色罐子中含 10% 蓝球和 90% 绿球。当第二阶段摸到为蓝色球时，参加者可得奖 50 元，如摸到的是绿球或不参加第二阶段游戏的均无所得。试用决策树法确定参加者的最优策略。

解析：a. 绘制决策树，如图 4.15 所示。

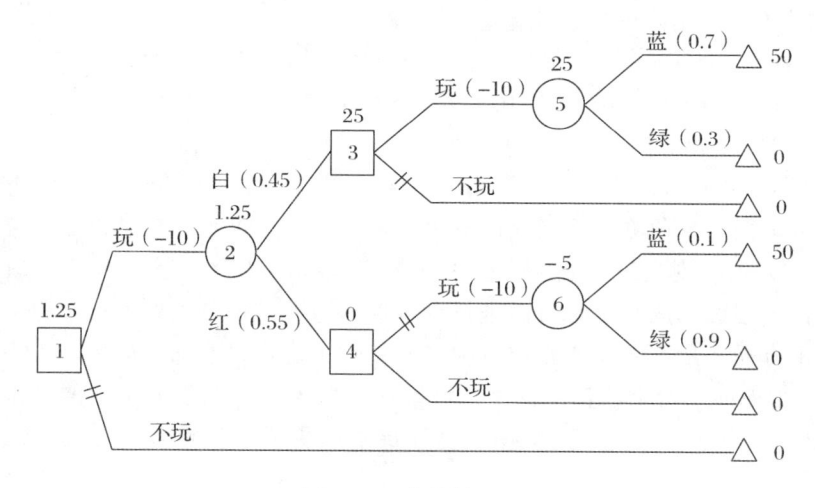

图 4.15 决策树（三）

b. 计算各状态点的损益期望值。

E（点⑤）$=(50\times 0.7+0\times 0.3)-10=25$（元）

可知决策点 3 的决策结果为玩，决策点 3 的期望值为 25 元。

E（点⑥）$=50\times 0.1+0\times 0.9-10=-5$（元）

可知决策点 4 的决策结果为不玩，决策点 4 的期望值为 0 元。

E（点②）$=25\times 0.45+0\times 0.5-10=1.25$（元）

可知决策点 1 的决策结果为玩，决策点 1 的期望值为 1.25 元。

由此，最优策略：摸第一次，若摸到白球，则继续摸第二次；若摸到红球，则不摸第二次。

(15) 某地区拟新建钢厂，提出了以下方案：投资 950 万元新建大厂，据估计销路好时每年获利 400 万元，销路差时亏损 150 万元；投资 400 万元新建小厂，销路好时每年可获利 110 万元，销路差时获利 30 万元，若 2 年后销路好时再追加投资 550 万元，每年可获利 300 万元。设经营期限为 10 年，据市场销售形式预测，10 年内产品销路好的概率为 0.7，销路差的概率为 0.3。上述情况用动态方法进行决策树分析，设基准收益率为 10%，试选择最优方案。

解析：a. 这个问题可以分前 2 年和后 8 年两期考虑，属于多级决策类型，绘制决策树，如图 4.16 所示。

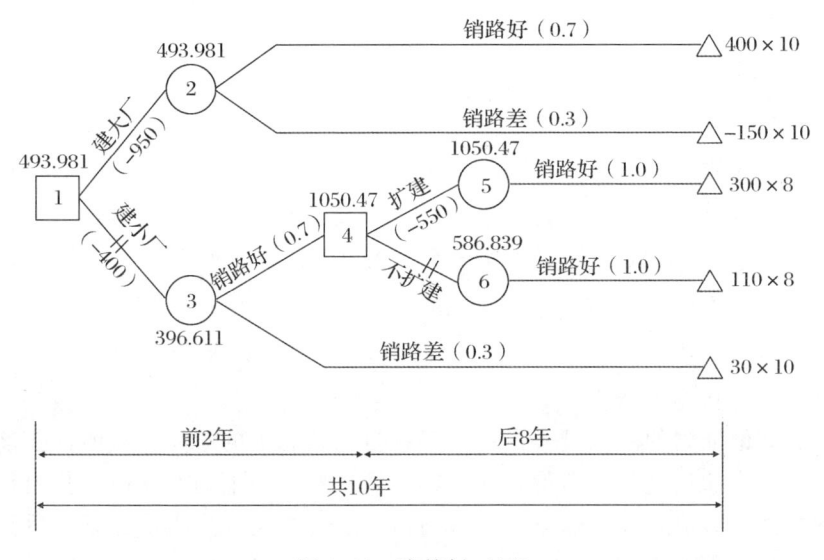

图 4.16 决策树（四）

b. 考虑资金的时间价值，各点损益期望值计算如下：

E（点②）＝[400×（P/A，10%，10）×0.7＋（−150）×（P/A，10%，10）×0.3]−950＝493.981（万元）

E（点⑤）＝300×（P/A，10%，8）×1.0−550＝1050.47（万元）

E（点⑥）＝110×（P/A，10%，8）×1.0＝586.839（万元）

可知决策点 4 的决策结果为扩建，故决策点 4 的期望值取扩建方案的期望值 1050.47 万元。

E（点③）＝[1050.47×（P/F，10%，2）＋110×（P/A，10%，2）]×0.7＋30×（P/A，10%，10）×0.3−400＝396.611（万元）

由上可知，最合理的方案是建大厂。

4.4.2 习题

（1）某企业准备生产一种新产品，该产品市场需求情况估计有销路好、销路一般、销路较差、销路极差等四种自然状态，每种状态出现的概率无法预测。为生产该产品,企业制定了三个改造方案,预计损益值见表 4.13。试用乐观准则和后悔值准则分别选择最优方案。

表 4.13　　　　　　　　　损益矩阵表　　　　　　　　　（万元）

方案	自然状态			
	销路好	销路一般	销路较差	销路极差
新建生产线	950	520	−180	−500
改建生产线	700	500	−120	−390
原有车间生产	300	350	−80	−120

解：①乐观准则的决策过程是：先从各种情况下选出每个方案的最大损益值，然后对各个方案进行比较，以收益值最大的方案为选择方案，其表达式为 $\max\limits_{j}\{\max\limits_{i}[a_{ij}]\}$，式中 a_{ij} 为方案 j 在状态 i 下的损益值。

运用乐观准则，

$$\max\limits_{j}\{\max\limits_{i}[a_{ij}]\}=\max\{950,700,350\}=950（万元）$$

故选取方案：新建生产线。

②后悔值准则的决策过程是：用每种自然状态下的最大损益值减去该自然状态下各方案的损益值，即得到该方案在该自然状态下的后悔值，找出每一种方案的最大后悔值，从中选取最大后悔值最小的方案即为决策方案。后悔值的计算及决策过程见表 4.14。

表 4.14　　　　　　　　　后悔值计算表

产品销售情况		销路好	销路一般	销路较差	销路极差	各方案最大后悔值
最理想收益值（万元）		950	520	−80	−120	
后悔值（万元）	新建生产线	950−950 =0	520−520 =0	−80−(−180) =100	−120−(−500) =380	380
	改建生产线	950−700 =250	520−500 =20	−80−(−120) =40	−120−(−390) =270	270
	原有车间生产	950−300 =650	520−350 =170	−80−(−80) =0	−120−(−120) =0	650
选取方案		原有车间生产				

故选取方案：原有车间生产。

（2）某公司生产某种结构件，设计年产销量为 3 万件，每件的售价为 300 元，单位产品的可变成本为 120 元，单位产品营业中税金及附加 40 元，年固定成本 280 万元。试计算：

①该公司不亏不盈时的最低年产销量是多少？
②达到设计生产能力时的盈利是多少？
③年利润为 100 万元时的年产销量是多少？

解：①计算盈亏平衡产量 Q^*：

$$Q^* = \frac{C_f}{P - C_y - T_v} = \frac{280}{300 - 120 - 40} = 2 \text{（万件）}$$

②计算达到设计生产能力时的盈利 B：

$B = TR - TC$
$= (P - T_v)Q_0 - (C_f - C_v Q_0)$
$= (300 - 40) \times 3 - (280 + 120 \times 3)$
$= 140 \text{（万元）}$

③由公式 $B = P \times Q - (C_f + C_v \times Q)$ 得：

$$Q = \frac{B + C_f}{P - C_v - T_v} = \frac{100 \times 10^4 + 280 \times 10^4}{300 - 120 - 40} = 27143 \text{（件）}$$

（3）某建筑公司需要的混凝土有两种供应方式：方案 A 为购买商品混凝土，单价为 410 元/m³；方案 B 为自己投资 300 万元购买搅拌机建立搅拌站，寿命为 5 年，残值为 5000 元，搅拌混凝土的费用为 320 元/m³，设备维修费为 2 万元/年。若年利率为 10%，试进行方案决策。

解：设共同变量为混凝土年需求量 Q m³，则：

方案 A 的年使用成本为 $C_A = 410Q$

方案 B 的年使用成本为

$C_B = 3000000 (A/P, 10\%, 5) - 5000 (A/F, 10\%, 5) + 20000 + 320Q$
$= 810581 + 320Q$

令 $C_A = C_B$，即 $410Q = 810581 + 320Q$，解得 $Q = 9007$ m³。

综上，当混凝土年需求量 $Q > 9007$ m³ 时，应选择建立搅拌站；

反之，应购买商品混凝土；

混凝土年需求量 $Q = 9007$ m³ 时，两种方案效果相同。

（4）某承包商向某工程投标，计划采取两种策略：一种是投高标，中标机会为 0.2；另一种是投低标，中标与不中标机会均为 0.5。投标不中时，则损失投标准备费 5 万元。根据表 4.15，试用决策树作出决策。

表 4.15　　各投标方案效果、获利及相应概率表

方案	效果	可能获利（万元）	概率
高标	好	500	0.3
	一般	300	0.5
	赔	−100	0.2
低标	好	350	0.2
	一般	200	0.6
	赔	−150	0.2

解：a. 绘制决策树，如图 4.17 所示。

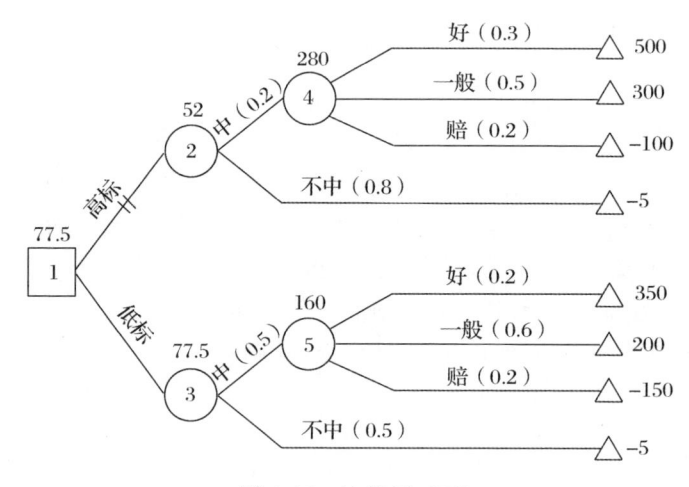

图 4.17　决策树（五）

b. 计算各状态点的损益期望值。

E（点④）$=500\times0.3+300\times0.5+(-100)\times0.2=280$（万元）

E（点②）$=280\times0.2+(-5)\times0.8=52$（万元）

E（点⑤）$=350\times0.2+200\times0.6+(-150)\times0.2=160$（万元）

E（点③）$=160\times0.5+(-5)\times0.5=77.5$（万元）

节点③的损益期望值为 77.5 万元，大于节点②的损益期望值 52 万元，故选择投低标方案，"剪去"投高标方案。

（5）为了适应市场的需要，某地提出了扩大电视机生产的两个方案：一个方案是建设大工厂，另一个方案是建设小工厂。建设大工厂需要投资 600 万元，可使用 10 年，销路好每年赢利 200 万元，销路不好则亏损 40 万元；建设小工厂投资 280 万元，如销路好，3 年后扩建，扩建需要投资 400 万元，可使

用 7 年，每年赢利 190 万元，不扩建则每年赢利 80 万元，如销路不好则每年赢利 60 万元。经过市场调查，市场销路好的概率为 0.7，销路不好的概率为 0.3。试用决策树法选出合理的决策方案。

解：a. 这个问题可以分前 3 年和后 7 年两期考虑，属于多级决策类型，绘制决策树，如图 4.18 所示。

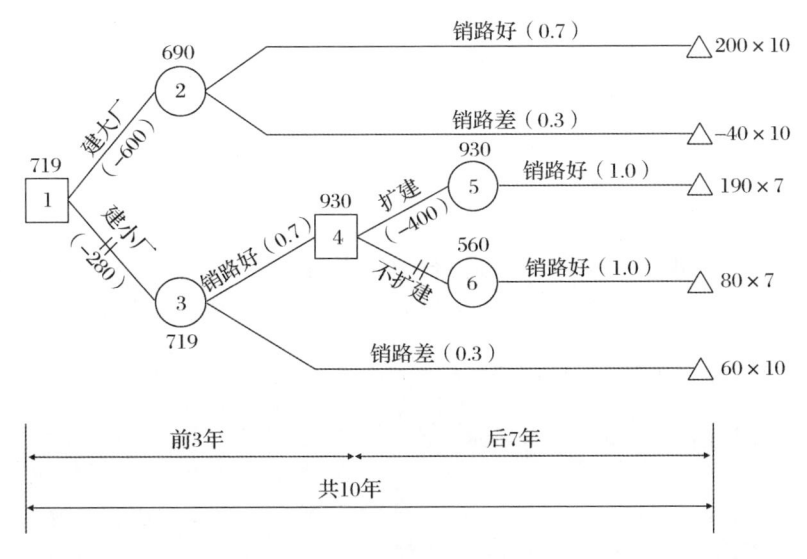

图 4.18 决策树（六）

b. 计算各状态点的损益期望值。

E（点②）$= 200×10×0.7 +（-40）×10×0.3 - 600 = 690$（万元）

E（点⑤）$= 190×7×1.0 - 400 = 930$（万元）

E（点⑥）$= 80×7×1.0 = 560$（万元）

节点⑤的损益期望值为 930 万元，大于节点⑥的损益期望值 560 万元，故选择扩建方案，"剪去"不扩建方案。

E（点③）$=（930 + 80×3）×0.7 + 60×10×0.3 - 280 = 719$（万元）

节点③的损益期望值为 719 万元，大于节点②的损益期望值 690 万元，故"剪去"建大厂方案。

由上可知，最合理的方案应是前 3 年先建小工厂，如果销路好，后 7 年再进行扩建。

第 5 章 价值工程

5.1 内容分析

5.1.1 学习目的

熟悉价值工程的基本原理；熟悉价值工程对象的选择方法；熟悉功能分类；掌握功能分析和功能评价的方法；了解方案创造与评价；掌握价值工程的应用。

5.1.2 学习内容

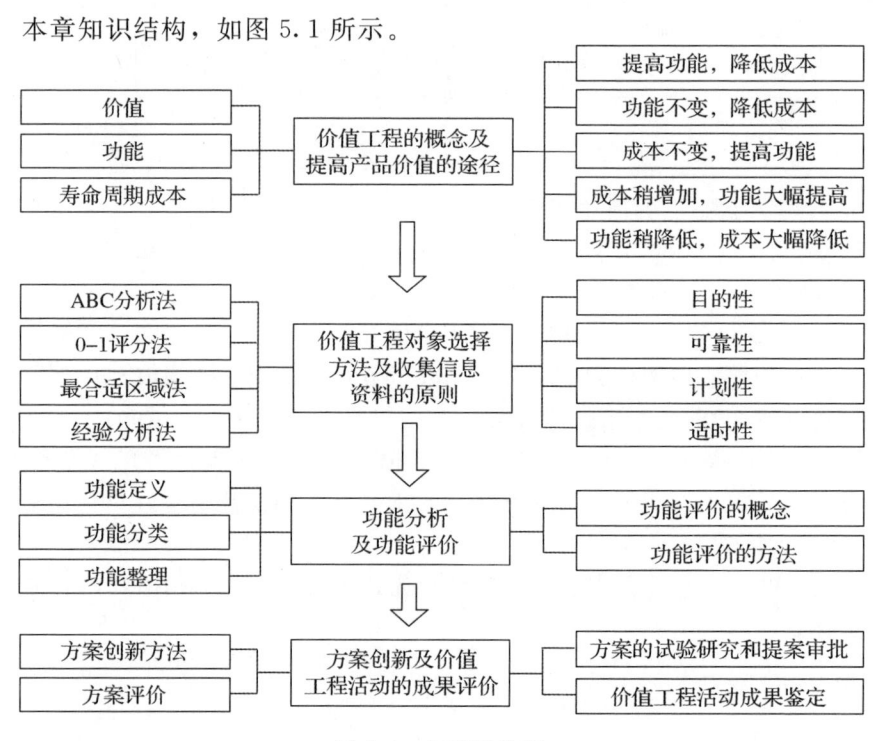

本章知识结构，如图 5.1 所示。

图 5.1 知识结构图

第 5 章　价值工程

5.2　重点及难点分析

5.2.1　学习重点

价值工程的基本原理；功能分析和功能评价的方法。

5.2.2　学习难点

功能分析和功能评价的方法。

5.3　思考题

5.3.1　填空题

(1) 价值工程又称为(　　　　)。

解析：价值工程（Value Engineering——VE）又称价值分析（Value Analysis——VA），是一种把功能与成本、技术与经济结合起来研究的新兴现代化科学管理技术，是一种降低成本提高经济效益的有效技术经济分析方法。

答案：价值分析

(2) 价值工程的概念涉及三个基本要素，即价值、(　　　　)和(　　　　)。

解析：价值工程中所述的"价值"具有特定的含义，可用下面的数学公式表达：

$$V = \frac{F}{C}$$

式中，V——对象的价值；F——对象的功能，广义上指产品或作业的功用和用途；C——对象的成本，即寿命周期成本。因此，价值工程的概念涉及三个基本要素，即对象的价值、功能和寿命周期成本。

答案：功能；寿命周期成本

(3) 价值工程的目标就是以最低的寿命周期成本来实现产品或作业的(　　　　)。

解析：价值工程的目标就是以最低的寿命周期成本来实现产品或作业的必要功能。寿命周期成本是指为实现产品功能而发生在其整个寿命周期中的全部费用，是产品从研究开发、设计制造、投入使用到报废为止所耗费的一切费用的总和。价值工程的一个突出观点是"用户需要的是产品的功能,而不是物"。如人们需要住宅楼,并不是需要楼房这个物,而是需要楼房的居住功能和挡风功能等功能。因而对产品进行分析时,首先要进行功能分析,通过功能分析,明确哪些是必要功能和不足功能,哪些是不必要功能和过剩功能。再通过改进方案,去掉不必要的功能,削减过剩功能,补充不足功能,实现必要功能,实现产品功能结构合理化。

答案:必要功能

(4) 作为价值工程核心的功能分析,包含功能定义、功能分类、(　　　)和功能评价四个部分。

解析:作为价值工程核心的功能分析,是指为描述各功能及其相互关系而对各功能进行定性和定量的系统分析过程。功能分析包括功能定义、功能分类、功能整理和功能评价四个部分。

答案:功能整理

(5) 价值工程中功能评价的常用方法有(　　　)和(　　　)。

解析:价值工程中功能评价的常用方法有功能成本法(绝对值法)和功能指数法(相对值法)。其中,功能成本法是通过一定的测算方法,测定实现应有功能所必须消耗的最低成本,同时计算为实现应有功能所耗费的现实成本,经过分析、对比,求得对象的价值系数和成本降低期望值,确定价值工程的改进对象;在功能指数法中,功能的价值用价值指数来表示,它是通过评定各对象功能的重要程度,用功能指数来表示其功能程度的大小,然后将评价对象的功能指数与相对应的成本指数进行比较,得出该评价对象的价值指数,从而确定改进对象,并求出该对象的成本改进期望值。

答案:功能成本法;功能指数法

(6) 价值工程分析中,功能现实成本的计算是以(　　　)为单位。

解析:功能现实成本的计算与一般传统的成本核算的不同之处在于:功能现实成本的计算是以对象的功能为单位,而传统的成本核算是以产品或零部件为单位。

答案:对象的功能

(7) 价值工程是以使用者的(　　　)为出发点,是致力于提高价值的创造性活动。

解析:价值工程是以使用者的功能需求为出发点,是致力于提高价值的创造性活动。

答案:功能需求

(8) 价值工程中,对象的功能评价值是指可靠地实现用户要求功能的

第 5 章　价值工程

(　　　　)成本,一般以功能的(　　　　　　)形式表达。

解析:对象的功能评价值(目标成本),是指可靠地实现用户要求功能的最低成本,它可以理解为是企业有把握,或者说应该达到的实现用户要求功能的最低成本。功能评价值一般以使用者所需功能的货币价值形式表达。

答案:最低;货币价值

(9) 价值工程活动的核心是(　　　　　)。

解析:价值工程是以功能分析为核心,并系统研究与成本之间的关系。

答案:功能分析

(10) 某建筑项目原计划采用石棉板做防火材料,经调研决定用防火纸代替石棉板能起到同样的防火效果,且成本降低了 40%。根据价值工程原理,这体现了提高价值的途径是(　　　　　　)。

解析:根据题意,用防火纸代替石棉板能起到同样的防火效果,且成本降低了 40%。因此,提高该建设项目价值的途径为在保持项目功能不变的前提下,降低其成本。

答案:功能不变,成本降低

(11) 从功能分类角度看,建筑物上图案浮雕的功能,称为(　　　　　)。

解析:美学功能是指产品所具有的以视觉美观为代表的功能,是从产品外观(造型、形状、色彩、图案等)反映功能的艺术属性。如建筑物上面的图案浮雕、陶瓷壁画等,就是为了使建筑物美观大方而增加的部分,其功能就是美学功能。

答案:美学功能

(12) 价值工程中,功能评价所涉及的两种成本分别是(　　　　　)和(　　　　　)。

解析:价值工程涉及两种成本,一是现实成本,即产品目前的实际成本;二是目标成本,常被作为功能成本降低的奋斗目标。

答案:现实成本;目标成本

(13) 价值工程的目标是以最低的寿命周期成本使产品具备其所必须具备的功能。但在一定范围内,产品的(　　　　　)和(　　　　　)之间存在此消彼长的关系。

解析:产品的寿命周期成本由生产成本和使用及维护成本组成。在一定范围内,产品的生产成本与使用及维护成本存在此消彼长的关系。随着产品功能水平的提高,产品的生产成本增高,而使用及维护成本降低;反之,产品功能水平降低,则其生产成本降低,使用及维护成本却增高。故产品的功能水平逐

· 97 ·

步提升时，其生产成本和使用成本之间存在的这种此消彼长的关系决定了寿命周期成本呈"两边高起、中间低落"的马鞍形变化。

答案：生产成本；使用及维护成本

（14）不必要功能是对象具有的与满足使用者需求无关的功能。不必要功能包括三类，分别是：（　　　　）、（　　　　）和（　　　　）。

解析：不必要功能是对象具有的与满足使用者需求无关的功能。不必要功能包括三类：一是多余功能，二是重复功能，三是过剩功能。

答案：多余功能；重复功能；过剩功能

（15）价值工程中的必要功能和不必要功能是按（　　　　）分类的。

解析：根据功能的不同特性，可将功能从不同的角度进行分类：①按功能的重要程度分类，产品的功能一般可分为基本功能和辅助功能；②按功能的性质分类，产品的功能可分为使用功能和美学功能；③按用户的需求分类，功能可分为必要功能和不必要功能；④按功能的量化标准分类，产品的功能可分为过剩功能与不足功能。

答案：用户的需求

（16）功能评价时，已知各功能的重要性分析如下：F_2 相对于 F_4 很重要，F_2 相对于 F_1 较重要，F_3、F_4 同样重要，则 F_1、F_2、F_3、F_4 的功能重要性系数依次为 0.292、（　　　　）、（　　　　）、（　　　　）。

答案：0.458；0.125；0.125

（17）根据最合适区域法，应选择（　　　　）的点作为 VE 对象；合适区域越（　　），选定的 VE 对象就少一些。

解析：最合适区域法在最终选取 VE 对象时，提出了一个选用价值系数的最合适区域，该区域由围绕 $V=1$ 的两条曲线组成。凡价值系数落在该区域之内的点都认为是比较满意的，价值系数落在区域之外的点作为 VE 对象。合适区域越宽，价值工程的对象就可以选得少些；反之，曲线接近标准线（$V=1$），选定的 VE 对象就多一些。

答案：合适区域以外；宽

（18）采用 ABC 分析法选择某建筑产品的 VE 研究对象时，将数目少、成本比重大的分项工程称为（　　　　），将数目多、成本比重小的分项工程称为（　　　　）。

解析：对于建筑产品而言，主要分项工程占全部分项工程数目的 10%～20%，其成本占建筑产品总成本的 60%～80%，这类分项工程称为 A 类；还有 60%～80% 的分项工程，其成本还占不到总成本的 10%～20%，称其为 C 类；其余部分的分项工程，其数目和成本所占比重皆较低，称为 B 类。A 类数目少，成本比重大；C类数目多，成本比重小。

答案：A类；C类

(19) 价值工程功能分析中，功能整理通常用(　　　)来描述对象功能之间的逻辑关系。

解析：功能整理是用系统的观点将对象含有的各项功能按照特定的逻辑关系进行整理和排列，并用图表形式表达，以明确对象的功能系统，从而在实现功能过程中选择更合理的方案。功能整理通常用功能系数图来直观地描述对象功能的逻辑关系。

答案：功能系数图

(20) 价值工程功能评价中，确定功能评价值往往分两种情况，分别是(　　　)和(　　　)。

解析：功能评价值的确定分以下两种情况：①新产品评价设计。一般在产品设计之前，根据市场供需情况、价格、企业利润与成本水平，已初步设计了目标成本。因此，在功能重要性系数确定之后，就可将新产品设定的目标成本按已有的功能重要性系数加以分配计算，求得各个功能区的功能评价值，并将此功能评价值作为各功能区的目标成本。②既有产品的改进设计。既有产品应以现实成本为基础求功能评价值，进而确定功能的目标成本。由于既有产品已有现实成本，就没有必要再假定目标成本。但是，既有产品的现实成本原已分配到各功能区中的比例不一定合理，这就需要根据改进设计中新确定的功能重要性系数，重新分配既有产品的原有成本。从分配结果看，各功能区新分配成本与原分配成本之间有差异。正确分析和处理这些差异，就能合理确定各功能区的功能评价值，求出产品功能区的目标成本。

答案：新产品评价设计；既有产品的改进设计

5.3.2 选择题

(1) 价值工程中的"价值"是指对象的(　　　)。
A. 经济价值　　B. 使用价值　　C. 交换价值　　D. 比较价值

解析：价值工程中所述的"价值"是指对象的使用价值，也不是对象的经济价值和交换价值。而是对象的比较价值，是作为评价事物有效程度的一种尺度提出来的。

答案：D

(2) 某轻轨工程，原计划采用甲工艺进行施工，计划工期835天；后经价值工程优化，决定采用乙工艺代替甲工艺，达到了同样的施工质量，且工程成本未变，但工期提前了250天，同时减少业主贷款利息上千万元。根据价值工程原理，该提高建设项目价值的途径属于（   ）。

A. 功能提高，成本降低　　　　B. 功能不变，成本降低
C. 功能提高，成本不变　　　　D. 功能不变，成本不变

解析：价值工程中，功能反映的是产品的性能和质量水平，成本反映的是产品的价格和费用水平。根据题意，乙工艺代替甲工艺，达到了同样的施工质量，且工程成本未变，但工期提前了 250 天，同时减少业主贷款利息上千万元。因此，提高该建设项目价值的途径为在保持项目功能不变的前提下，降低其成本。

答案：B

（3）提高价值最为理想的途径是（   ）。

A. 产品功能有较大幅度提高，产品成本有较少提高
B. 产品功能略有下降，产品成本大幅度降低
C. 在提高产品功能的同时，又降低产品成本
D. 在保持产品功能不变的前提下，通过降低产品的寿命周期成本，达到提高产品价值的目的

解析：提高产品价值的途径有以下五种：①在提高产品功能的同时，又降低产品成本，这是提高价值最为理想的途径；②在产品成本不变的条件下，通过提高产品的功能，提高利用资源的效果或效用，达到提高产品价值的目的；③在保持产品功能不变的前提下，通过降低产品的寿命周期成本，达到提高产品价值的目的；④产品功能有较大幅度提高，产品成本有较少提高；⑤在产品功能略有下降、产品成本大幅度降低的情况下，也可以达到提高产品价值的目的。

答案：C

（4）图 5.2 所示产为品功能与成本的关系，C_1 表示生产成本，C_2 表示使用及维护成本，①、②、③、④点对应的功能均能满足用户需求。从价值工程的立场分析，较理想的组合是（   ）。

A. ①　　　B. ②
C. ③　　　D. ④

解析：产品的寿命周期成本与产品的功能有关。随着产品功能水平的提高，产品的生产成本增高，而使用及维护成本降低；反之，产品功能水平降低，则其生产成本降低，使用及维护成本却增高。产品的功能水平逐步在提升时，其生

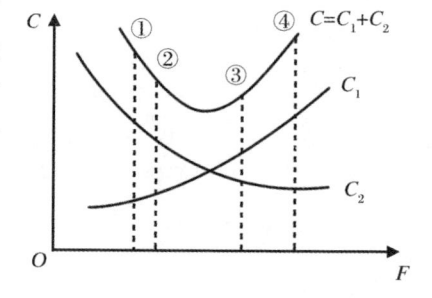

图 5.2　功能与寿命周期成本关系图

产成本和使用成本之间存在的这种此消彼长的关系决定了寿命周期成本 $C=C_1+C_2$ 呈"两边高起、中间低落"的马鞍形变化。题目中①、②、③、④点对应的功能均能满足用户需求,而③点所对应的寿命周期成本最低,而价值工程的目标就是以最低的寿命周期成本来实现产品或作业的必要功能,可见③点表示了比较适宜的成本水平。

答案:C

(5) 价值工程对象选择方法中,定性分析方法是(   )。

A. ABC 分析法　　　　　　B. 经验分析法
C. 最合适区域法　　　　　　D. 0－1 评分法

解析:价值工程对象选择方法中,ABC 分析法、0－1 评分法和最合适区域法都属于定量分析方法,而经验分析法属于定性分析方法。

答案:B

(6) 在选择价值工程对象时,首先求出分析对象的功能系数、成本系数,然后求得价值系数,将价值系数远离 1 者选为价值工程研究对象的方法称为(   )。

A. ABC 分析法　　　　　　B. 0－1 评分法
C. 最合适区域法　　　　　　D. 经验分析法

解析:0－1 评分法是同时考虑各个对象(或零部件)成本和功能两方面影响而选择 VE 对象的方法。具体做法是:先求出分析对象的功能系数、成本系数,然后求得价值系数,最后选择价值系数远离 1 者为 VE 重点对象。

答案:B

(7) 价值工程中,某评价对象的功能指数为 0.6245,成本指数为 0.3567,可知该评价对象(   )。

A. 现实成本比较客观　　　　B. 功能偏高,现实成本偏低
C. 功能偏低,现实成本偏低　　D. 成本偏高,功能过剩

解析:依题意,某评价对象的功能指数为 0.6245,成本指数为 0.3567,可知该评价对象的价值指数 $V=0.6245/0.3567=1.7508>1$。此时评价对象的成本比重小于其功能比重,现实成本偏低,具有的功能已经超过了其应该具有的水平,即功能偏高。

答案:B

(8) 产品功能可从不同角度进行分类,按功能的性质分类,产品功能可分为(   )。

A. 必要功能和不必要功能　　B. 基本功能和辅助功能
C. 使用功能和美学功能　　　D. 过剩功能和不足功能

解析：按功能满足要求的性质分类，有使用功能和美学功能。使用功能是在产品使用上直接必需的功能，是从功能的内涵上反映其使用属性（可用性、可靠性、安全性、易维修性等）。它通过产品的基本功能和辅助功能表现出来。如承重外墙的使用功能就是承受荷载、保温、隔热、隔声等。美学功能是指产品所具有的以视觉美观为代表的功能，是从产品外观（造型、形状、色彩、图案等）反映功能的艺术属性。如建筑物上面的图案浮雕、陶瓷壁画等，就是为了使建筑物美观大方而增加的部分，其功能就是美学功能。

答案：C

（9）在价值工程的方案创造阶段，可采用的方法是（　　）。

A．哥顿法和BS法　　　　　B．BS法和流程图法
C．ABC分析法和哥顿法　　D．流程图法和哥顿法

解析：在价值工程的方案创造阶段，可采用的方法有头脑风暴法（BS法）、模糊目标法（哥顿法）、专家函询法（德尔菲法）、专挑毛病法和列举法。

答案：B

（10）在产品功能整理过程中，上位功能与下位功能的关系是（　　）。

A．上位功能是下位功能的手段　　B．上位功能和下位功手段都是手段
C．上位功能和下位功能都是目的　D．上位功能是下位功能的目的

解析：上位功能和下位功能是目的和手段的关系。上位功能是作为目的的功能，下位功能是作为手段的功能。例如，为了实现通风目的，必须使室内有穿堂风，则通风是上位功能，而组织穿堂风是下位功能。上位功能和下位功能的划分是相对的。例如，为组织穿堂风，必须提供进、出风口（如设置门窗），设置进、出风口是手段，属下位功能，而组织穿堂风又是目的，则属上位功能。对于某个特定功能而言，从它所实现的目的来看，是上位功能；从实现它的手段来看，又是下位功能。

答案：D

（11）价值工程是以提高产品的价值为目的，应用价值工程就是研究（　　）。

A．产品功能保持不变前提下的最低生产成本

B．产品功能与产品寿命周期成本的最佳匹配

C．产品功能保持不变前提下的最低使用成本

D．产品成本不变前提下的最佳产品功能

解析：价值工程并不是单纯追求低成本水平，也不片面追求高功能、多功能水平，而是力求正确处理好功能与成本的对立统一关系，提高它们之间的比值水平，研究产品功能和成本的最佳配置。因此，价值工程对价值、功能、成

本的考虑不是片面和孤立的，而是在确保产品功能的基础上综合考虑生产成本和使用及维护成本，兼顾生产者和用户的利益，创造出总体价值最高的产品。

答案：B

（12）在价值工程的方案创造阶段，通过召开会议进行方案创造时，为激发出有价值的创新方案，会议主持人开始并不全部摊开要解决的问题，只有当会议进行到适当的时候，才宣布会议的具体要求。这种创造方案的方法称为（ ）。

A．头脑风暴法　　　　　　B．德尔菲法
C．列举法　　　　　　　　D．哥顿法

解析：哥顿法是通过会议形式，先讨论抽象问题后讨论具体问题，提出改进方案的方法。根据所要解决的问题，召集 10 名左右的专家前来开会。会议开始时，只向专家提出一个抽象化问题，要求大家展开讨论。当讨论到一定程度后，再提出具体问题。这样利于开拓思路，打破框框。

答案：D

（13）针对某种产品采用 ABC 分析法选择价值工程研究对象时，应将（ ）的零部件作为价值工程主要研究对象。

A．成本和数量占比较高　　B．成本占比高而数量占比小
C．成本和数量占比均低　　D．成本占比小而数量占比高

解析：ABC 分析法的实质是选择数量不多而成本比重大的零部件或工序作为 VE 研究对象，其核心思想是抓住"关键的少数"，略去"次要的多数"，高效地开展工作。

答案：B

（14）价值工程应用对象的功能评价值是指（ ）。

A．可靠地实现用户要求功能的最低成本
B．价值工程应用对象的功能与现实成本之比
C．可靠地实现用户要求功能的最高成本
D．价值工程应用对象的功能重要性系数

解析：价值工程应用对象的功能评价值（目标成本），是指可靠地实现用户要求功能的最低成本，它可以理解为是企业有把握，或者说应该达到的实现用户要求功能的最低成本。从企业目标的角度来看，功能评价值可以看成是企业期望的、理想的成本目标值。

答案：A

（15）按照价值工程活动的工作程序，通过功能分析与整理明确必要功能后的下一步工作是（ ）。

A. 功能评价　　　　　　　　B. 功能定义
C. 方案评价　　　　　　　　D. 方案创造

解析：按照价值工程活动的工作程序，通过功能的系统分析明确必要功能后，价值工程的下一步工作就是在已定性确定问题的基础上进一步作定量的确定，即评定功能的价值。

答案：A

(16) 价值工程活动中，方案评价阶段的工作顺序是（　　）。
A. 综合评价→经济评价和社会评价→技术评价
B. 综合评价→技术评价和经济评价→社会评价
C. 技术评价→经济评价和社会评价→综合评价
D. 经济评价→技术评价和社会评价→综合评价

解析：在对方案进行评价时，无论是概略评价还是详细评价，一般可先进行技术评价，即围绕功能所进行的评价，再分别进行经济评价和社会评价，即围绕经济效果所进行的评价和对新产品投产后给社会带来的利益和影响的估计，最后进行综合评价。

答案：C

(17) 工程建设实施过程中，应用价值工程的重应在（　　）阶段。
A. 招标　　　　B. 勘察　　　　C. 设计　　　　D. 施工

解析：对于建设工程，价值工程活动更侧重在产品的研究、规划和设计阶段，以寻求技术突破，取得最佳的综合效果。

答案：C

(18) 价值工程活动中，功能整理的主要任务是（　　）。
A. 建立功能系统图　　　　　　B. 分析产品功能特性
C. 编制功能关联表　　　　　　D. 确定产品功能名称

解析：功能整理是用系统的观点将对象含有的各项功能按照特定的逻辑关系进行整理和排列，并用图表形式表达，以明确对象的功能系统，从而在实现功能过程中选择更合理的方案。功能整理通常用功能系数图来直观地描述对象功能的逻辑关系。因此，功能整理的主要任务是建立功能系统图。

答案：A

(19) 在价值工程活动中，通过分析求得某研究对象的价值指数 V_I 后，对该研究对象可采取的策略是（　　）。
A. $V_I<1$ 时，增加现实成本　　B. $V_I>1$ 时，提高功能水平
C. $V_I<1$ 时，降低现实成本　　D. $V_I>1$ 时，降低现实成本

解析：价值指数 $V_I<1$，此时评价对象的成本比重大于其功能比重，表明

相对于系统内的其他对象而言,目前所占的成本偏高,从而会导致该对象的功能过剩。应将评价对象列为改进对象,改善方向主要是降低成本。价值指数 $V_I>1$,此时评价对象的成本比重小于其功能比重。出现这种结果的原因可能有三种:第一,由于现实成本偏低,不能满足评价对象实现其应具有的功能要求,致使对象功能偏低,这种情况应列为改进对象,改善方向是增加成本;第二,对象目前具有的功能已经超过了其应该具有的水平,即存在过剩功能,这种情况也应列为改进对象,改善方向是降低功能水平;第三,对象在技术、经济等方面具有某些特征,在客观上存在着功能很重要而需要消耗的成本却很少的情况,这种情况一般就不应列为改进对象。

答案:C

(20)某产品由甲、乙、丙、丁四个零部件组成,甲、乙、丙、丁的现实成本分别为100元、150元、300元、450元,则零部件乙的成本指数 C_I 为( )。

A 10% B. 15% C. 30% D. 40%

解析:成本指数是指各评价对象的现实成本在全部成本中所占的比重,其计算式如下:第 i 个评价对象的成本指数 $C_I=\dfrac{第 i 个评价对象的现实成本 C_i}{全部成本}$,因此零部件乙的成本指数 $C_I=150/(100+150+300+450)\times100\%=15\%$。

答案:B

(21)某产品的功能现实成本为5000元,目标成本为4500元,该产品分为三个功能区,各功能区的重要性系数和现实成本见表5.1。则应用价值工程时,优先选择的改进对象依次为( )。

表 5.1　　　　功能重要性系数和功能现实成本表

功能区	功能重要性系数	功能现实成本(元)
F_1	0.34	2000
F_2	0.42	1900
F_3	0.24	1100

A. $F_1 \rightarrow F_2 \rightarrow F_3$　　　　　　B. $F_1 \rightarrow F_3 \rightarrow F_2$
C. $F_2 \rightarrow F_3 \rightarrow F_1$　　　　　　D. $F_3 \rightarrow F_1 \rightarrow F_2$

解析:功能区成本改善期望值=功能区功能现实成本-目标成本×功能重要性系数,则 F_1 成本改善期望值=$2000-4500\times0.34=470$(元),F_2 成本改善期望值=$1900-4500\times0.42=10$(元),F_3 成本改善期望值=$1100-4500\times0.24=20$(元)。功能区成本改善期望值大的为优先改进对象,所以优先选择

的改进对象依次为 F_1、F_3、F_2。

答案：B

(22) 某产品运用价值工程分析，进行方案创新，产生了甲、乙、丙、丁四个方案，有关各方案的部分数据见表 5.2，则优选方案应是( )方案。

A. 甲 B. 乙 C. 丙 D. 丁

表 5.2　　　　　　各方案成本指数和功能指数表

方案	甲	乙	丙	丁
成本指数		0.26	0.24	0.23
功能指数	0.27	0.28	0.23	

解析：甲的成本指数 $C_甲 = 1 - 0.26 - 0.24 - 0.23 = 0.27$，丁的功能指数 $F_丁 = 1 - 0.27 - 0.28 - 0.23 = 0.22$。甲的功能价值系数 $V_甲 = F_甲 \div C_甲 = 0.27 \div 0.27 = 1$，乙的功能价值系数 $V_乙 = F_乙 \div C_乙 = 0.28 \div 0.26 = 1.077$，丙的功能价值系数 $V_丙 = F_丙 \div C_丙 = 0.23 \div 0.24 = 0.958$，丁的功能价值系数 $V_丁 = F_丁 \div C_丁 = 0.22 \div 0.23 = 0.957$。由此可知，乙方案的价值系数最高，因此乙方案为优选方案。

答案：B

(23) 某产品各个零部件功能重要程度采用 0—4 评分法的结果见表 5.3。在不调整各功能累计得分的前提下，零部件Ⅳ的功能重要性系数为( )。

表 5.3　　　　　　功能重要性系数表

零部件	Ⅰ	Ⅱ	Ⅲ	Ⅳ
Ⅰ	×			
Ⅱ	1	×		
Ⅲ	2	3	×	
Ⅳ	0	4	2	×

A. 0.145　　　B. 0.208　　　C. 0.292　　　D. 0.250

解析：各零部件的功能重要性系数计算见表 5.4。

表 5.4　　　　　　　　　功能重要性系数计算表

零部件	Ⅰ	Ⅱ	Ⅲ	Ⅳ	得分	功能重要性系数
Ⅰ	×	3	2	4	9	0.375
Ⅱ	1	×	1	0	2	0.083
Ⅲ	2	3	×	2	7	0.292
Ⅳ	0	4	2	×	6	0.250
合计					24	1.000

答案：D

5.3.3　简答题

(1) 简述价值工程和价值分析的区别。

解析：价值工程（VE）最初叫价值分析（VA），后来世界上一些工业先进国家都称其为价值工程（VE）。但严格来说，这两者是有区别的：从产品投产到制造进行的价值活动分析即事后分析，称价值分析（VA）；在科研、设计、生产、准备、试制新产品的生产过程之前进行价值活动分析即事前分析，称价值工程（VE）。

(2) 简述价值工程的含义。

解析：价值工程也称价值分析，是以提高研究对象价值和有效利用资源为目的，通过对研究对象的功能和成本进行系统分析，寻求用最低的寿命周期成本，可靠地实现使用者所需功能，以获取最佳综合效益的一种管理技术。

价值工程涉及价值、功能和寿命周期成本等三个基本要素。价值工程是一门工程技术理论，其基本思想是以最少的费用换取所需要的功能。这门学科以提高工业企业的经济效益为主要目标，以促进老产品的改进和新产品的开发为核心内容。

(3) 什么是价值工程的研究对象？试举例说明。

解析：凡为获取功能而发生费用的事物，均可作为价值工程的研究对象，通常表现为产品或作业。这里的"产品"泛指以实物形态存在的各种产品，如材料、设备、零部件和建设工程等；"作业"是指能够提供一定功能的工艺、工序、活动和劳务等。

(4) 价值工程的一般工作程序是什么？

解析：价值工程的一般工作程序见表 5.5。

表 5.5　　　　　　　　　　价值工程的实施程序

一般程序	实施程序		对应问题
	基本程序	操作程序	
准备	确定目标	VE 对象的选择	价值工程的研究对象是什么？
		信息资料的收集	
分析	功能分析	功能定义	它是干什么用的？
		功能分类	
		功能整理	
	功能评价	功能成本分析	它的成本是多少？
		功能评价	它的价值是多少？
		确定改进范围	
创新	方案创新	方案创造	有无其他方法实现同样的功能？
		方案评价	新方案的成本是多少，能满足功能需要吗？
实施	方案实施与成果评价	方案审批	偏离目标了吗？
		方案实施与检查	
		成果鉴定	

(5) 根据价值的定义，如欲提高产品的价值，可采取的途径有哪些？

解析：根据价值工程的基本原理公式 $V=F/C$，如欲提高产品的价值，有以下五种途径：

①双向型——提高功能，同时降低成本，则价值大幅提高（$F\uparrow$，$C\downarrow$）；

②节约型——功能不变，若降低成本，则价值提高（$F\rightarrow$，$C\downarrow$）；

③改进型——成本不变，若提高功能，则价值提高（$F\uparrow$，$C\rightarrow$）；

④牺牲型——功能略有下降，而成本大幅度降低，则价值提高（$F\downarrow$，$C\downarrow\downarrow$）；

⑤投资型——成本略有上升，而功能有大幅度增大，则价值提高（$F\uparrow\uparrow$，$C\uparrow$）。

(6) 简述价值工程的特点。

解析：价值工程涉及价值、功能和寿命周期成本三个要素，它具有以下特点：

①价值工程以使用者的功能需求为出发点；

②价值工程是以功能分析为核心,并系统研究与成本之间的关系;

③价值工程是致力于提高价值的创造性活动;

④价值工程应有组织、有计划地按一定的工作程序进行;

⑤价值工程要求不断改革和创新。

(7) 价值工程实施中,制定改善方案的方法有哪些?

解析:①BS法。BS(Brain Storm)法就是通过会议形式,针对一个问题,无拘无束地提出改进反案的方法。根据所要解决的问题,召集10名左右专家,前来开会讨论。选择10名左右,是考虑发言机会和代表性而确定的。会议开始时,首先由会议主持人提出四条会议原则:不相互开展批评;欢迎自由奔放的联想;希望结合别人意见提出设想;提出方案越多越好。然后提出所要解决的问题;最后,会议参加者围绕要解决问题展开联想,提出改进方案。

②哥顿法。哥顿法是通过会议形式,先讨论抽象问题后讨论具体问题,提出改进方案的方法。根据所要解决的问题,召集10名左右的专家前来开会。会议开始时,只向专家提出一个抽象化问题,要求大家展开讨论。当讨论到一定程度后,再提出具体问题。这样利于开拓思路,打破框框。

③专家函询法。这种方法不采用开会形式,而是由主管人员或部门把预想方案以信函的方法分发给有关的专业人员,征询他们的意见,然后将意见汇总,统计和整理之后再分发下去,希望再次补充修改。如此反复若干次,即经过几上几下,把原来比较分散的意见在一定程度上使其内容集中一致,形成统一的集体讨论,作为新的代替方案。

④专挑毛病法。专挑毛病法就是组织有关人员对原方案专挑毛病,然后分类整理,最后提出改进方案的方法。

⑤列举法。列举法就是先针对两个不同问题提出几个解决方案,然后把这些方案分别组合归纳,形成的改进方案的方法。

(8) 功能重要性系数评价法是确定功能评价值的一种方法,它的具体步骤是什么?

解析:功能重要性系数评价法是一种根据功能重要性系数确定功能评价值的方法。这种方法是把功能划分为几个功能区(即子系统),并根据各功能区的重要程度和复杂程度,确定各个功能区在总功能中所占的比重,即功能重要性系数。然后将产品的目标成本按功能重要性系数分配给各个功能区作为该功能区的目标成本,即功能评价值。

(9) 简述功能价值V计算结果的含义。

解析:功能价值V的计算方法分为功能成本法(绝对值法)与功能指数法(相对值法)。功能成本法(绝对值法)中,功能的价值用价值系数来表示,价值系数计算结果有以下三种情况：

①$V=1$，即功能评价值等于功能现实成本，这表明评价对象的功能现实成本与实现功能所必需的最低成本大致相当。此时评价对象的价值为最佳，一般无需改进。

②$V<1$，即功能现实成本大于功能评价值。表明评价对象的现实成本偏高，而功能要求不高，一种可能是存在着过剩功能，另一种可能是功能虽无过剩，但实现功能的条件或方法不佳，以致使实现功能的成本大于功能的实际需要。这两种情况都应列入功能改进的范围，并且以剔除过剩功能及降低现实成本为改进方向，使成本与功能比例趋于合理。

③$V>1$，即功能现实成本小于功能评价值。说明该部件功能比较重要，但分配的成本较少，即功能现实成本低于功能评价值。此时应进行具体分析，功能与成本的分配可能已较理想，或者有不必要的功能，或者应该提高成本。

④$V=0$，要进一步分析。如果是不必要的功能，则该部件取消；但如果是最不重要的必要功能，则要根据实际情况处理。

功能指数法（相对值法）中，功能的价值用价值指数来表示，价值指数的计算结果有以下三种情况：

①$V_I=1$。此时评价对象的功能比重与成本比重大致平衡，合理匹配，可以认为功能的现实成本是比较合理的。

②$V_I<1$。此时评价对象的成本比重大于其功能比重，表明相对于系统内的其他对象而言，目前所占的成本偏高，从而会导致该对象的功能过剩。应将评价对象列为改进对象，改善方向主要是降低成本。

③$V_I>1$。此时评价对象的成本比重小于其功能比重。出现这种结果的原因可能有三种：第一，由于现实成本偏低，不能满足评价对象实现其应具有的功能要求，致使对象功能偏低，这种情况应列为改进对象，改善方向是增加成本；第二，对象目前具有的功能已经超过了其应该具有的水平，即存在过剩功能，这种情况也应列为改进对象，改善方向是降低功能水平；第三，对象在技术、经济等方面具有某些特征，在客观上存在着功能很重要而需要消耗的成本却很少的情况，这种情况一般就不应列为改进对象。

从以上分析可以看出，对产品部件进行价值分析，就是使每个部件的价值系数尽可能趋近于1。换句话说，在选择价值工程对象的产品和零部件时，应当综合考虑价值系数偏离1的程度和改善幅度，优先选择价值系数远小于1且改进幅度大的产品或零部件。

（10）什么是功能评价？它的一般程序是什么？

解析：功能评价就是指找出实现功能的最低费用作为功能的目标成本（又

称功能评价值），以功能目标成本为基准，通过与功能现实成本的比较，求出两者的比值（功能价值）和两者的差异值（成本改善期望值），然后选择功能价值低、成本改善期望值大的功能作为价值工程活动的重点对象。

功能评价的程序，如图5.3所示。

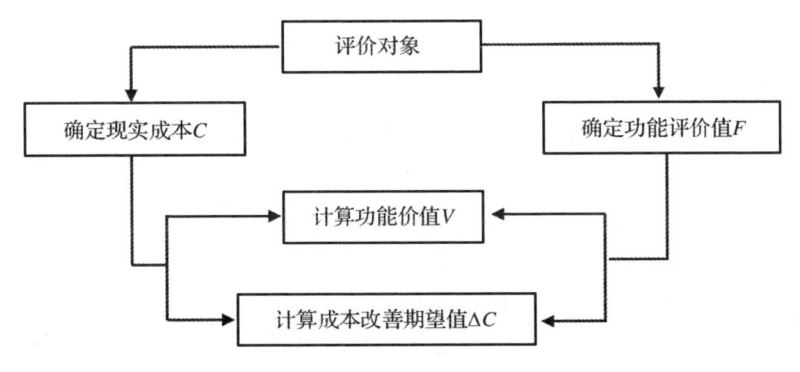

图 5.3 功能评价的程序

（11）功能价值V的计算方法有哪两种？它们的基本思想是什么？

解析：功能价值V的计算方法可分为两大类——功能成本法与功能指数法。

①功能成本法（绝对值法）。功能成本法是通过一定的测算方法，测定实现应有功能所必须消耗的最低成本，同时计算为实现应有功能所耗费的现实成本，经过分析、对比，求得对象的价值系数和成本降低期望值，确定价值工程的改进对象，其表达式如下：

$$\text{第}i\text{个评价对象的价值系数}V=\frac{\text{第}i\text{个评价对象的功能评价值}F}{\text{第}i\text{个评价对象的现实成本}C}$$

②功能指数法（相对值法）。在功能指数法中，功能的价值用价值指数来表示，它是通过评定各对象功能的重要程度，用功能指数来表示其功能程度的大小，然后将评价对象的功能指数与相对应的成本指数进行比较，得出该评价对象的价值指数，从而确定改进对象，并求出该对象的成本改进期望值，其表达式如下：

$$\text{第}i\text{个评价对象的价值指数}V_I=\frac{\text{第}i\text{个评价对象的功能指数}F_I}{\text{第}i\text{个评价对象的成本指数}C_I}$$

（12）什么是ABC分析法，其基本思想是什么？

解析：价值工程中，ABC分析法的实质就是选择工程中数量不多而成本比重大的部分作为VE对象。一个项目通常由若干个分项工程组成，由于每个分项工程负担的功能不同，成本的分配也很不均匀，其中少数重要分项工程的成本占了产品总成本的绝大部分。据统计，对于建筑产品而言，主要分项工程占全部分项工程数目的 10%～20%，其成本占建筑产品总成本的 60%～80%，这类分项工程称为 A 类；还有 60%～80% 的分项工程，其成本还占不到总成本的 10%～20%，称为 C 类；其余部分的分项工程，其数目和成本所占比重皆较低，称为 B 类。A 类数目少，成本比重大，容易收到效果，所以是 VE 重点对象；C 类数目多，成本比重小，即使进行 VE 活动，可降低成本幅度也有限，而工作量却很大，有可能得不偿失，故 C 类不作为 VE 对象；B 类仅作为一般分析对象。ABC 分析法的核心思想是抓住"关键的少数"，略去"次要的多数"，高效地开展工作。

（13）运用经验分析法时，哪些产品和零件可以作为价值分析的重点对象？

解析：运用经验分析法选择对象时，可以从设计、施（加）工、制造、销售和成本等方面综合分析。任何产品的功能和成本都是由多方面的因素构成的，关键是找出主要因素，抓住重点。一般情况，具有下列特点的产品和零件可以作为价值分析的重点对象：

①产品设计年代已久、技术已显陈旧；
②重量、体积很大，会增加材料用量和工作量大的产品；
③质量差、用户意见大或销量大、市场竞争激烈的产品；
④成本高、利润率低的产品；
⑤组件或加工工序复杂而影响产量的产品；
⑥成本占总费用比重大、功能不重要而成本较高的产品。

总之，运用这种方法要求抓住主要矛盾，选择成功概率大、经济效益差的产品和零部件作为价值工程的重点分析对象。

（14）最合适区域法中，最合适区域是如何确定的？

解析：在图 5.4 中，以纵坐标表示功能评价系数，横坐标表示成本系数，则价值系数 $V=1$ 的点均在同坐标轴呈 45° 的直线上。由两条曲线所围成斜线区域即为"最合适区域"。

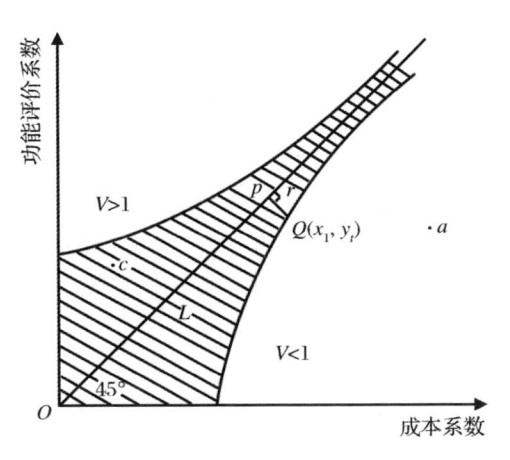

图 5.4 最合适区域图

最合适区域的确定方法如下:

设 Q 为曲线上任意一点,其坐标为 (x_t, y_t),由于 $QP \perp OP$,P 点又位于上述 $45°$ 倾角的直线上,则可计算出 P 点的坐标为 $\left(\dfrac{x_t + y_t}{2}, \dfrac{x_t + y_t}{2}\right)$。

因此,

$$L = OP = \frac{\sqrt{2}}{2} \mid x_t + y_t \mid$$

$$r = PQ = \frac{\sqrt{2}}{2} \mid x_t - y_t \mid$$

设 $L \cdot r = b$,则

$$L \cdot r = \frac{1}{2} \mid x_t^2 - y_t^2 \mid = b$$

解得 $y_t = \sqrt{x_t^2 \pm 2b}$(若 Q 位于直线 $y = x$ 上侧曲线上,取"+";若 Q 位于直线 $y = x$ 下侧曲线上,取"−")。

此式即为"最合适区域"边缘曲线方程式。式中,b 为设定的常数,b 值越大,区域越宽。

(15) 在进行研究对象的功能评价时,功能现实成本的计算与一般的传统成本核算有哪些异同?功能的现实成本应该如何计算?

解析:功能现实成本的计算与一般传统的成本核算既有相同点,也有不同之处。两者相同点是指它们在成本费用的构成项目上是完全相同的,如建筑产品的成本费用都是由人工费、材料费、施工机械使用费、其他直接费、现场经费、企业管理费等构成;而两者的不同之处在于功能现实成本的计算是以对象的功能为单位，而传统的成本核算是以产品或零部件为单位。因此，在计算功能现实成本时，就需要根据传统的成本核算资料，将产品或零部件的现实成本换算成功能的现实成本。

具体地讲，当一个零部件只具有一个功能时，该零部件的成本就是它本身功能的现实成本；当一项功能要由多个零部件共同实现时，该功能的现实成本就等于这些零部件的功能成本之和；当一个零部件具有多项功能或同时与多项功能有关时，就需按照该零部件实现各功能所起作用的比重将成本分摊给各项功能，即得到各功能的现实成本。

(16) 简述强制评分法的基本思想和适用范围。

解析：强制评分法，又称FD法，包括0－1法和0－4法两种方法。它是采用一定的评分规则，采用强制对比打分来判定对象的功能重要性。

①0－1评分法。0－1评分法是请5~15名对产品熟悉的人员参加功能的评价。首先按照功能重要性程度——对比打分，重要的打1分，相对不重要的打0分。要分析的对象（零部件）自己与自己相比不得分，用"×"表示。最后，根据每个参与人员选择该零部件得到的功能重要性系数，可以得到该零部件的功能重要性系数平均值。为避免不重要的功能得零分，可将各功能累计得分加1分进行修正，用修正后的总分分别去除各功能累计得分即得到功能重要性系数。

②0－4评分法。0－1评分法中的重要程度差别仅为1分，不能反映功能之间的真实差别。为弥补这一不足，将分档扩大为4级，其打分矩阵仍同0－1法。档次划分如下：

F_1比F_2重要得多：F_1得4分，F_2得0分；F_1比F_2重要：F_1得3分，F_2得1分；F_1与F_2同等重要：F_1得2分，F_2得2分；F_1不如F_2重要：F_1得1分，F_2得3分；F_1远不如F_2重要：F_1得0分，F_2得4分。

强制确定法适用于被评价对象在功能重要程度上差异不太大，并且评价对象子功能数目不太多的情况。

(17) 简述功能评价值确定时的两种情况。

解析：功能评价值的确定分以下两种情况：

①新产品的评价设计。一般在产品设计之前，根据市场供需情况、价格、企业利润与成本水平，已初步设计了目标成本。因此，在功能重要性系数确定之后，就可将新产品设定的目标成本按已有的功能重要性系数加以分配计算，求得各个功能区的功能评价值，并将此功能评价值作为各功能区的目标成本。如果需要进一步求出各功能区所有各项功能的功能评价值时，则采取同样的方法，先求出各项功能的重要性系数，然后按所求出的功能重要性系数将成本分

配到各项功能，求出功能评价值，并以此作为各项功能的目标成本。

②既有产品的改进设计。既有产品应以现实成本为基础求功能评价值，进而确定功能的目标成本。由于既有产品已有现实成本，就没有必要再假定目标成本。但是，既有产品的现实成本原已分配到各功能区中的比例不一定合理，这就需要根据改进设计中新确定的功能重要性系数，重新分配既有产品的原有成本。从分配结果看，各功能区新分配成本与原分配成本之间有差异。正确分析和处理这些差异，就能合理确定各功能区的功能评价值，求出产品功能区的目标成本。

（18）如何确定 VE 对象的改进范围？

解析：VE 对象经过以上各个步骤，特别是完成功能评价之后，得到其价值的大小，就明确了改进的方向、目标和具体范围。确定对象改进范围的原则如下：

①F/C 值低的功能区域。计算出来的 $V<1$ 的功能区域，基本上都应进行改进，特别是 V 值比 1 小得较多的功能区域，应力求使 $V=1$。

②$C-F$ 值大的功能区域。通过核算和确定对象的实际成本和功能评价值，分析、测算成本改善期望值，从而排列出改进对象的重点及优先次序。成本改善期望值的表达式为：

$\Delta C = C - F$（其中，ΔC 为成本改善期望值）

当 n 个功能区域的价值系数同样低时，就要优先选择 ΔC 数值大的功能区域作为重点对象。一般情况下，当 $\Delta C>0$ 时，ΔC 大者为优先改进对象。

③复杂的功能区域。复杂的功能区域，说明其功能是通过采用很多零件来实现的。一般说，复杂的功能区域其价值系数也较低。

（19）简述对价值工程所涉及的三个基本要素的理解。

解析：价值工程涉及价值、功能和寿命周期成本等三个基本要素。

①价值（value）。

价值工程中的"价值"是指对象所具有的功能与获得该功能的全部费用（寿命周期成本）的比值，即对象的比较价值，也是产品和作业的性能价格比。凡是成本低而功能大的产品其价值就高，意味着产品有效利用资源的程度就高；反之产品价值就低。价值高的产品是好产品，价值低的产品是需要改进或淘汰的产品。

②功能（function）。

价值工程中的"功能"是指对象能够满足某种需求的属性，即对象的有用性。广义讲指产品或作业的功用、用途及性能。任何产品和作业都具有功能，如建筑物的功能是提供可使用之空间或可观赏之形象。

③寿命周期成本（life cycle cost）。

价值工程的目标就是以最低的寿命周期成本来实现产品或作业的必要功能。为实现产品功能而发生在其整个寿命周期中的全部费用，称为寿命周期成本。它是产品从研究开发、设计制造、投入使用到报废为止所耗费的一切费用的总和。其中发生在生产企业内部的成本即设计制造产品所需要的成本称为生产成本，具体包括产品的科研、设计、试制、生产和销售等费用；用户在使用产品过程中所支付的费用称为使用及维护成本，具体包括维修费用、能耗费用、管理费用等。价值公式中所述的成本即寿命周期成本就是由生产成本和使用及维护成本两部分组成。

（20）价值工程中，产品的功能和其寿命周期成本的关系如何？请绘制它们的关系图，并在图中指出最适宜的功能水平和成本水平。

解析：产品的寿命周期成本与产品的功能有关。随着产品功能水平的提高，产品的生产成本增高，而使用成本降低；反之，产品功能水平降低，则其生产成本降低，使用成本却增高。在产品的功能水平逐步提升时，其生产成本和使用成本之间存在的这种此消彼长的关系决定了寿命周期成本 $C=C_1+C_2$ 呈"两边高起、中间低落"的马鞍形变化，如图 5.5 所示。这样，生产成本和使用成本之和必然存在一个最小值，即生产成本 C_1 曲线和使用成本 C_2 曲线的交点所对应的寿命周期成本 C_B 为最低，B 点就表示了最适宜的功能水平和成本水平。

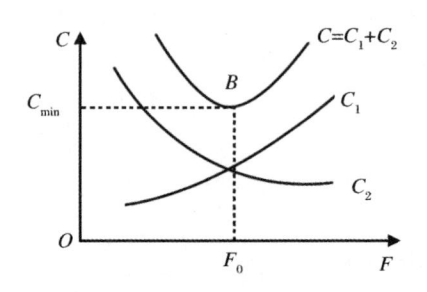

图 5.5　功能与寿命周期成本关系图

5.4　计算题及解题指导

5.4.1　例题精解

（1）某产品有四个零部件，可以实现五项功能，已知该五项功能的重要性如下：F_5 相对于 F_4 很重要，F_5 相对于 F_1 较重要，F_2 和 F_3 同样重要，F_2 和

F_4同样重要。该产品目前成本24元，成本在各功能之间的比例分摊见表5.6。若该产品的目标成本为20元，试求各功能的成本降低幅度。

表 5.6　　　　　　　各功能的成本分摊

零件名称	合计	F_1	F_2	F_3	F_4	F_5
甲	8	4		4		
乙	6				1.2	4.8
丙	4		2			2
丁	6	2.4			3.6	
现实成本（元）	24	6.4	2	4	4.8	6.8

解析：各功能的重要性系数（功能权重）见表5.7。

表 5.7　　　　　　　功能权重计算表

方案功能	F_1	F_2	F_3	F_4	F_5	得分	权重
F_1	×	3	3	3	1	10	0.250
F_2	1	×	2	2	0	5	0.125
F_3	1	2	×	2	0	5	0.125
F_4	1	2	2	×	0	5	0.125
F_5	3	4	4	4	×	15	0.375
合计						40	1.000

计算各功能的目标成本（功能评价值）：

F_1的目标成本＝20×0.25＝5（元）

F_2的目标成本＝20×0.125＝2.5（元）

F_3的目标成本＝20×0.125＝2.5（元）

F_4的目标成本＝20×0.125＝2.5（元）

F_5的目标成本＝20×0.375＝7.5（元）

计算各功能的成本降低幅度：

$\Delta C_1 = 6.4 - 5 = 1.4$（元）

$\Delta C_2 = 2 - 2.5 = -0.5$（元）

$\Delta C_3 = 4 - 2.5 = 1.5$（元）

$\Delta C_4 = 4.8 - 2.5 = 2.3$（元）

$\Delta C_5 = 6.8 - 7.5 = -0.7$（元）

成本降低幅度计算表如下：

表 5.8　　　　　　　　　　成本降低幅度计算表

功能区	现实成本 C（元）	功能重要性系数	目标成本 F（元）（功能评价值）	成本降低幅度
F_1	6.4	0.250	5	1.4
F_2	2	0.125	2.5	—
F_3	4	0.125	2.5	1.5
F_4	4.8	0.125	2.5	2.3
F_5	6.8	0.375	7.5	—

（2）在某幢公寓建设工程中，采用价值工程的方法对该工程的设计方案进行了全面的技术经济评价，该项目共有 A、B、C、D 四个设计方案，具体情况见表 5.9 和表 5.10，试求：

①功能重要性系数（功能权重）。

②功能系数、成本系数、价值系数，并选择最优设计方案。

表 5.9　　　　　　　　　　功能重要性评分表

方案功能	F_1	F_2	F_3	F_4	F_5
F_1	×	2	4	3	1
F_2	2	×	1	0	2
F_3	0	3	×	3	3
F_4	1	4	1	×	1
F_5	3	2	1	3	×

表 5.10　　　　　　　　　方案功能评分与单方造价

方案功能	方案功能得分			
	A	B	C	D
F_1	8	10	9	8
F_2	10	10	8	9
F_3	9	9	10	9
F_4	8	8	7	7
F_5	9	8	9	6
单位面积造价	1350	1250	1150	1380

解析：①各功能的重要性系数（功能权重）见表 5.11：

表 5.11　　　　　　　　　　　功能权重计算表

方案功能	F_1	F_2	F_3	F_4	F_5	得分	权重
F_1	×	2	4	3	1	10	0.250
F_2	2	×	1	0	2	5	0.125
F_3	0	3	×	3	3	9	0.225
F_4	1	4	1	×	1	7	0.175
F_5	3	2	1	3	×	9	0.225
合计						40	1.000

② 计算各方案的加权得分：

$W_A = 8 \times 0.250 + 10 \times 0.125 + 9 \times 0.225 + 8 \times 0.175 + 9 \times 0.225 = 8.700$

$W_B = 10 \times 0.250 + 10 \times 0.125 + 9 \times 0.225 + 8 \times 0.175 + 8 \times 0.225 = 8.975$

$W_C = 9 \times 0.250 + 8 \times 0.125 + 10 \times 0.225 + 7 \times 0.175 + 9 \times 0.225 = 8.750$

$W_D = 8 \times 0.250 + 9 \times 0.125 + 9 \times 0.225 + 7 \times 0.175 + 6 \times 0.225 = 7.725$

总得分：$W_A + W_B + W_C + W_D = 34.150$

计算各方案的功能得分：

$F_A = 8.700/34.150 = 0.255$

$F_B = 8.975/34.150 = 0.263$

$F_C = 8.750/34.150 = 0.256$

$F_D = 7.725/34.150 = 0.226$

计算各方案的成本系数：

$C_A = 1350/(1350+1250+1150+1380) = 1350/5130 = 0.263$

$C_B = 1250/(1350+1250+1150+1380) = 1250/5130 = 0.244$

$C_C = 1150/(1350+1250+1150+1380) = 1150/5130 = 0.224$

$C_D = 1380/(1350+1250+1150+1380) = 1380/5130 = 0.269$

计算各方案的价值系数：

$V_A = 0.255/0.263 = 0.970$

$V_B = 0.263/0.244 = 1.078$

$V_C = 0.256/0.224 = 1.143$

$V_D = 0.226/0.269 = 0.840$

方案 C 的价值系数最高，故 C 为最佳设计方案。

(3) 某产品由 A、B、C、D、E 五种零件组成，已知各零件的现实成本见表 5.12，且五种零件的功能重要性排序为：A 为 D 的 1.5 倍，D 为 B 的 2 倍，B 为 C 的 3 倍，C 为 E 的 1.5 倍。试用"环比评分法"确定五种零件的功能重要性系数，并计算每个零件的价值系数。

表 5.12　　　　　　　五种零件的现实成本

零件名称	功能得分	功能评价系数	现实成本（元）	成本系数	价值系数
A			1800		
B			3000		
C			303		
D			284		
E			613		
合计			6000		

解析：各零件的功能重要性系数计算见表5.13。

表 5.13　　　　　各零件的功能重要性系数计算表

零件	功能重要性评价		
	相对比值	得分	功能重要性系数
A	1.5	13.5	0.458
D	2.0	9.0	0.305
B	3.0	4.5	0.153
C	1.5	1.5	0.051
E		1.0	0.034
合计		29.5	1.000

计算各零件的成本系数：

$C_A = 1800/6000 = 0.300$

$C_B = 3000/6000 = 0.500$

$C_C = 303/6000 = 0.0505$

$C_D = 284/6000 = 0.0473$

$C_E = 613/6000 = 0.1022$

计算各零件的价值系数：

$V_A = 0.458/0.300 = 1.527$

$V_B = 0.153/0.500 = 0.306$

$V_C = 0.051/0.0505 = 1.010$

$V_D = 0.305/0.0473 = 6.448$

$V_E = 0.034/0.1022 = 0.333$

(4) 某工程功能评分和预算成本构成见表 5.14，企业在项目管理目标责任书中要求项目经理部降低成本 8%，项目经理部拟采用价值工程方法寻求降低成本的途径。

问题：①求出工程各分部工程的功能系数、成本系数和价值系数。

②用价值工程求出降低成本的工程对象和目标成本。

表 5.14　　　　各分部工程的功能评分及预算成本

分部工程	功能评分	预算成本（万元）
挖土和基础工程	12	1650
地下结构工程	14	1500
主体结构工程	36	4880
装饰装修工程	38	5630
合计	100	13660

解析：①计算各分部工程的功能系数：

挖土和基础工程：12/100＝0.12

地下结构工程：14/100＝0.14

主体结构工程：36/100＝0.36

装饰装修工程：38/100＝0.38

计算各分部工程的成本系数：

挖土和基础工程：1650/13660＝0.12

地下结构工程：1500/13660＝0.11

主体结构工程：4880/13660＝0.36

装饰装修工程：5630/13660＝0.41

计算各分部工程的成价值系数：

挖土和基础工程：0.12/0.12＝1.00

地下结构工程：0.14/0.11＝1.27

主体结构工程：0.36/0.36＝1.00

装饰装修工程：0.38/0.41＝0.93

②目标降低总成本＝13660×8%＝1092.8（万元）

目标总成本＝13660－1092.8＝12567.2（万元）

计算各分部工程的目标成本：

挖土和基础工程：12567.2×0.12＝1508.1（万元）

地下结构工程：12567.2×0.14＝1759.4（万元）

主体结构工程：12567.2×0.36＝4524.2（万元）

装饰装修工程：12567.2×0.38＝4775.5（万元）
计算各分部工程的成本降低值：
挖土和基础工程：1650－1508.1＝141.9（万元）
地下结构工程：1500－1759.4＝－259.4（万元）
主体结构工程：4880－4524.2＝355.8（万元）
装饰装修工程：5630－4775.5＝854.5（万元）

（5）某开发商拟开发一幢商住楼，有三种可行设计方案 A、B、C，单方造价分别为 1438 元/m^2、1108 元/m^2、1082 元/m^2。经专家论证设置了结构体系 F_1、模板类型 F_2、墙体材料 F_3、面积系数 F_4、窗户类型 F_5 等五项功能指标，对各方案进行功能评价，各功能权重和各方案得分见表 5.15。

①试应用价值工程的方法选择最优设计方案。

表 5.15　　　　　　　　功能权重和方案评分结果

方案功能	功能权重	得分 A	得分 B	得分 C
结构体系 F_1	0.25	10	10	8
模板类型 F_2	0.05	10	10	9
墙体材料 F_3	0.25	8	9	7
面积系数 F_4	0.35	9	8	7
窗户类型 F_5	0.10	9	7	8

②为控制工程造价和进一步降低费用，拟针对所选的最优设计方案的土建工程部分，以工程材料费为对象展开价值工程分析。将土建工程划分为四个功能项目，各功能项目评分值及其目前成本见表 5.16。按限额设计要求，目标成本应控制为 12170 万元。试分析各功能项目的目标成本及其可能降低的额度，并确定功能改进顺序。

表 5.16　　　　　　　　各功能项目评分值及目前成本

功能项目		功能评分	目前成本（万元）
A	桩基础工程	10	1520
B	地下室工程	11	1482
C	主体结构工程	35	4705
D	装饰工程	38	5105
合计		94	12812

解析：①计算各方案的加权得分：
$W_A = 10 \times 0.25 + 10 \times 0.05 + 8 \times 0.25 + 9 \times 0.35 + 9 \times 0.10 = 9.05$
$W_B = 10 \times 0.25 + 10 \times 0.05 + 9 \times 0.25 + 8 \times 0.35 + 7 \times 0.10 = 8.75$
$W_C = 8 \times 0.25 + 9 \times 0.05 + 7 \times 0.25 + 7 \times 0.35 + 8 \times 0.10 = 7.45$
总得分：$W_A + W_B + W_C = 25.25$
计算各方案的功能得分：
$F_A = 9.05/25.25 = 0.358$
$F_B = 9.05/25.25 = 0.347$
$F_C = 9.05/25.25 = 0.295$
计算各方案的成本系数：
$C_A = 1438/(1438+1108+1082) = 1428/3628 = 0.396$
$C_B = 1108/(1438+1108+1082) = 1108/3628 = 0.305$
$C_C = 1082/(1438+1108+1082) = 1082/3628 = 0.298$
计算各方案的价值系数：
$V_A = 0.358/0.396 = 0.904$
$V_B = 0.347/0.305 = 1.138$
$V_C = 0.295/0.298 = 0.990$

方案 B 的价值系数最高，故 B 为最佳设计方案。
②计算各功能项目的功能指数：
$F_A = 10/94 = 0.106$
$F_B = 11/94 = 0.117$
$F_C = 35/94 = 0.372$
$F_D = 38/94 = 0.404$

计算各功能项目的目标成本：

A. 桩基础工程： $12170 \times 0.106 = 1290$（万元）

B. 地下室工程： $12170 \times 0.117 = 1424$（万元）

C. 主体结构工程：$12170 \times 0.372 = 4527$（万元）

D. 装饰工程： $12170 \times 0.404 = 4917$（万元）

计算各功能项目的成本降低额：

A. 桩基础工程： $1520 - 1290 = 230$（万元）

B. 地下室工程： $1482 - 1424 = 58$（万元）

C. 主体结构工程：$4705 - 4527 = 178$（万元）

D. 装饰工程： $5105 - 4917 = 188$（万元）

根据各功能项目的降低额，确定功能改进顺序为：

A. 桩基础工程→D. 装饰工程→C. 主体结构工程→B. 地下室工程。

5.4.2 习题

（1）某八层住宅工程，结构为钢筋混凝土框架，材料、机械、人工费总计为216357.83元，建筑面积为1691.73m^2。各分部工程所占费用见表5.17。试用ABC分析法确定VE的研究对象，并据此分析ABC分析法的劣势。

表5.17　　　　　　　　　分部工程所占费用表

分部名称	代号	费用（元）	百分比（%）
基础	A	29113.01	13.46
墙体	B	41909.53	19.37
框架	C	75149.86	34.73
楼地面	D	10446.04	4.83
装饰	E	20571.49	9.51
门窗	F	33777.31	15.61
其他	G	5390.59	2.49
总计		216357.83	100

解：按费用（或其百分比）大小排序，见表5.18：

表5.18　　　　　　　　　分部工程累计费用表

分部名称	代号	费用（元）	百分比（%）	累计百分比（%）
框架	C	75149.86	34.73	34.73
墙体	B	41909.53	19.37	54.1
门窗	F	33777.31	15.61	69.71
基础	A	29113.01	13.46	83.17
装饰	E	20571.49	9.51	92.68
楼地面	D	10446.04	4.83	97.51
其他	G	5390.59	2.49	100
总计		216357.83	100	—

由上表可知：应选框架、墙体、门窗作为研究对象。

ABC分析法的劣势：ABC分析法没有将费用与功能联系起来共同考虑，容易忽视功能重要但成本不高的对象。

（2）某既有产品有四个功能区，各功能现实成本和重要性系数见表5.19。

若保持产品总成本不变,试应用价值工程确定功能改进顺序。

表 5.19　　　　　　　功能现实成本和功能重要性系数表

功能区	功能现实成本 C（万元）	功能重要性系数
F_1	160	0.30
F_2	170	0.45
F_3	100	0.15
F_4	70	0.10
总计	500	1.00

解：根据产品现实成本和功能重要性系数重新分配功能区成本，则重新分配的功能区成本为：

$F_1 = 500 \times 0.30 = 150$（万元）

$F_2 = 500 \times 0.45 = 225$（万元）

$F_3 = 500 \times 0.15 = 75$（万元）

$F_4 = 500 \times 0.10 = 50$（万元）

计算各功能区的降低额：

功能区 F_1：$\Delta C_1 = 160 - 150 = 10$（万元）

功能区 F_2：$\Delta C_2 = 170 - 225 = -55$（万元）

功能区 F_3：$\Delta C_3 = 100 - 75 = 25$（万元）

功能区 F_4：$\Delta C_4 = 70 - 50 = 20$（万元）

根据各功能区的降低额，确定功能改进顺序为：

功能区 F_3 → 功能区 F_4 → 功能区 F_1 → 功能区 F_2。

(3) 某开发公司在某公寓建设工作中采用价值工程的方法对其施工方案进行了分析。现有三个方案，经有关专家的分析论证得到表 5.20 所示的信息：

表 5.20　　　　　　　功能权重和方案评分结果

方案功能	权重	得分 A	得分 B	得分 C
F_1	0.227	10	9	9
F_2	0.295	10	10	8
F_3	0.159	9	9	10
F_4	0.205	8	8	8
F_5	0.114	7	9	9
单位面积造价（元）		1230	1420	1150

试计算各方案的功能系数、成本系数和价值系数，并进行方案选择。

解：计算各方案的加权得分：

$W_A = 10 \times 0.227 + 10 \times 0.295 + 9 \times 0.159 + 8 \times 0.205 + 7 \times 0.114 = 9.089$

$W_B = 9 \times 0.227 + 10 \times 0.295 + 9 \times 0.159 + 8 \times 0.205 + 9 \times 0.114 = 9.090$

$W_C = 9 \times 0.227 + 8 \times 0.295 + 10 \times 0.159 + 8 \times 0.205 + 9 \times 0.114 = 8.659$

总得分：$W_A + W_B + W_C = 26.838$

计算各方案的功能得分：

$F_A = 9.089/26.838 = 0.339$

$F_B = 9.090/26.838 = 0.339$

$F_C = 8.659/26.838 = 0.323$

计算各方案的成本系数：

$C_A = 1230/(1230+1420+1150) = 1230/3800 = 0.324$

$C_B = 1420/(1230+1420+1150) = 1230/3800 = 0.374$

$C_C = 1150/(1230+1420+1150) = 1150/3800 = 0.303$

计算各方案的价值系数：

$V_A = 0.339/0.324 = 1.046$

$V_B = 0.339/0.374 = 0.906$

$V_C = 0.323/0.303 = 1.066$

方案 C 的价值系数最高，故 C 为最佳设计方案。

（4）已知某设计方案的四个主要分部工程评分值和目前成本，见表 5.21。设计人员按限额设计要求，确定建安工程项目成本额 20000 万元，试分析各功能项目的功能指数、目标成本及应降低额，并确定功能改进顺序。

表 5.21　　　　　　　各分部工程评分值及目前成本

功能项目	功能评分	目前成本（万元）
A. ±0.000 以下工程	25	4655
B. 主体结构工程	39	6535
C. 装饰工程	30	5862
D. 水电安装工程	35	4700

解：计算各功能项目的功能指数：

$F_A = 25/(25+39+30+35) = 25/129 = 0.194$

$F_B = 39/(25+39+30+35) = 39/129 = 0.302$

$F_C = 30/(25+39+30+35) = 30/129 = 0.233$

$F_D = 35/(25+39+30+35) = 35/129 = 0.271$

计算各功能项目的目标成本：

A. ±0.000以下工程： 20000×0.194＝3880（万元）

B. 主体结构工程： 20000×0.302＝6040（万元）

C. 装饰工程： 20000×0.233＝4660（万元）

D. 水电安装工程： 20000×0.271＝5420（万元）

计算各功能项目的降低额：

A. ±0.000以下工程： 4655－3880＝775（万元）

B. 主体结构工程： 6535－6040＝495（万元）

C. 装饰工程： 5862－4660＝1202（万元）

D. 水电安装工程： 4700－5420＝－720（万元）

根据各功能项目的降低额，确定功能改进顺序为：

C. 装饰工程→A. ±0.000以下工程→B. 主体结构工程→D. 水电安装工程。

（5）某工程有A、B、C三个设计方案，有关专家决定从四个功能（分别以F_1、F_2、F_3、F_4表示）对不同方案进行评价，并得到以下结论：A、B、C三个方案中，F_1的优劣顺序依次为B、A、C，F_2的优劣顺序依次为A、C、B，F_3的优劣顺序依次为C、B、A，F_4的优劣顺序依次为A、B、C。经进一步研究，专家确定三个方案各功能的评价计分标准均为：最优者得3分，居中者得2分，最差者得1分。据造价工程师估算，A、B、C三个方案的造价分别为8500万元、7600万元、6900万元。要求：

①列表给出A、B、C三个方案各功能的得分；

②若四个功能之间的重要性关系排序为$F_2＞F_1＞F_4＞F_3$，试采用0－1评分法确定各功能的权重；

③在0－1评分法的基础上列式计算各方案的价值指数，并根据价值指数的大小选择最佳设计方案。

解：①A、B、C三个方案各功能的得分见表5.22。

表5.22　　　　　　　　　A、B、C三个方案功能得分

方案功能	方案功能得分		
	A	B	C
F_1	2	3	1
F_2	3	1	2
F_3	1	2	3
F_4	3	2	1

②各功能的权重，见表5.23。

表5.23　　　　　　　功能权重计算表

功能	F_1	F_2	F_3	F_4	得分	修正得分	权重
F_1	×	0	1	1	2	3	0.300
F_2	1	×	1	1	3	4	0.400
F_3	0	0	×	0	0	1	0.100
F_4	0	0	1	×	1	2	0.200
合计						10	1.000

③计算各方案的加权得分：

$W_A = 2 \times 0.300 + 3 \times 0.400 + 1 \times 0.100 + 3 \times 0.200 = 2.5$

$W_B = 3 \times 0.300 + 1 \times 0.400 + 2 \times 0.100 + 2 \times 0.200 = 1.9$

$W_C = 1 \times 0.300 + 2 \times 0.400 + 3 \times 0.100 + 1 \times 0.200 = 1.6$

总得分：$W_A + W_B + W_C = 6$

计算各方案的功能得分：

$F_A = 2.5/6 = 0.417$

$F_B = 1.9/6 = 0.317$

$F_C = 1.6/6 = 0.267$

计算各方案的成本指数：

$C_A = 8500/(8500+7600+6900) = 8500/23000 = 0.370$

$C_B = 7600/(8500+7600+6900) = 7600/23000 = 0.330$

$C_C = 6900/(8500+7600+6900) = 6900/23000 = 0.300$

计算各方案的价值指数：

$V_A = 0.417/0.370 = 1.127$

$V_B = 0.317/0.330 = 0.961$

$V_C = 0.267/0.300 = 0.890$

方案A的价值系数最高，故A为最佳设计方案。

第6章 工程项目施工合同管理

6.1 内容分析

6.1.1 学习目的

了解工程项目施工合同的特点、内容；熟悉施工合同的主要内容、签订原则和履行义务；掌握工程项目各阶段的施工合同管理以及施工合同的索赔管理。

6.1.2 学习内容

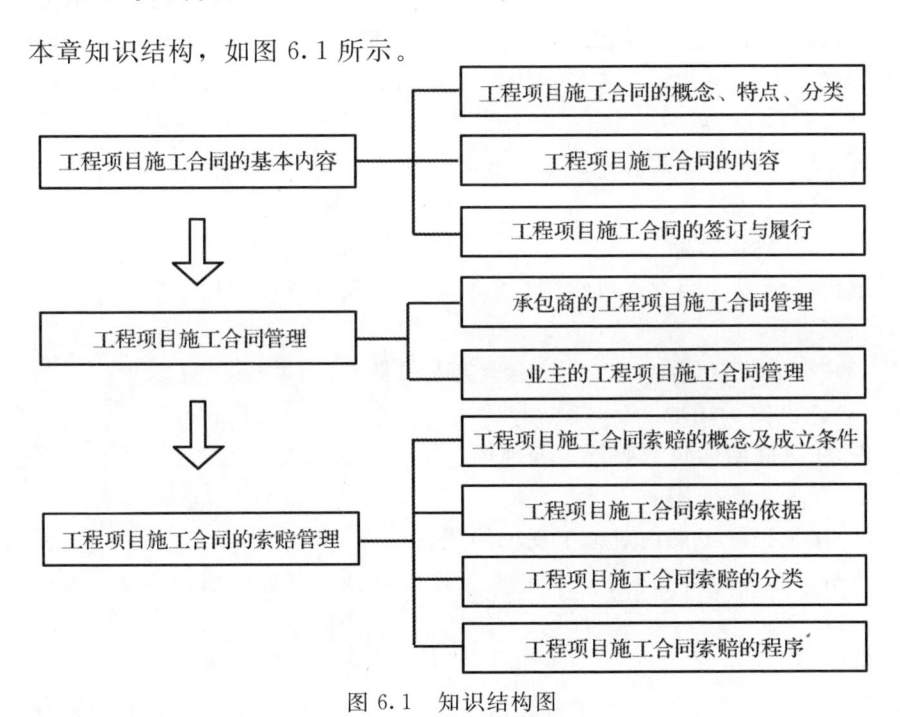

本章知识结构，如图6.1所示。

```
工程项目施工合同的基本内容 ──┬── 工程项目施工合同的概念、特点、分类
                              ├── 工程项目施工合同的内容
                              └── 工程项目施工合同的签订与履行
          ⬇
工程项目施工合同管理 ──┬── 承包商的工程项目施工合同管理
                      └── 业主的工程项目施工合同管理
          ⬇
工程项目施工合同的索赔管理 ──┬── 工程项目施工合同索赔的概念及成立条件
                            ├── 工程项目施工合同索赔的依据
                            ├── 工程项目施工合同索赔的分类
                            └── 工程项目施工合同索赔的程序
```

图6.1 知识结构图

6.2 重点及难点分析

6.2.1 学习重点

业主和承包商在工程项目各阶段的施工合同管理内容，以及施工合同索赔的成立条件和程序。

6.2.2 学习难点

工程项目施工合同的索赔管理。

6.3 思考题

6.3.1 选择题

(1) 施工合同是承揽合同，其当事人是(　　)。
A. 发包人　　　B. 承包人　　　C. 保险人　　　D. 发包人和承包人
解析：施工合同是发包人和承包人为完成商定的建设工程项目的施工任务，明确双方权利和义务关系的协议，其当事人是发包人和承包人。
答案：D

(2) 施工索赔分类的方法有很多，属于索赔目的的是(　　)。
A. 合同内索赔　　　　　　　B. 工期索赔
C. 工程延误索赔　　　　　　D. 工程加速索赔
解析：施工合同索赔按索赔目的可分为工期索赔和费用索赔。
答案：B

(3) 在施工合同中，(　　)是承包人的义务。
A. 提供施工场地
B. 在保修期内负责照管工程现场
C. 办理土地征用
D. 在工程施工期内对施工现场的照管负责
解析：在施工合同中，在工程施工期内对施工现场的照管负责是承包人的义务。
答案：D

(4) 承包人在索赔意向通知提交后的(　　)天内递交正式的索赔报告。

A. 14　　　　　B. 28　　　　　C. 7　　　　　D. 56

解析：承包人在索赔意向通知提交后的28天内递交正式的索赔报告。

答案：B

（5）设备安装完毕进行试车检验的结果表明，由于工程设计原因未能满足验收要求。承包人依据工程师的指示按照修改后的设计将设备拆除、修正施工并重新安装。按照合同责任应（　　）。

A. 追加合同价款但工期不予顺延

B. 由承包人承担费用和工期的损失

C. 追加合同价款并相应顺延合同工期

D. 工期相应顺延但不补偿承包人的费用

解析：由于工程设计原因未能满足验收要求，非承包人的责任导致的时间和费用损失，承包人可提起索赔。因此按合同责任应追加合同价款并相应顺延合同工期。

答案：C

（6）发包人按照合同约定采购的门窗，现场交货前未通知承包人派代表共同进行现场交货清点，单方与供货人检验接收后，口头指示承包人的仓库保管员负责保管。施工使用时发现部分门窗损坏，则应由（　　）。

A. 发包人承担损失责任

B. 保管员负责赔偿损失

C. 承包人负责赔偿损失

D. 发包人和承包人各承担损失的50%

解析：发包人现场交货前应通知承包人派代表共同进行现场交货清点，但发包人没有进行通知，属于发包人的责任。

答案：A

（7）工程师的检查检验原则上不应影响施工正常进行。如果实际影响了施工的正常进行，检查检验合格时，影响正常施工的追加合同价款和工期处理为（　　）。

A. 追加合同价款和工期损失全部由业主承担

B. 追加合同价款和工期损失全部由承包商承担

C. 追加合同价款由承包商承担，工期给予顺延

D. 工期不予顺延，但追加合同价款由业主给予补偿

解析：本题考查施工过程中的检查和返工。工程师的检查检验原则上不应影响施工正常进行。如果实际影响了施工的正常进行，其后果责任由质量检验结果是否合格来区分合同责任。检查检验不合格时，影响正常施工的费用由承

· 131 ·

包人承担；除此之外，影响正常施工的追加合同价款由发包人承担，相应顺延工期。

答案：A

（8）在施工合同中，项目经理是（   ）授权的，派驻施工场地的承包人的总负责人。

　　A. 发包人单位法定代表人　　B. 承包人单位法定代表人
　　C. 总监理工程师　　　　　　D. 发包人代表

解析：在施工合同中，项目经理是承包人单位法定代表人授权的，派驻施工场地的承包人的总负责人。

答案：B

（9）在工程施工中由于（   ）原因导致的工期延误，承包方应当承担违约责任。

　　A. 不可抗力　　　　　　　　B. 承包方的设备损坏
　　C. 设计变更　　　　　　　　D. 工程量变化

解析：承包方的设备损坏属于承包方的责任，应由承包方承担违约责任。

答案：B

（10）组成施工合同文件的以下几部分可以互为解释，互为说明。当出现含糊不清或矛盾时，具有第一优先解释顺序的文件是（   ）。

　　A. 合同专用条款　　　　　　B. 投标书
　　C. 协议书　　　　　　　　　D. 合同通用条款

解析：组成合同的各项文件应互相解释，互为说明。除专用合同条款另有约定外，解释合同文件的优先顺序如下：①合同协议书；②中标通知书；③投标函及其附录；④专用合同条款及其附件；⑤通用合同条款；⑥技术标准和要求；⑦图纸；⑧已标价工程量清单或预算书；⑨其他合同文件。

答案：C

（11）下列关于不可抗力事件造成的工期延长及损失处理中，说法正确的是（   ）。

　　A. 工期不顺延，业主承担与工程有关的损失
　　B. 工期不顺延，承包商承担与工程有关的损失
　　C. 工期顺延，损失按一定比例由双方共同分担
　　D. 工期顺延，各自的损失各自承担，工程的损失由业主承担

解析：本题考查的是合同价款调整。由不可抗力造成工期延误时，发包人予以承包人工期顺延，各自的损失各自承担，工程的损失由业主承担。

答案：D

(12) 下列可导致承包商索赔的原因中，属于业主方违约的是（　　）。
A. 业主指令增加工程量　　　B. 业主要求提高设计标准
C. 监理人不按时组织验收　　D. 材料价格大幅度上涨

解析：在工程实施过程中，由于建设单位或监理人没有尽到合同义务，导致索赔事件发生，属于业主方（包括建设单位和监理人）违约。如未按合同规定提供设计资料、图纸，未及时下达指令、答复请示等，使工期延期；未按合同规定的日期交付施工场地和行驶道路、提供水电、提供应由建设单位提供的材料和设备，使施工单位不能及时开工或造成工程中断；未按合同规定按时支付工程款，或不再继续履行合同；下达错误指令，提供错误信息；建设单位或监理人协调工作不力等。选项 A、B 属于合同变更导致索赔事件发生；选项 D 属于工程环境的变化引起的索赔。

答案：C

(13) 根据《标准施工招标文件》，由施工承包单位提出的索赔按程序得到了处理，且施工单位接受索赔处理结果的，建设单位应在作出索赔处理答复后（　　）天内完成赔付。
A. 14　　　　B. 21　　　　C. 28　　　　D. 42

解析：施工承包单位接受索赔处理结果的，建设单位应在作出索赔处理答复后 28 天内完成赔付。施工承包单位不接受索赔处理结果的，按合同中争议解决条款的约定处理。

答案：C

(14) 下列不符合施工承包单位索赔程序的是（　　）。
A. 施工承包单位应在发出索赔意向通知书后的 28 天内，向监理人正式递交索赔通知书
B. 施工承包单位未在知道或应当知道索赔事件发生后 28 天内发出索赔意向通知书的，丧失要求追加付款和（或）延长工期的权利
C. 索赔通知书应详细说明索赔理由以及要求追加的付款金额和（或）延长的工期，并附必要的记录和证明材料
D. 施工承包单位应在知道或应当知道索赔事件发生后 42 天内，向监理人递交索赔通知书，并说明发生索赔事件的事由

解析：根据九部委发布的《标准施工招标文件》，施工承包单位认为有权得到追加付款和（或）延长工期的，应按以下程序向建设单位提出索赔：①施工承包单位应在知道或应当知道索赔事件发生后 28 天内，向监理人递交索赔意向通知书，并说明发生索赔事件的事由。施工承包单位未在前述 28 天内发出索赔意向通知书的，丧失要求追加付款和（或）延长工期的权利。②施工承

包单位应在发出索赔意向通知书后的 28 天内,向监理人正式递交索赔通知书,索赔通知书应详细说明索赔理由以及要求追加的付款金额和(或)延长的工期,并附必要的记录和证明材料。③索赔事件有连续影响的,施工承包单位应按合理时间间隔继续递交延续索赔意向通知,说明连续影响的实际情况和记录,列出累计的追加付款金额和(或)工期延长天数。在索赔事件影响结束后的 28 天内,施工承包单位应向监理人递交最终索赔通知书,说明最终要求索赔的追加付款金额和延长的工期,并附必要的记录和证明材料。

答案:D

(15) 下列合同中不属于建设工程合同的是( )。

A. 工程监理合同　　　　　　B. 施工承包合同
C. 勘察合同　　　　　　　　D. 设计合同

解析:勘察合同、设计合同、施工承包合同属于建设工程合同,工程监理合同属于委托合同。

答案:A

(16) 投标人根据招标文件内容在约定的期限内向招标人提交投标文件,此为( )。

A. 要约　　　　　　　　　　B. 要约邀请
C. 承诺　　　　　　　　　　D. 承诺生效

解析:根据《招标投标法》对招标、投标的规定,招标、投标、中标的过程实质就是要约、承诺的一种具体方式。招标人通过媒体发布招标公告,或向符合条件的投标人发出招标文件,为要约邀请;投标人根据招标文件内容在约定的期限内向招标人提交投标文件为要约;招标人通过评标确定中标人,发出中标通知书,为承诺;招标人和中标人按照中标通知书、招标文件和中标人的投标文件等订立书面合同时,合同成立并生效。所以 A 正确。

答案:A

(17) 下列建设工程项目招投标活动中,属于合同要约行为的是( )。

A. 提交投标文件　　　　　　B. 订立承包合同
C. 发出中标通知书　　　　　D. 发布招标公告

解析:投标人根据招标文件内容在约定的期限内向招标人提交投标文件为要约。

答案:A

(18) 下列建设工程项目招投标活动中,属于合同承诺行为的是( )。

A. 发布招标公告　　　　　　B. 发出招标文件
C. 提交投标文件　　　　　　D. 发出中标通知书

第 6 章　工程项目施工合同管理

解析：招标人通过评标确定中标人，发出中标通知书，为承诺。

答案：D

(19) 招标人通过媒体发布招标公告，或向符合条件的投标人发出招标文件，此为(　　)。

A. 要约　　　　B. 要约邀请　　　C. 承诺　　　　D. 承诺生效

解析：根据《招标投标法》对招标、投标的规定，招标、投标、中标的过程实质就是要约、承诺的一种具体方式。招标人通过媒体发布招标公告，或向符合条件的投标人发出招标文件，为要约邀请；投标人根据招标文件内容在约定的期限内向招标人提交投标文件为要约；招标人通过评标确定中标人，发出中标通知书，为承诺；招标人和中标人按照中标通知书、招标文件和中标人的投标文件等订立书面合同时，合同成立并生效。

答案：B

(20) 施工合同文件通常包括：①投标书及其附录；②专用合同条款及其附件；③合同协议书；④已标价工程量清单或预算书；⑤通用合同条款；⑥中标通知书等。根据《建设工程施工合同（示范文本）》(GF－2013－0201)，通用条款中规定合同文件解释的优先顺序是(　　)。

A. ⑥③①②⑤④　　　　　　B. ③⑥⑤②①④
C. ③⑥①②⑤④　　　　　　D. ⑥③②⑤①④

解析：组成合同的各项文件应互相解释，互为说明。除专用合同条款另有约定外，解释合同文件的优先顺序如下：①合同协议书；②中标通知书；③投标函及其附录；④专用合同条款及其附件；⑤通用合同条款；⑥技术标准和要求；⑦图纸；⑧已标价工程量清单或预算书；⑨其他合同文件。

答案：C

(21) 根据《建设工程施工合同（示范文本）》(GF－2013－0201) 除专用合同条款另有约定外，解释合同文件的优先顺序是(　　)。

A. 合同协议书，中标通知书，本合同通用条款，本合同专用条款

B. 本合同专用条款，本合同通用条款，标准、规范及有关技术文件，图纸

C. 工程量清单，图纸，标准、规范及有关技术文件，中标通知书

D. 图纸，标准、规范及有关技术文件，工程量清单，投标书及其附件

解析：组成合同的各项文件应互相解释，互为说明。除专用合同条款另有约定外，解释合同文件的优先顺序如下：①合同协议书；②中标通知书；③投标函及其附录；④专用合同条款及其附件；⑤通用合同条款；⑥技术标准和要求；⑦图纸；⑧已标价工程量清单或预算书；⑨其他合同文件。

答案：B

(22) 关于施工合同条款中发包人责任和义务的说法，错误的是（   ）。

A. 提供具备条件的现场和施工用地，以及水、电、通信线路在内的施工条件

B. 提供有关水文地质勘探资料和地下管线资料，并对承包商关于资料的提问作书面答复

C. 办理施工许可证及其他施工所需证件、批件和临时用地等的申请批准手续

D. 协调处理施工场地周围地下管线和临近建筑物、构筑物的保护工作，承担相关费用

解析：发包人应将其持有的现场地质勘探资料、水文气象资料以及施工场地内地下管线和地下设施等有关资料提供给承包人，并保证资料真实、准确、完整。但承包人应对其阅读上述有关资料后作出的解释和推断负责。发包人并无义务对承包商关于资料的提问作书面答复。

答案：B

(23) 某建设工程项目承发包双方签订了设计－施工总承包合同，属于承包人工作范围的是（   ）。

A. 落实项目资金   B. 办理规划许可证
C. 办理施工许可证   D. 完成设计文件

解析：在建设工程项目总承包模式中，项目总承包单位的工作范围除了全部的工程施工任务以外，还包括设计任务和物资（包括设备）采购任务。落实项目资金、办理规划许可证、办理施工许可证是建设单位的任务。所以 D 正确。

答案：D

(24) 施工承包合同履约担保的有效期始于（   ）。

A. 投标截止   B. 发出中标通知书
C. 施工承包合同签订   D. 工程开工

解析：履约担保的有效期始于工程开工之日，终止日期则可约定为工程竣工交付之日或者保修期满之日。

答案：D

(25) 关于建设工程施工合同分析的说法，错误的是（   ）。

A. 合同分析主要由企业的合同管理部门或项目中的合同管理人员负责

B. 合同分析与招标投标过程中对招标文件的分析在目的和侧重点两方面基本类似

第6章 工程项目施工合同管理

C. 合同分析的作用包括合同任务分解和落实、分析合同风险并定制风险对策等

D. 合同分析的内容包括合同的法律基础、合同价格、验收移交和保修等

解析：本题考查的是施工合同分析的任务。选项B，合同分析与招标投标过程中对招标文件的分析在目的和侧重点两方面是不一样的。

答案：B

（26）合同分析工作中属于承包人责任的是（　　）。

A. 明确工程变更索赔的有效期

B. 及时作出承包人履行合同所必需的决策

C. 提供设计资料等施工条件

D. 按合同规定及时支付工程款

解析：及时作出承包人履行合同所必需的决策、提供设计资料等施工条件和按合同规定及时支付工程款均属于发包人的责任，故B、C、D错误。

答案：A

（27）对建设工程施工合同中发包人的责任进行分析时，主要分析其（　　）。

A. 报批责任　　　　　　　　B. 监督责任
C. 合作责任　　　　　　　　D. 组织责任

解析：本题考查的是建设工程施工合同的发包人责任分析。建设工程施工合同发包人责任分析，主要分析发包人（业主）的合作责任。其责任通常有如下几方面：①业主雇用工程师并委托其在授权范围内履行业主的部分合同责任；②业主和工程师有责任对平行的各承包人和供应商之间的责任界限作出划分，对这方面的争执作出裁决，对他们的工作进行协调，并承担管理和协调失误造成的损失；③及时作出承包人履行合同所必需的决策，如下达指令、履行各种批准手续、作出认可、答复请示、完成各种检查和验收手续等；④提供施工条件，如及时提供设计资料、图纸、施工场地、道路等；⑤按合同规定及时支付工程款，及时接收已完工程等。

答案：C

（28）（　　）不属于合同分析的内容。

A. 合同所采用的计价方法及合同价格所包括的范围

B. 工程计量程序，工程款结算（包括进度付款、竣工结算、最终结算）方法和程序

C. 合同价格的调整，即费用索赔的条件，价格调整方法，计价依据，索赔有效期规定

· 137 ·

D. 违约合同责任

解析：合同价格分析主要有以下几个方面：合同所采用的计价方法及合同价格所包括的范围；工程量计量程序，工程款结算（包括进度付款、竣工结算、最终结算）方法和程序；合同价格的调整，即费用索赔的条件、价格调整方法、计价依据、索赔有效期规定；拖欠工程款的合同责任。违约合同责任不属于合同价格分析的内容。

答案：D

(29) 关于施工合同分析的说法，正确的是（　　）。

A. 合同分析就是分析合同中的漏洞，发现索赔的机会
B. 合同分析中对于发包人，主要分析发包人的监督责任
C. 工程变更的补偿范围越大，承包人风险就越小
D. 对于拖欠工程款的合同责任的分析是合同价格分析的重点内容

解析：合同分析是分析合同中的漏洞，解释有争议的内容。合同分析中对于发包人，主要分析发包人的合作责任。工程变更的补偿范围，通常以合同金额一定的百分比表示，通常这个百分比越大，承包人的风险越大。对合同的价格，应重点分析以下几个方面：合同所采用的计价方法及合同价格所包括的范围；工程量计量程序，工程款结算（包括进度付款、竣工结算、最终结算）方法和程序；合同价格的调整，即费用索赔的条件、价格调整方法、计价依据、索赔有效期规定；拖欠工程款的合同责任。

答案：D

(30) 合同分析时，对于"违约责任"，并不分析（　　）。

A. 承包人不能按合同规定工期完成工程的违约金或承担发包人损失的条款
B. 由于不可抗力造成对方人员和财产损失的赔偿条款
C. 由于预谋或故意行为造成对方损失的处罚和赔偿条款
D. 由于承包人不履行或不能正确地履行合同责任，或出现严重违约时的处理规定

解析：如果合同一方未遵守合同规定，造成对方损失，应受到相应的合同处罚。通常分析：①承包人不能按合同规定工期完成工程的违约金或承担业主损失的条款；②由于管理上的疏忽造成对方人员和财产损失的赔偿条款；③由于预谋或故意行为造成对方损失的处罚和赔偿条款等；④由于承包人不履行或不能正确履行合同责任，或出现严重违约时的处理规定。

答案：B

(31) 施工合同交底是指由合同管理人员组织相关人员（　　）。

第6章 工程项目施工合同管理

A. 参与起草合同条款

B. 参与合同谈判和合同签订

C. 研究分析合同中的不妥之处

D. 学习合同的主要内容和合同分析结果

解析：施工合同交底是由合同管理人员在对合同的主要内容进行分析、解释和说明的基础上，通过组织项目管理人员和各个工程小组学习合同条文和合同总体分析结果，使大家熟悉合同中的主要内容、规定、管理程序，了解合同双方的合同责任和工作范围，以及各种行为的法律后果等，使大家都树立全局观念，使各项工作协调一致，避免执行中的违约行为。

答案：D

(32) 针对承包的工程任务，合同跟踪以（ ）等方面为对象。

A. 工程质量、工程进度、工程数量、工程成本

B. 工程质量、工程进度、工程成本

C. 工程质量、工程数量、工程成本

D. 工程质量、工程进度、工程环境、工程成本

解析：合同跟踪的对象：①承包的任务：工程施工的质量、工程进度、工程数量、成本的增减；②工程小组或分包人的工程和工作；③业主和其委托的工程师的工作。

答案：A

(33) 承包单位对施工合同实施偏差进行分析，其内容包括：产生合同偏差的原因分析，合同实施偏差的责任分析及（ ）。

A. 不同项目合同偏差的对比　　B. 合同实施趋势分析

C. 偏差的跟踪情况分析　　　　D. 业主对合同偏差的态度分析

解析：承包单位对施工合同实施偏差进行分析，其内容包括：①产生偏差的原因分析；②合同实施偏差的责任分析；③合同实施趋势分析。

答案：B

(34) 合同控制措施中，不包括（ ）。

A. 技术措施　　　　　　　　B. 经济措施

C. 组织措施　　　　　　　　D. 法律措施

解析：根据合同实施偏差分析的结果，承包商应该采取相应的调整措施，调整措施可以分为：①组织措施，如增加人员投入；②技术措施，如变更技术方案；③经济措施，如增加投入；④合同措施，如进行合同变更。

答案：D

(35) 施工合同签订后，承包人应对施工合同进行跟踪，跟踪的对象不包

139

括( )。

　　A. 业主的工作　　　　　　B. 工程师的工作
　　C. 设计人的工作　　　　　D. 承包人的工作

解析：合同跟踪的对象：①承包的任务：工程施工的质量、工程进度、工程数量、成本的增减；②工程小组或分包人的工程和工作；③业主和其委托的工程师的工作。

答案：C

6.3.2　简答题

（1）工程项目施工合同要求发包人要履行的义务有哪些？

解析：发包人要履行的义务有：①图纸的提供和交底；②对化石、文物的保护；③提供基础资料；④许可或批准；⑤提供施工现场；⑥资金来源证明及支付担保；⑦支付合同价款；⑧组织竣工验收。

（2）工程项目施工合同要求承包人要履行的义务有哪些？

解析：承包人在履行合同过程中应遵守法律和工程建设标准规范，并履行以下义务：

①办理法律规定应由承包人办理的许可和批准，并将办理结果书面报送发包人留存；

②按法律规定和合同约定完成工程，并在保修期内承担保修义务；

③按法律规定和合同约定采取施工安全和环境保护措施，办理工伤保险，确保工程及人员、材料、设备和设施的安全；

④按合同约定的工作内容和施工进度要求，编制施工组织设计和施工措施计划，并对所有施工作业和施工方法的完备性和安全可靠性负责；

⑤在进行合同约定的各项工作时，不得侵害发包人与他人使用公用道路、水源、市政管网等公共设施的权利，避免对邻近的公共设施产生干扰。承包人占用或使用他人的施工场地，影响他人作业或生活的，应承担相应责任；

⑥负责施工场地及其周边环境与生态的保护工作；

⑦采取施工安全措施，确保工程及其人员、材料、设备和设施的安全，防止因工程施工造成的人身伤害和财产损失；

⑧将发包人按合同约定支付的各项价款专用于合同工程，且应及时支付其雇用人员工资，并及时向分包人支付合同价款；

⑨按照法律规定和合同约定编制竣工资料，完成竣工资料立卷及归档，并按专用合同条款约定的竣工资料的套数、内容、时间等要求移交发包人；

⑩应履行的其他义务。

第6章 工程项目施工合同管理

（3）简述工程项目施工合同的签订依据及程序。

解析：《中华人民共和国建筑法》《中华人民共和国合同法》《中华人民共和国招标投标法》《房屋建筑和市政基础设施工程施工招标投标管理办法》等法律法规，是施工合同签订的主要法律法规依据。

工程项目施工合同的签订程序如下：

①要约邀请，是指发包人采取招标通知或公告的方式，向不特定人发出的，以吸引或邀请相对人发出要约为目的的意思表示。在通知或公告规定的时间内，潜在投标人报名参加并通过资格预审的，以投标人身份，按照招标文件的要求，参加发包人的招标活动。

②要约，是指投标人按照招标人提出的要求，在规定的期间内向招标人发出的，以订立合同为目的的，包括合同的主要条款的意思表示。在投标活动中，投标人应当按照招标文件的要求编制投标文件，对招标文件提出的实质性要求和条件做出响应。

③承诺，即中标通知，指由招标人通过评标后，在规定期限内发出的，表示愿意按照投标人所提出的条件与投标人订立合同的意思表示。

④签约。根据《中华人民共和国合同法》规定，在承诺生效后，即中标通知产生法律效力后，工程合同就已经成立。但是，由于工程建设的特殊性，招标人和中标人在此后还需按照中标通知书、招标文件和中标人的投标文件等内容经过合同谈判，订立书面合同后，工程合同方可成立并生效。

（4）承包商的施工合同管理在合同签订过程中应注意哪些问题？

解析：合同签订过程中应注意的问题：①合同文字要准确、严谨，防止因发生歧义或误解而导致合同难以履行或合同在竣工结算时出现争议。②认真拟定合同条款。对合同的关键性条款，如质量和验收、交货方式、价金支付、违约责任、争议解决方式等应作为重点拟定。③合同条款应全面、完整，防止有缺陷、漏洞。如有的合同规定的违约责任不全面，只规定了施工企业违约应承担的责任，而不涉及业主违约的责任。④要防止只有从合同而无主合同。主合同是能够独立存在的合同，如建筑工程总承包合同等；从合同是指以主合同的存在为前提才能成立的合同，如建筑工程分承包合同及保证合同、抵押合同等。没有主合同的从合同事实上是没有根据的合同，是不能存在的。⑤要防止违反法律法规签订的无效合同。违反法律、行政法规的合同属于无效合同，而无效合同是不受法律保护的。⑥建立必要的合同管理制度。签约过程中的合同管理制度主要有：合同会签审批制度、合同专用章制度、合同档案制度等。

（5）承包商的施工合同控制管理工作主要包括哪些方面？

解析：主要包括以下六个方面：①制定合同实施目标。施工合同的总目标是满足业主对工程的使用功能等要求,对工程项目来讲,具体为质量目标、成本目标、工期目标和安全目标。②确定施工合同控制的主要内容。成本控制、质量控制、进度控制和安全控制是合同控制的四个大方面的内容。成本控制的目的是保证按合同计划成本完成工程,防止成本超支和费用增加。质量控制的目的是保证按合同规定的质量完成工程,使工程顺利通过验收,交付使用,达到规定的功能要求。进度控制的目的是按预定进度计划进行施工,按期交付工程,防止承担工期拖延责任。安全控制的目的是按预定的合同安全要求,避免出现人员伤亡和财产损失事故。③选用合同控制方法。合同控制方法分为主动控制和被动控制,应以主动控制为主,同时强化合同被动控制。合同主动控制是预先分析合同目标偏离的可能性,并拟定和采取各项预防性措施,以保证合同计划目标得以实现。被动控制是控制者从计划的实际输出中发现偏差,对偏差采取措施及时纠正的控制方式。④合同实施监督。合同实施监督是施工合同管理的日常事务性工作。施工合同监督可以保证施工合同实施按合同和合同分析的结果进行。施工合同监督规范管理的工作主要有协调业主、工程师、项目管理各职能人员、所属的各工程小组和分包商之间的工作关系,解决相互之间出现的问题;对各工程小组和分包商进行工作指导或做经常性的合同解释,使工程小组都有全局观念;会同项目管理的有关人员每天检查、监督各工程小组和分包商的合同实施情况;合同管理工作以及进入施工现场后对工程变更进行有效管理。⑤合同实施跟踪。在工程实施过程中,由于实际情况的复杂性,可能导致合同实施与预定目标偏离。这就需要合同实施情况跟踪,以便尽早发现并纠正偏离。而合同实施的跟踪是判断实际情况与计划情况是否存在差异的主要手段。施工合同跟踪的对象主要有:具体的施工合同事件、工程小组或分包商的工程和工作、业主和工程师的工作、工程总的实施状况。⑥合同诊断。在合同跟踪的基础上可进行合同诊断。合同诊断是对合同执行情况的评价、判断和趋向分析、预测。其具体内容主要包括合同执行差异的原因分析、合同差异的责任分析以及合同实施趋向的预测。

(6) 承包商可以提起施工索赔的事件有哪些?

解析:承包商可以提起索赔的事件有:

①发包人违反合同给承包人造成时间、费用的损失;

②因工程变更(含设计变更、发包人提出的工程变更、监理工程师提出的工程变更,以及承包人提出并经监理工程师批准的变更)造成的时间、费用损失;

③由于监理工程师对合同文件的歧义解释、技术资料不确切,或由于不可抗力导致施工条件的改变,造成了时间、费用的增加;

④发包人提出提前完成项目或缩短工期而造成承包人的费用增加；

⑤发包人延误支付期限造成承包人的损失；

⑥对合同规定以外的项目进行检验，且检验合格，或非承包人的原因导致项目缺陷的修复所发生的损失或费用；

⑦非承包人的原因导致工程暂时停工；

⑧物价上涨，法规变化及其他。

（7）简述工程项目施工合同索赔的概念。

解析：工程项目施工合同索赔通常是指在工程合同履行过程中，合同当事人一方因对方不履行或未能正确履行合同或者由于其他非自身因素而受到经济损失或权利损害，通过合同规定的程序向对方提出经济或时间补偿要求的行为。索赔是一种正当的权利要求，它是合同当事人之间一项正常的而且普遍存在的合同管理业务，是一种以法律和合同为依据的合情合理的行为。工程项目施工合同索赔的实质就是根据施工合同条款的规定，对合同价进行适当的公正调整，以弥补业主或承包商不应承担的损失，使承包合同的风险分担程度趋于合理。

（8）简述工程项目施工合同索赔的依据。

解析：针对具体的索赔要求（工期或费用），索赔的具体依据也不相同。总体而言，索赔的依据主要是三个方面：①合同文件。合同文件是索赔的最主要依据，包括合同协议书，中标通知书，投标书及其附件，合同专用条款，合同通用条款，标准、规范及有关技术文件，图纸，工程量清单，工程报价单或预算书。合同履行中，发包人与承包人有关工程的洽商、变更等书面协议或文件应视为合同文件的组成部分。②法律、法规。建设工程合同文件适用的国家法律和行政法规，还有双方在专用条款内约定的适用的国家标准、规范，以及另外明示的法律、行政法规。③工程建设惯例。

（9）简述工程项目施工合同索赔的分类。

解析：按照不同的分类标准可以把索赔分为不同的种类。按索赔有关当事人分类可分为：①承包人与发包人之间的索赔；②承包人与分包人之间的索赔；③承包人或发包人与供货人之间的索赔；④承包人或发包人与保险人之间的索赔。按索赔目的和要求分类可分为：①工期索赔；②费用索赔。按照索赔的处理方式分类可分为：①单项索赔；②综合索赔。按索赔管理策略上的主动性分类可分为：①索赔；②反索赔。按索赔事件的性质分类可分为：①工程延误索赔；②工程变更索赔；③合同被迫终止的索赔；④工程加速索赔；⑤意外风险和不可预见因素索赔；⑥其他索赔。按索赔依据的范围分类可分为：①合同内索赔；②合同外索赔；③道义索赔。

第 7 章　工程项目组织管理

7.1　内容分析

7.1.1　学习目的

组织论是一门与项目管理学密切相关的非常重要的基础理论学科。系统的目标决定了系统的组织，组织是目标能否实现的决定性因素，学习工程项目组织管理就是要深刻地理解和掌握组织论，并且能够正确地应用于工程项目管理中。

7.1.2　学习内容

工程项目组织管理的基本内容主要有建设工程管理的内涵和任务，建设工程项目管理的目标和任务，建设工程项目的组织，建设工程项目的策划，建设工程项目采购的模式，建设工程项目管理规划的内容和编制方法，施工组织设计的内容和编制方法，建设工程项目目标的动态控制，施工企业项目经理的工作性质、任务和责任，建设工程项目的风险和风险管理的工作流程，建设工程监理的工作性质、工作任务和工作方法。

本章知识结构，如图 7.1 所示。

第 7 章 工程项目组织管理

```
工程项目的组织 ─┬─ 项目结构
               ├─ 项目组织结构
               ├─ 工作任务分工
               ├─ 管理职能分工
               └─ 工作流程组织

项目策划 ─┬─ 决策接阶段策划
         └─ 实施阶段策划

工程项目采购模式 ─┬─ 项目管理委托模式
                 ├─ 设计任务委托模式
                 ├─ 项目总承包模式
                 ├─ 施工任务委托模式
                 └─ 物资采购模式

工程项目管理规划的内容和编制方法 ─┬─ 项目管理规划内容
                                └─ 项目管理规划编制方法

施工组织设计的内容和编制方法 ─┬─ 施工组织设计内容
                             └─ 施工组织设计编制方法

工程项目目标的动态控制 ─┬─ 动态控制的方法
                       ├─ 动态控制在进度控制中的应用
                       └─ 动态控制在投资控制中的应用

施工企业项目经理的工作性质、任务和责任 ─┬─ 施工企业项目经理的工作性质
                                       ├─ 施工企业项目经理的任务
                                       ├─ 施工企业项目经理的责任
                                       ├─ 项目各参与方之间的沟通方法
                                       └─ 施工企业人力资源管理的任务
```

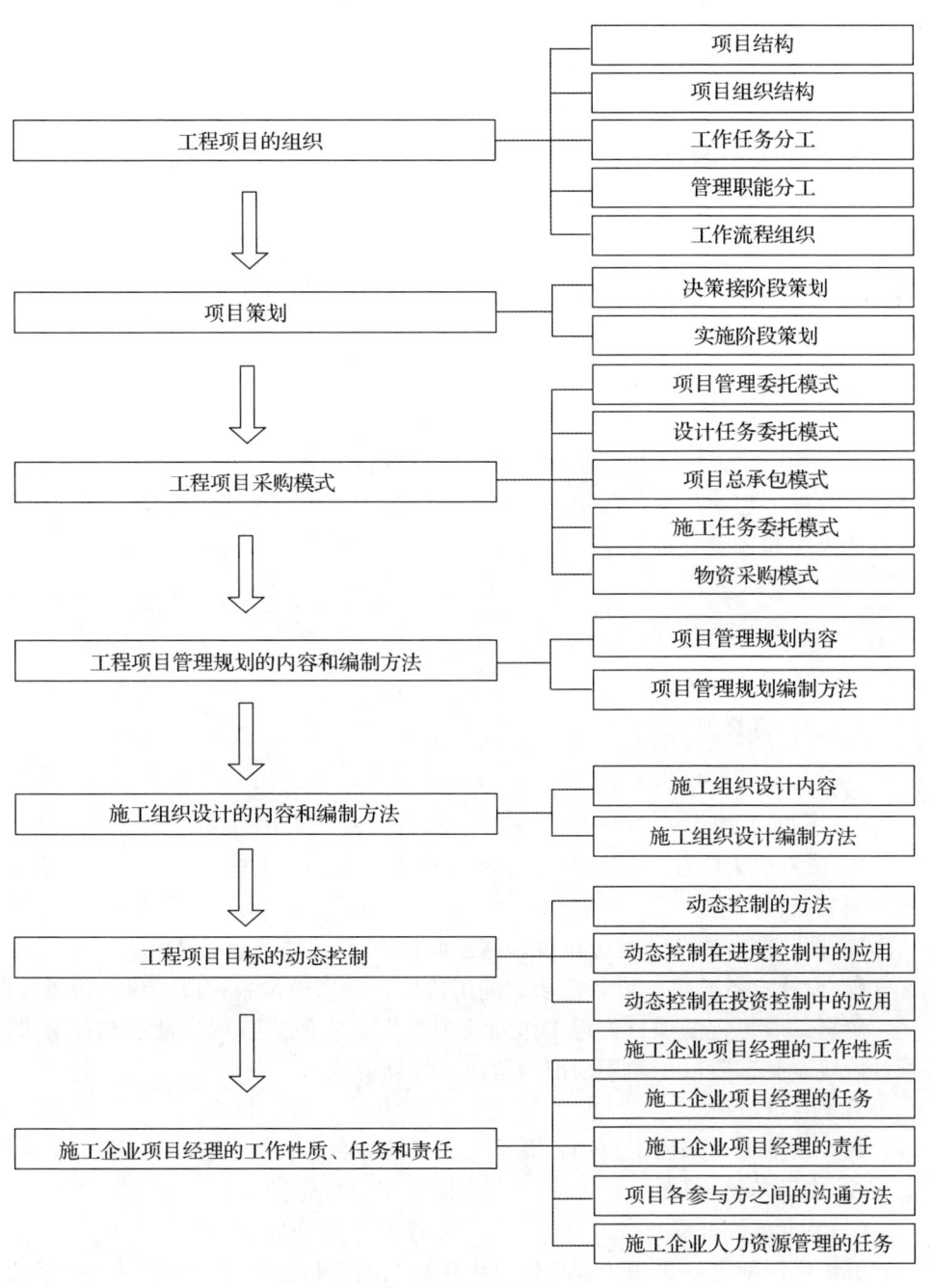

图 7.1 知识结构图

7.2 重点及难点分析

7.2.1 学习重点

组织论的基本理论和组织结构模式、管理任务分工、管理职能分工和流程组织，建设工程项目采购的模式，施工组织设计的内容和编制方法，建设工程项目的风险和风险管理的工作流程，建设工程监理的工作性质、工作任务和工作方法。

7.2.2 学习难点

组织论的基本理论和组织结构模式、管理任务分工、管理职能分工和流程组织，建设工程项目采购的模式，施工组织设计的内容和编制方法，建设工程项目的风险和风险管理的工作流程。

7.3 思考题

7.3.1 选择题

(1) 业主方的项目管理工作涉及项目（　　）。
A. 项目决策阶段、设计准备阶段、设计阶段、施工阶段
B. 项目决策阶段、设计准备阶段、设计阶段、施工阶段、动用前准备阶段、保修阶段
C. 设计准备阶段、设计阶段、施工阶段
D. 设计准备阶段、设计阶段、施工阶段、动用前准备阶段、保修阶段

解析：业主方的项目管理工作涉及项目实施阶段全过程：设计准备阶段、设计阶段、施工阶段、动用前准备阶段、保修阶段。

答案：D

(2) 国际上，采用工程项目总承包模式的项目合同计价多数采用（　　）。
A. 变动单价合同　　　　　　B. 固定总价合同
C. 固定单价合同　　　　　　D. 变动总价合同

解析：国际上，采用工程项目总承包模式的项目合同计价多数采用变动总价合同。

答案：D

（3）管理职能分工表是用表的形式反映各工作部门（各工作岗位）对各项工作任务的项目（　　）分工。

A. 工作任务　　B. 任务　　C. 管理职能　　D. 职能

解析：管理职能分工表是用表的形式反映各工作部门（各工作岗位）对各项工作任务的项目管理职能分工。

答案：C

（4）管理是由多个环节组成的过程，"执行"前一个过程是（　　）。

A. 提出问题　　B. 筹划　　C. 决策　　D. 检查

解析：管理是由多个环节组成的过程，即提出问题，筹划，决策，执行，检查。

答案：C

（5）可将施工方案及施工进度计划在空间上全面安排的是（　　）。

A. 施工进度计划　　　　　　B. 施工方案
C. 施工总体部署　　　　　　D. 施工平面图

解析：施工平面图是施工方案及施工进度计划在空间上的全面安排。他把投入的各种资源、材料、构件、机械、道路、水电供应网络、生产、生活活动场所及各种临时工程设施合理地布置在施工现场，使整个现场能有组织地进行文明施工。

答案：D

（6）下列关于动态控制的方法说法正确的是（　　）。

A. 施工进度目标的逐层分解是从施工开始前和在施工过程中，由宏观到微观

B. 施工进度目标的逐层分解是从施工开始前和在施工过程中，由细到深的过程

C. 进度控制周期一般固定为1个月

D. 施工进度目标不得调整

解析：施工进度目标的逐层分解是从施工开始前和在施工过程中，由宏观到微观，由粗到细编制深度不同的进度计划过程。进度控制周期应视项目的规模和特点而定，一般项目控制周期为一个月，对于重要项目，控制周期可定位一旬或一周等。如有必要（即发现原定的施工进度目标不合理，或原定的施工进度目标无法实现等），则调整施工进度目标。

答案：A

（7）下列动态控制工作中属于动态跟踪和控制工作的是（　　）。

A. 分解项目目标　　　　　　B. 收集项目目标实际值

C. 确定项目目标计划值　　　　D. 分解进度目标

解析：项目目标动态控制的工作程序如下：

①对项目目标（如投资/成本、进度和质量目标）进行分解，以确定用于目标控制的计划值；

②在项目实施过程中对项目目标进行动态跟踪和控制：搜集项目目标的实际值——定期进行项目计划值与实际值的比较——通过比较采取纠偏措施进行纠偏。

答案：B

（8）项目经理由于主观原因导致损失，政府主管部门将追究其（　　），企业将追究的主要是其（　　）。

A. 法律责任，经济责任　　　　B. 经济责任，法律责任

C. 法律责任，法律责任　　　　C. 经济责任，经济责任

解析：项目经理由于主观原因导致损失，政府主管部门将追究其法律责任，企业将追究的主要是其经济责任。

答案：A

（9）下列对于施工项目经理权限说法正确的是（　　）。

A. 组织项目招标、投标和合同签订

B. 选择施工工作队

C. 主持项目管理机构工作

D. 组织或参与评价项目管理绩效

解析：项目经理应具有以下权力：①参与项目招标、投标和合同签订；②参与组建项目管理机构；③主持项目经理部工作；④决定授权范围内的项目资金的投入和使用；⑤参与选择并直接管理具有相应资质的分包人；⑥法定代表人和组织授予的其他权力；⑦参与组织对项目各阶段的重大决策；⑧在组织制度的框架下制定项目管理机构管理制度；⑨参与选择大宗资源的供应单位；⑩在授权范围内与项目相关方进行直接沟通。

答案：C

（10）风险等级较高，风险后果严重，可能在较大范围内造成破坏或人员影响，属于（　　）级风险。

A. 一　　　　B. 二　　　　C. 三　　　　D. 四

解析：《建设工程项目管理规范》（GB/T 50326－2017）将工程建设风险事件按照不同风险程度分为4个等级：一级风险、二级风险、三级风险、四级风险。

①一级风险：风险等级最高，风险后果是灾难性的，并造成恶劣社会影响

第 7 章　工程项目组织管理

和政治影响。

②二级风险：风险等级较高，风险后果严重，可能在较大范围内造成破坏或人员影响。

③三级风险：风险等级一般，风险后果一般，对工程建设可能造成破坏的范围较小。

④四级风险：风险等级较低，风险后果在一定条件下可以忽略，对工程本身以及人员等不会造成较大损失。

答案：B

（11）下列关于建设工程项目管理说法正确的是（　　）。

A. 业主方是建设工程项目生产过程的总集成者，施工总承包管理方是建设工程项目生产过程的总组织者

B. 建设工程项目管理是指建设项目自决策阶段到项目完成，通过项目策划和项目控制，以使项目的费用、质量、进度目标得以实现

C. 投资方、开发方、由咨询公司提供的代表业主方利益的项目管理服务都属于业主方的项目管理

D. 供货方的项目管理工作主要在施工阶段，不涉及设计阶段

解析：业主方是建设工程项目生产过程的总集成者，也是建设工程项目生产过程的总组织者；建设工程项目管理是指建设项目自开始到项目完成，通过项目策划和项目控制，以使项目的费用、质量、进度目标得以实现；供货方的项目管理工作主要在施工阶段，但也涉及设计准备阶段、设计阶段、动用前准备阶段和保修期。

答案：C

（12）施工总承包管理方所承担的主要责任是（　　）。

A. 施工任务组织的总责任　　　B. 施工任务及组织总责任
C. 施工任务　　　　　　　　　D. 施工管理

解析：施工总承包管理方对所承包的建设工程承担施工任务组织的总责任。

答案：A

（13）下列关于矩阵式组织结构的说法正确的是（　　）。

A. 矩阵组织结构下设纵向和横向两种相同类型的工作部门
B. 矩阵组织结构中每一横向与纵向交汇的工作，指令源为两个
C. 矩阵组织结构中每一横向与纵向交汇的工作，指令源为一个
D. 矩阵组织结构以纵向工作部门指令为主

解析：在矩阵组织结构最高指挥者（部门）下设纵向和横向两种不同类型

的工作部门。

答案：B

（14）（　　）是一个组织工具，它通过树状图的方式对一个项目的结构进行逐层分解，以反映组成该项目的所有工作任务。

A. 组织结构图　　　　　　　B. 项目结构图
C. 组织结构模式图　　　　　D. 管理职能图

解析：项目结构图是一个组织工具，它通过树状图的方式对一个项目的结构进行逐层分解，以反映组成该项目的所有工作任务。

答案：B

（15）拟定施工方案需在（　　）之前进行。

A. 计算主要工种工程的工程量　　B. 编制施工总进度计划
C. 确定施工的总体部署　　　　　D. 搜集工程相关资料

解析：施工组织总设计编制程序常采用如下程序：

①收集和熟悉编制施工组织总设计所需的有关资料和图纸，进行项目特点和施工条件的调查研究；②计算主要工种工程的工程量；③确定施工的总体部署；④拟订施工方案；⑤编制施工总进度计划；⑥编制资源需求量计划；⑦编制施工准备正作计划；⑧施工总平面图设计；⑨计算主要技术经济指标。

答案：B

（16）项目实施过程中，对施工机械进行调整属于动态控制纠偏措施的（　　）。

A. 组织措施　　B. 技术措施　　C. 经济措施　　D. 管理措施

解析：项目目标动态控制的纠偏措施主要包括：组织措施、技术措施、经济措施、管理措施。其中技术措施为分析由于技术（包括设计和施工技术）的原因而影响项目目标实现的问题，并采取相应措施，如调整设计、改进施工方法和改变施工机具等。

答案：B

（17）（　　）是目标能否实现的决定性因素。

A. 项目经理　　B. 技术　　C. 资源　　D. 组织

解析：组织轮的一个重要结论是：组织是目标能否实现的决定性因素，应充分重视组织措施对项目目标控制的作用。

答案：D

（18）承包人需要更换项目经理的，应提前14天书面通知（　　）。

A. 发包人和监理人　　　　　B. 发包人
C. 监理人　　　　　　　　　D. 建设单位

解析：承包人需要更换项目经理的，应提前 14 天书面通知发包人和监理人，并征得发包人书面同意。

答案：A

(19) 施工项目经理是以（　　）的代表身份处理与所承担的工程项目有关的外部关系，受托签署有关合同。

A. 管理者　　　　　　　　　B. 企业执行者
C. 企业法定代表人　　　　　D. 企业法人代表

解析：施工项目管理权力：

①组织管理制度；②以企业法定代表人的代表身份处理与所承担的工程项目有关的外部关系，受托签署有关合同；③指挥工程项目建设的生产经营活动、调配并管理进入工程项目的人力、资金、物资、机械设备等生产要素；④选择施工作业队伍；⑤进行合理地经济分配；⑥企业法定代表人授予的其他管理权力。

答案：C

(20) 风险等级一般，风险后果一般，对工程建设可能造成破坏的范围较小。该风险等级属于（　　）。

A. 一级风险　　　　　　　　B. 二级风险
C. 三级风险　　　　　　　　D. 四级风险

解析：《建设工程项目管理规范》（GB/T 50326－2017）将工程建设风险事件按照不同风险程度分为 4 个等级：一级风险、二级风险、三级风险、四级风险。

①一级风险：风险等级最高，风险后果是灾难性的，并造成恶劣社会影响和政治影响。

②二级风险：风险等级较高，风险后果严重，可能在较大范围内造成破坏或人员影响。

③三级风险：风险等级一般，风险后果一般，对工程建设可能造成破坏的范围较小。

④四级风险：风险等级较低，风险后果在一定条件下可以忽略，对工程本身以及人员等不会造成较大损失。

答案：C

(21) 一个项目往往由众多参与单位承担不同的建设任务，而各参与单位的工作性质、工作任务和利益不同，因此形成了不同类型的项目管理。其中（　　）的项目管理是管理的核心。

A. 施工方　　　　　　　　　B. 设计方

C. 业主方　　　　　　　　D. 施工总承包管理方

解析：一个项目往往由众多参与单位承担不同的建设任务，而各参与单位的工作性质、工作任务和利益不同，因此形成了不同类型的项目管理。由于业主方是建设工程项目生产过程的总集成者，业主方也是建设工程项目生产过程的总组织者，因此对于一个建设工程项目而言，虽然有代表不同利益方的项目管理，但是，业主方的项目管理是管理的核心。

答案：C

(22) 施工总承包方对所承包的建设工程的管理任务说法正确的是（　　）。
A. 所承包的建设工程承担施工任务组织的总责任
B. 对所承包的建设工程承担施工任务的执行和组织的总责任
C. 控制项目成本
D. 与业主单独签订合同的分包施工单位，施工总承包方不参与管理

解析：施工总承包方对所承包的建设工程承担施工任务的执行和组织的总责任。

答案：B

(23) 职能式组织结构特点是（　　）。
A. 指令唯一　　　　　　　B. 指令由纵向工作部门发出
C. 指令由横向部门发出　　D. 指令关系会出现交叉和矛盾

解析：职能式组织结构中，每一个职能部门可根据它的管理职能对其直接或非直接下属工作部门下达命令，在工作中常出现交叉及矛盾的指令关系。

答案：D

(24) 反映一个组织系统中各子系统之间或各元素（各工作部门或各管理人员）之间指令关系的是（　　）。
A. 组织结构模式　　　　　B. 组织分工
C. 工作流程组织　　　　　D. 组织论

解析：组织结构模式反映一个组织系统中各子系统之间或各元素（各工作部门或各管理人员）之间指令关系

答案：A

(25) 施工组织总设计有如下工作：①编制施工总进度计划；②编制施工方案；③施工总平面图设计；④编制施工准备工作计划。其正确的工作程序是（　　）。
A. ①②③④　　B. ①④②③　　C. ②①③④　　D. ②①④③

解析：施工组织总设计编制程序常采用如下程序：
①收集和熟悉编制施工组织总设计所需的有关资料和图纸，进行项目特点

和施工条件的调查研究；②计算主要工种工程的工程量；③确定施工的总体部署；④拟订施工方案；⑤编制施工总进度计划；⑥编制资源需求量计划；⑦编制施工准备正作计划；⑧施工总平面图设计；⑨计算主要技术经济指标。

答案：D

(26) 调整项目工作流程属于动态控制的（　　）。

A. 组织措施　　B. 技术措施　　C. 经济措施　　D. 管理措施

解析：项目目标动态控制的纠偏措施主要包括：组织措施、技术措施、经济措施、管理措施。其中组织措施为分析由于组织的原因而影响项目目标实现的问题，并采取相应措施，如调整项目组织结构、任务分工、管理职能分工、工作流程组织和项目管理班子人员等。

答案：A

(27) 动态控制的工作程序在对项目目标进行分解后首先要（　　）。

A. 搜集项目目标实际值　　　　B. 确定项目目标计划值
C. 目标值与实际值比较　　　　D. 采取纠偏措施

解析：项目目标动态控制的工作程序如下：

①对项目目标进行分解，以确定用于目标控制的计划值；

②在项目实施过程中对项目目标进行动态跟踪和控制：搜集项目目标的实际值——定期进行项目计划值与实际值的比较——通过比较采取纠偏措施进行纠偏。

答案：B

(28) 项目管理目标责任书是由（　　）协商制定。

A. 承包商与项目经理

B. 承包商与建设单位

C. 法定代表人或其授权人与项目经理

D. 法定代表人与施工单位

解析：项目管理目标责任书是由法定代表人或其授权人与项目经理协商制定。

答案：C

(29) 下列不属于施工项目经理管理权力的是（　　）。

A. 制定企业管理制度　　　　B. 组织项目管理班子
C. 选择施工作业队伍　　　　D. 进行合理地经济分配

解析：施工项目管理权力：

①组织管理制度；②以企业法定代表人的代表身份处理与所承担的工程项目有关的外部关系，受托签署有关合同；③指挥工程项目建设的生产经营活

· 153 ·

动、调配并管理进入工程项目的人力、资金、物资、机械设备等生产要素；④选择施工作业队伍；⑤进行合理地经济分配；⑥企业法定代表人授予的其他管理权力。

答案：A

（30）建设工程施工的风险类型有多种分法，"事故防范措施和计划"因素属于（　　）。

A. 组织风险 B. 技术风险
C. 工程环境风险 D. 经济与管理风险

解析：建设工程施工的风险类型有多种分法，按照构成风险的因素进行分类可分为：组织风险、技术风险、工程环境风险、经济与管理风险。经济与管理风险包括：

①工程资金供应条件；②合同风险；③现场与公用防火设施的可用性及其数量；④事故防范措施和计划；⑤人身安全控制计划；⑥信息安全控制计划等。

答案：D

7.3.2　简答题

（1）按建设工程项目不同参与方的工作性质和组织特征划分，项目管理有哪几种类型？

解析：包括以下几种类型：设计方的项目管理；施工方的项目管理；建设物资供货方的项目管理（材料和设备供应方的项目管理）；建设项目总承包（建设项目工程总承包）方的项目管理［如设计和施工任务综合的承包，或设计、采购和施工任务综合的承包（简称 EPC 承包）的项目管理］等。

（2）项目总承包方作为项目建设一个重要参与方，其项目管理主要服务于项目的整体利益和项目总承包方本身的利益，其项目管理的目标应符合合同的要求，其目标包括？

解析：包括以下内容：①工程建设的安全管理目标；②项目的总投资目标和项目总承包方的成本目标（其前者是业主方的总投资目标，后者是项目总承包方本身的成本目标）；③项目总承包方的进度目标；④项目总承包方的质量目标。

（3）建设工程项目作为一个系统，它与一般的系统相比，有什么特征？

解析：特征包括以下内容：

①建设项目都是一次性，没有两个完全相同的项目。

②建设项目全寿命周期一般由决策阶段、实施阶段和运营阶段组成，各阶

段的工作任务和工作目标不同,其参与或设计的单位也不相同,它的全寿命周期持续时间长。

③一个建设项目的任务往往由多个,甚至很多个单位共同完成,它们的合作多数不是固定的合作关系,并且一些参与单位的利益不尽相同,甚至相对立。在考虑一个建设工程项目的组织问题或进行项目管理的组织设计时,应充分考虑上述特征。

(4) 结合建设工程项目的特点,人的因素包括哪些,方法和工具的因素包括哪些?

解析:人的因素包括:

①建设单位和该项目所有参与单位(设计、工程监理、施工、供货单位等)的管理人员数量和质量。

②该项目所有参与单位的生产人员(设计、工程监理、施工、供货单位等)的数量和质量。

方法和工具的因素包括:

①建设单位和所有参与单位的管理方法和工具;

②所有参与单位的生产方法和工具(设计和施工的方法与工具等)。

(5) 组织工具是组织论的应用手段,用图或表等形式表示各种组织关系,简要回答都包括哪些?

解析:包括以下内容:①项目结构图;②组织结构图(管理组织结构图);③工作任务分工表;④管理职能分工表;⑤工作流程图。

(6) 项目结构分解应依据哪些原则进行?

解析:应依据以下原则:①考虑项目进展的总体部署;②考虑项目的组成;③有利于项目实施任务(设计、施工和物资采购)的发包和有利于项目实施任务的进行,并结合合同结构;④有利于项目目标的控制;⑤结合项目管理的组织结构等。

(7) 简述组织论的三个重要的组织工具。

解析:组织论的三个重要工具—项目结构图、组织结构图和合同结构图。

项目结构图是对一个项目的结构进行逐层分解,以反映组成该项目的所有工作任务(该项目的组成部分)。

组织结构图反映一个组织系统中各组成部门(组成元素)之间的组织关系(指令关系)。

合同结构图反映一个建设项目参与单位之间的合同关系。

(8) 在国际上业主方项目管理的方式主要有哪些形式?

解析:主要有以下三种形式:

①业主方自行项目管理；

②业主方委托项目管理咨询公司承担全部业主方项目管理的任务；

③业主方委托项目管理咨询公司与业主方人员共同进行项目管理，业主方从事项目管理的人员在项目管理咨询公司委派的项目经理的领导下工作。

(9) 简述国际项目总承包的组织有哪些模式？

解析：有以下几种模式：

①一个组织（企业）既具有设计力量，又具有施工力量，由它独立地承担建设项目工程总承包的任务（在美国这种模式较为常用）。

②由设计单位和施工单位为一个特定的项目组成联合体或合作体，以承担项目总承包的任务（在德国和一些其他欧洲国家这种模式较为常用，特别是民用建筑项目的工程总承包往往由设计单位和施工单位组成的项目联合体或合作体承担，待项目结束后项目联合体或合作体就解散）。

③由施工单位惩戒项目总承包任务，而设计单位受施工单位的委托承担其中的设计任务。

④由设计单位承接项目总承包的任务，而施工单位作为其分包承担其中的施工任务。

(10) 施工总承包管理模式与施工总承包模式相比在合同价方面存在哪些优点？

解析：①合同总价不是一次确定，某一部分施工图设计完成以后，再进行该部分施工招标，确定该部分合同价，因此整个建设项目的合同总额的确定较有依据。

②所有承包都通过招标获得有竞争力的投标报价，对业主方节约投资有利。

③在施工总承包管理模式下，分包合同价对业主是透明的。

(11) 大型房屋建设工程标准是什么？

解析：25层以下的房屋建筑工程：①高度100m及以上的构筑物或建筑物工程；②单体建筑面积30000m² 及以上的房屋建筑工程；③单跨跨度30m及以上的房屋建筑工程；④建筑面积100000m² 及以上的住宅小区或建筑群体工程；⑤单项建筑合同额1亿元及以上的房屋建筑工程。

(12) 简述单位工程施工组织设计的内容。

解析：单位工程施工组织设计的内容：①工程概况；②施工部署；③施工进度计划；④施工准备与资源配置计划；⑤主要施工方案；⑥施工现场平面布置。

(13) 简述施工方案的主要内容？

第7章 工程项目组织管理

解析：施工方案的主要内容包括：①工程概况；②施工安排；③施工进度计划；④施工准备与资源配置计划；⑤施工方法及工艺要求。

（14）项目经理在承担工程项目施工管理过程中，履行什么职责？

解析：项目经理在承担工程项目施工管理过程中，履行下列职责：

①贯彻执行国家和工程所在地政府的有关法律、法规和政策，执行企业的各项管理制度。

②严格财务制度，加强财经管理，正确处理国家、企业和个人的利益关系。

③执行项目承包合同中由项目经理负责履行的各项条款。

④对工程项目施工进行有效控制，执行有关技术规范和标准，积极推广应用新技术，确保工程质量和工期，实现安全、文明生产，努力提高经济效益。

（15）项目经理有哪些权利？

解析：项目经理在法定代表人授权范围内行使以下权利：

①组织项目管理班子。

②以企业法定代表人的代表身份处理与所承担的工程项目有关的外部关系，受托签署有关合同。

③指挥工程项目建设的生产经营活动，调配并管理进入工程项目的人力、资金、物资、机械设备等生产要素。

④选择施工作业队伍。

⑤进行合理的经济分配。

⑥企业法定代表人授予的其他管理权力。

（16）简述风险、风险量和风险等级。

解析：风险指的是损失的不确定性，对建设工程项目管理而言，风险是指可能出现的影响项目目标实现的不确定因素。

风险量反映不确定的损失程度和损失发生的概率。

风险等级由风险发生概率等级和风险损失等级间的关系矩阵确定。

（17）《建设工程项目管理规范》（GB/T 50326－2017）将工程建设风险事件按照不同风险程度分为哪些等级。

解析：《建设工程项目管理规范》（GB/T 50326－2017）将工程建设风险事件按照不同风险程度分为四个等级：

①一级风险。风险等级最高，风险后果是灾难性的，并造成恶劣社会影响和政治影响。

②二级风险。风险等级较高，风险后果严重，可能在较大范围内造成破坏或人员伤亡。

③三级风险。风险等级一般，风险后果一般，对工程建设可能造成破坏的范围较小。

④四级风险。风险等级交底，风险后果在一定条件下可以忽略，对工程本身以及人员等不会造成较大损失。

（18）风险管理过程包括哪些内容？

解析：风险管理过程包括：项目风险识别、项目风险评估、项目风险应对、项目风险监控。

（19）什么是建设工程监理？工程监理的工作性质有哪些特点？

解析：建设工程监理单位是建筑市场的主体之一，它是一种高智力的有偿技术服务，我国的工程监理属于国际上业主方项目管理的范畴。在国际上把这类服务归为工程咨询（工程顾问）服务。

工程监理的工作性质特点有服务性、科学性、独立性和公平性。

（20）工程建设监理实施细则应包括哪些内容？

解析：工程建设监理实施细则应包括下列内容：

①专业工程的特点；

②监理工作的流程；

③监理工作的控制要点及目标值；

④监理工作的方法和措施。

第8章 工程项目质量管理

8.1 内容分析

8.1.1 学习目的

质量是建设工程项目管理的主要控制目标之一。建设工程项目的质量管理，需要系统有效地应用质量管理和质量控制的基本原理和方法，建立和运行工程项目质量控制系统。落实项目各参与方的质量责任，通过项目实施过程各个环节质量控制活动，有效预防和正确处理可能发生的工程质量事故，在政府的监督下实现建设工程项目的质量目标。

本章的学习目的在于学习和掌握质量管理的基本原理和方法，在实际的工程进展中能够正确运用质量管理的原理和方法，落实各参与方责任，有效预防和控制质量事故的发生。

8.1.2 学习内容

工程项目质量管理主要包括建设工程项目质量管理的内涵、质量控制体系、施工质量控制、施工质量验收、施工质量不合格的处理、数理统计方法在工程质量管理中的应用、建设工程项目质量的政府监督等。

本章知识结构，如图 8.1 所示。

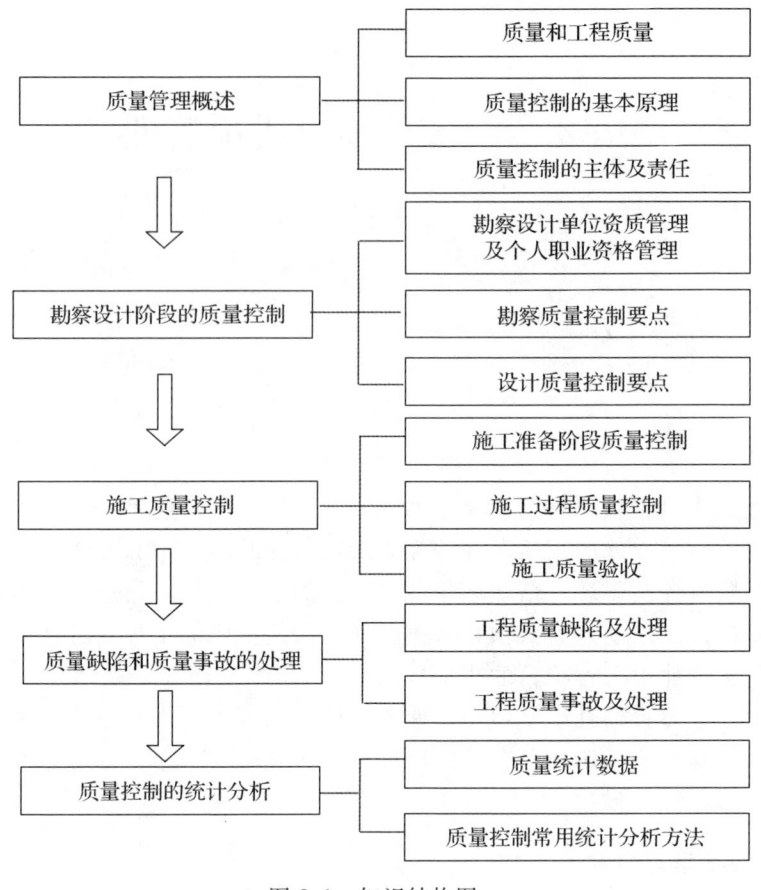

```
                    ┌─── 质量和工程质量
         质量管理概述 ─┼─── 质量控制的基本原理
                    └─── 质量控制的主体及责任
                ↓
                    ┌─── 勘察设计单位资质管理及个人职业资格管理
       勘察设计阶段的质量控制 ─┼─── 勘察质量控制要点
                    └─── 设计质量控制要点
                ↓
                    ┌─── 施工准备阶段质量控制
         施工质量控制 ─┼─── 施工过程质量控制
                    └─── 施工质量验收
                ↓
                    ┌─── 工程质量缺陷及处理
    质量缺陷和质量事故的处理 ─┴─── 工程质量事故及处理
                ↓
                    ┌─── 质量统计数据
       质量控制的统计分析 ─┴─── 质量控制常用统计分析方法
```

图 8.1　知识结构图

8.2　重点及难点分析

8.2.1　学习重点

建设工程项目质量管理的内涵，质量控制体系，施工质量控制，施工质量验收，施工质量不合格的处理，建设工程项目质量的政府监督

8.2.2　学习难点

施工质量不合格的处理，数理统计方法在工程质量管理中的应用，建设工程项目质量的政府监督。

8.3 思考题

8.3.1 选择题

(1) 项目质量创优不宜采取的措施是( )。

A. 明确质量创优目标和创优计划

B. 精心策划和系统管理

C. 制定高于国家标准的控制准则

D. 满足顾客的要求并且努力超越顾客期望

解析：项目质量创优宜采取下列措施：(1) 明确质量创优目标和创优计划；(2) 精心策划和系统管理；(3) 制定高于国家标准的控制准则；(4) 确保工程创优资料和相关证据的管理水平。

答案：D

(2) 影响施工质量的主要因素有人、材料、机械、方法及环境，其中起决定性作用的是( )。

A. 人　　　　B. 材料　　　　C. 机械　　　　D. 方法和环境

解析：在施工质量管理中，人的因素起决定性的作用。所以施工质量控制应以控制人控制人的因素为基本出发点。

答案：A

(3) 在基层未干燥进行卷材屋面防水层的施工，就会导致粘贴不牢及空鼓等质量问题，这类影响施工质量的因素属于( )。

A. 方法的因素　　　　　　　B. 材料的因素

C. 人的因素　　　　　　　　D. 环境的因素

解析：施工现场自然环境因素主要是指工程地质、水文、气象条件和周边建筑、地下障碍物以及其他不可抗力等对施工质量的影响因素。例如，在基层未干燥或大风天进行卷材屋面防水层的施工，就会导致粘贴不牢及空鼓等质量问题。

答案：D

(4) 工程勘察、设计单位针对本工程的水文地质条件，根据建设单位的要求，从技术和经济结合的角度，为满足工程的施工功能和安全性、经济性与环境的协调性等要求，以图纸、文件的形式对施工提出要求，是针对每个工程项目的个性化要求。这个要求可以归结为( )。

A. 按图施工　　B. 依法施工　　C. 践约施工　　D. 按要求施工

解析：工程勘察、设计单位针对本工程的水文地质条件，根据建设单位的要求，从技术和经济结合的角度，为满足工程的施工功能和安全性、经济性与环境的协调性等要求，以图纸、文件的形式对施工提出要求，是针对每个工程项目的个性化要求。这个要求可以归结为"按图施工"。

答案：A

(5) 以下情形中，不属于县级以上地方人民政府住房和城乡建设主管部门依法追究项目负责人质量终身责任的是(　　)

A. 发生工程质量事故

B. 发生投诉、举报、群体性事件、媒体报道并造成恶劣社会影响的严重工程质量问题

C. 由于勘察、设计或施工原因造成尚在设计使用年限内的建筑工程不能正常使用

D. 施工单位偷工减料导致单位工程验收不合格

解析：对符合下列情形之一的，县级以上地方人民政府住房和城乡建设主管部门依法追究项目负责人质量终身责任：发生工程质量事故；发生投诉、举报、群体性事件、媒体报道并造成恶劣社会影响的严重工程质量问题；由于勘察、设计或施工原因造成尚在设计使用年限内的建筑工程不能正常使用；存在其他追究责任的违法违规行为。

答案：D

(6) 施工质量保证体系运行的 PDCA 循环原理是(　　)

A. 计划、检查、实施、处理　　B. 计划、实施、检查、处理

C. 检查、计划、实施、处理　　D. 检查、计划、处理、实施

解析：施工质量保证体系的运行，应以质量计划为主线，以过程管理为重心，应用 PDCA 循环的原理，按照计划、实施、检查和处理的步骤展开。

答案：B

(7) 下列施工质量控制的依据中，属于专业技术性依据的是(　　)

A. 工程建设合同

B. 设计交底记录

C. 图纸会审记录

D. 有关新材料、新设备的质量规定和鉴定意见

解析：专业性依据指针对不同的行业、不同质量控制对象制定的专业技术法规文件，包括规范、规程、标准、规定等。例如：工程建设项目质量检验评定标准；有关建筑材料、半成品和构配件的质量方面的专门技术法规性文件；有关材料验收、包装和标志等方面的技术标准和规定；施工工艺质量等方面的

第8章 工程项目质量管理

技术法规文件；有关新工艺、新技术、新材料、新设备的质量规定和鉴定意见。

答案：D

(8) 当分部工程交大或较复杂时，可以按照（　　）划分为若干个子分部工程。

A. 材料种类、专业系统及类别　　B. 施工特点、施工工艺
C. 施工程序、设备类别　　　　　D. 材料种类、施工工艺

解析：当分部工程较大或较复杂时，可按材料种类、施工特点、施工程序、专业系统及类别等划分为若干子分部工程。

答案：A

(9) 在施工质量控制点的控制中，对冷拉钢筋应注意先焊接之后再进行冷拉，其重点控制的方面是（　　）

A. 关键操作　　B. 技术间歇　　C. 施工顺序　　D. 施工技术参数

解析：焊接之后再冷拉跟"技术间歇"和"施工技术参数"没有关系，关键操作主要指的是那些直接影响工程质量的主要操作，如预应力的张拉工艺操作过程及张拉力的控制，是可靠地建立预应力值和保证与盈利构件质量关键的过程。冷拉钢筋要先焊接主要强调的是施工顺序的问题。

答案：C

(10) 根据施工新项目竣工验收的工作程序，在初步验收过程中，施工单位在自检合格的基础上，应（　　）

A. 填写工程竣工报检单，将全部资料报送监理单位
B. 填写工程竣工验收单，将全部资料报送设计单位
C. 填写工程竣工报验单，将全部资料报送设计单位
D. 填写工程竣工验收单，将全部资料报送监理单位

解析：施工项目在初步验收过程中，施工单位在自检合格的基础上，应填写工程竣工报检单，并将全部资料报送监理单位。

答案：A

(11) 某办公楼工程钢筋混凝土现浇楼面局部出现了并不太深，宽度为0.4mm的裂缝，经检验不影响结构安全和使用，对于这些裂缝，应当（　　）。

A. 加固处理　　B. 返修处理　　C. 返工处理　　D. 不作处理

解析：当工程的某些部分的质量虽未达到规范、标准或设计规定的要求，存在一定缺陷经过返修后可以达到要求的质量标准，又不影响使用功能或外观要求时，可采取返修处理。本题中的裂缝即属于这种情况。

答案：B

（12）建设工程项目结构主要部位的分部工程质量验收证明需要在各方验收后（　　）天内报工程质量监督机构备案。

A. 5　　　　　B. 3　　　　　C. 7　　　　　D. 30

解析：对工程项目建设中的结构主要部位除进行常规检查外，监督机构还应在分部工程验收时进行监督，监督检查验收合格后，方可进行后续工程的施工，建设单位应将施工、设计、监理和建设单位各方分别签字的质量验收证明在验收后3天内报送工程质量监督机构备案。

答案：B

（13）施工质量要达到的基本要求是（　　）。

A. 施工建成的工程实体按照国家《建筑工程施工质量验收统一标准》（GB 50300－2013）和相关专业验收规范检查验收优良

B. 施工建成的工程实体按照国家《建筑工程施工质量验收统一标准》（GB 50300－2013）和相关专业验收规范检查验收合格

C. 全国和地方（部门）的建设主管部门或行业协会设立的"中国建筑工程鲁班奖（国家优质工程）"

D. 以"某某杯"命名的各种优质工程奖

解析：施工质量要达到的最基本要求是：施工建成的工程实体按照国家《建筑工程施工质量验收统一标准》（GB 50300－2013）及相关专业验收规范检查验收合格。

答案：B

（14）国家建设主管部门为了加强建筑工程质量管理，规范建筑工程施工质量的验收，保证工程质量，制定相应的标准和规范。这些标准、规范主要从技术的角度，为保证房屋建筑及各专业工程的安全性、可靠性、耐久性而提出的一般性要求。这个要求可以归结为（　　）。

A. 按图施工　　B. 依法施工　　C. 践约施工　　D. 按要求施工

解析：国家建设主管部门为了加强建筑工程质量管理，规范建筑工程施工质量的验收，保证工程质量，制定相应的标准和规范。这些标准、规范主要从技术的角度，为保证房屋建筑及各专业工程的安全性、可靠性、耐久性而提出的一般性要求。这个要求可以归结为"依法施工"。

答案：B

（15）在施工质量的影响因素中，保证工程质量的重要基础是加强控制（　　）

A. 方法的因素　　　　　　　B. 材料的因素
C. 人的因素　　　　　　　　D. 机械的因素

解析：各类材料是工程施工的物质条件，材料质量是工程质量的基础，材料质量不符合要求，工程质量就不可能达到标准。所以加强对材料的质量控制，是保证质量的重要基础。

答案：B

（16）施工质量保证体系的运行包括了计划、实施、检查和处理，以下工作内容不属于实施的是（　　）。

A．依靠思想工作体系，做好思想教育工作

B．做好计划的交底和落实

C．依靠产品形成过程的质量控制体系，做好施工过程的质量控制工作

D．实施工作应做到材料、技术、组织三落实

解析：实施包含两个环节，即计划行动方案的交底和按计划规定的方法及要求展开的施工作业技术活动。首先，要做好计划的交底和落实。落实包括组织落实、技术落实和物资材料的落实。其次，在按计划进行的施工作业技术活动中，依靠质量保证工作体系，保证质量加护的执行。具体地说，就是要依靠思想工作体系，做好思想教育工作；依靠组织体系，完善组织机构，落实责任制、规章制度等；依靠产品形成过程的质量控制体系，做好施工过程的质量控制工作等。

答案：D

（17）下列施工质量控制的依据中，属于共同性依据的是（　　）

A．本项目的工程建设合同

B．设计交底记录

C．建设工程质量管理条例

D．有关新材料、新设备的质量规定和鉴定意见

解析：共同性依据是指适用于施工阶段，且与质量管理有关的通用的、具有普遍指导意义和必须遵守的基本条件。主要包括：工程建设合同、设计文件、设计交底及图纸会审记录、设计修改和技术变更。国家和政府有关部门颁布的与质量管理有关的法律和规范性文件，如《中华人民共和国建筑法》《中华人民共和国招标投标法》和《建设工程质量管理条例》等。

答案：C

（18）现场质量检查的方法中，实测法的手段可概括为（　　）。

A．靠、量、吊、测　　　　　　B．照、摸、吊、套

C．靠、量、吊、套　　　　　　D．靠、量、敲、照

解析：实测法，就是通过实测，将实测数据与施工规范、质量标准的要求及允许偏差进行对照，以此判断质量是否符合要求，其手段可概括为"靠、

量、吊、套"。

答案：C

（19）某学校的教学综合楼工程，在冬期进行基础混凝土施工时，采用火山灰质硅酸盐水泥配置混凝土，因工期要求较紧又使用了未经复试的不合格早强防冻剂，结果导致混凝土结构的强度不能满足设计要求，不得不返工重做。针对此项事例，一般为了保证工程质量，施工单位应把好原材料控制的（　　）关。

A. 采购订货　　B. 进场检验　　C. 储存使用　　D. 材料复试

解析：在该题中，冬期施工要使用低水化热水泥，而施工单位明知故犯，属于"存储使用关"未把控好，之后又因为工期紧张，明知早强剂未复试，却违反规定执拗使用，也属于"存储使用关"未把控到位。

答案：C

（20）下列施工质量控制点中，属于从施工方法与关键操作的角度进行重点控制的是（　　）。

A. 液压滑升模板施工时支撑杆稳定控制

B. 混凝土外加剂参量控制

C. 抹灰层干燥后才能刷浆

D. 砌体的砂浆饱满度控制

解析：在该题中，冬期施工要使用低水化热水泥，而施工单位明知故犯，属于"存储使用关"未把控好，之后又因为工期紧张，明知早强剂未复试，却违反规定执拗使用，也属于"存储使用关"未把控到位。

答案：A

（21）工程产品质量不合格，是指该工程产品没有满足（　　）。

A. 业主方要求　　　　　　B. 监理方要求

C. 设计方要求　　　　　　D. 质量要求

解析：工程产品质量不合格的定义即为"凡工程产品未满足某个规定的要求，就称之为质量不合格"，其衡量标准为"规定"，而非参与工程管理的任一方的意见。因为业主方、建立方或设计方有可能提出"规定"意外的其他要求。

答案：D

（22）某工厂设备基础的混凝土浇筑时掺入木质素磺酸钙减水剂，因施工管理不善，参量多于规定7倍，导致混凝土坍落度大于180mm，石子下沉，混凝土结构不均匀，浇筑后5天仍然不凝固硬化，28天的混凝土实际强度不到规定强度32%，对于该问题的处理应当（　　）。

A. 加固处理　　B. 返修处理　　C. 返工处理　　D. 限制使用

第8章 工程项目质量管理

解析：当工程质量缺陷经过返修处理后仍不能满足规定的质量标准要求，或不具备不就可能性，则必须实行返工处理。该题题面所述情况属于进行返工处理的情况。

答案：C

（23）根据工程质量监督的相关规定，工程质量监督机构应该在开工前召开工程建设各方代表参加的监督会议，同时（　　）。

A. 讨论监督方案，安排监督计划

B. 公布监督方案，并在开工之日起三天内进行第一次监督

C. 与工程建设各方上亿确定第一次监督检查的时间

D. 公布监督方案，并进行第一次监督检查

解析：根据工程质量监督的相关规定，工程质量监督机构应该召开由工程建设各方代表参加的监督会议，公布监督计划方案，并进行第一次监督检查工作。监督方案由监督机构指定，无须各方讨论，在开工前的监督会议上进行第一次监督检查工作，故本题应该选择D。

答案：D

（24）关于建设工程质量监督档案管理的说法，正确的是（　　）。

A. 按照单位工程建立，经监督机构负责人签字后归档

B. 按照单项工程建立，经监督机构负责人签字后归档

C. 按照分部工程监理，经监督机构负责人签字后归档

D. 按照单位工程监理，经建设单位负责人签字后归档

解析：建设工程质量监督档案按单位工程建立。要求归档及时，资料记录等各位文件齐全，经监督机构负责人签字后归档，按规定年限保存。

答案：A

（25）关于《职业健康安全管理体系要求》（GB/T 28001－2011）的总体结构及内容的说法，错误的是（　　）

A. 标准适用于有愿望建立职业健康安全管理体系的任何组织

B. 组织应根据本标准的要求建立、实施、保持和持续改进职业健康安全管理体系

C. 最高管理者应按计划的时间间隔，对组织的职业健康安全管理体系进行评审

D. 管理体系中的职业健康安全方针体现了企业实现全过程控制的总体职业健康安全目标

解析：本题考查的是《职业健康安全管理体系要求》（GB/T 28001－2011）的总体结构及内容，选项D应改为管理体系中的职业健康安全方针体

· 167 ·

现了企业实现风险控制的总体职业健康安全目标。

答案：D

（26）施工质量在合格的前提下，还应符合施工承包合同约定的要求。施工承包合同的约定具体体现了建设单位的要求和施工单位的承诺，全面反映了对施工形成的工程实体在适用性、安全性、耐久性、可靠性、经济型和与环境的协调性等六个方面的质量要求。这个要求可以归结为（ ）。

A．按图施工　　B．依法施工　　C．践约施工　　D．按要求施工

解析：程实体在适用性、安全性、耐久性、可靠性、经济型和与环境的协调性等六个方面的质量要求。这个要求可以归结为践约施工。

答案：C

（27）以下机械设备中，质量的优劣直接影响到工程使用功能发挥的是（ ）。

A．通风空调　　B．运输设备　　C．吊装设备　　D．计量器具

解析：工程设备是指组成工程实体的工艺设备和各类机具，如各生产设备、装置和辅助配套的电梯、泵机，以及通风空调、消防、环保设备等，他们是工程项目的重要组成部分，其质量的优劣直接影响到工程使用功能发挥。

答案：A

（28）工程项目建成以后不能像一般工业产品那样可以依靠终检来判断和控制产品的质量，也不可以像工业产品那样将其拆卸或解体检查内在质量、更换不合格的零部件。这属于施工质量控制的（ ）特点。

A．需要控制的因素多　　　　B．控制的难度大

C．过程控制要求高　　　　　D．终检局限大

解析：工程项目建成以后不能像一般工业产品那样可以依靠终检来判断和控制产品的质量，也不可以像工业产品那样将其拆卸或解体检查内在质量、更换不合格的零部件。工程项目的终检（竣工验收）只能从表面进行检查，难以发现在施工过程中产生、又被隐蔽的质量隐患，存在较大的局限性。如果在终检时才发现严重质量问题，要整改也很难，如果不得不推倒重建，必然导致重大损失。

答案：D

（29）现场质量检查的方法中，目测法的手段可概括为（ ）。

A．看、敲、听、套　　　　　B．看、摸、吊、套

C．看、敲、摸、套　　　　　D．看、摸、敲、照

解析：目测法及凭借感官进行检查，也称观感质量检验。其手段可概括为"看、摸、敲、照"

· 168 ·

答案：D

（30）检验批通常是按照（　　）进行划分的。
A. 楼层、施工段、变形缝　　B. 楼层、工种、施工段
C. 工种、施工段、变形缝　　D. 楼层、工种、变形缝

解析：检验批可根据施工质量控制和专业验收需要，按工程量、楼层、施工段、变形缝等进行划分。

答案：A

8.3.2 简答题

（1）如何提高过程能力？
解析：提高过程能力主要有三个途径：
①调整过程加工的分布中心，减少中心的偏移量；
②提高过程能力，减少分散程度；
③修订容差范围。

（2）简述《卓越绩效评价准则》（GB/T19580－204）的评价要求与分值。
解析：《卓越绩效评价准则》（GB/T19580－2004）的评价要求与分值，详见表8.1。

表8.1　　　　　　　　卓越绩效评价准则

评价要求	分值
领导	100
战略	80
顾客与市场	90
资源/人力资源	120
过程管理	110
测量、分析与改进/知识管理	100
经营结果	400

（3）简述业务过程再造的特点。
解析：业务过程再造的特点有以下几方面：
①彻底改变思维模式；
②以过程为中心进行系统改造；
③创造性地应用信息技术。

（4）企业了解顾客需要的过程包括哪些关键活动？

解析：通常包括以下关键活动：

①策划收集顾客需要的过程；

②收集用顾客的语言表述的顾客需要；

③分析顾客需要并排出优先次序；

④将顾客的需要翻译成"我们的"语言；

⑤建立测量指标与测量手段。

（5）简述供应商关系控制过程的步骤。

解析：供应商关系的控制过程的步骤包括：

①创建一个跨职能的团队；

②确定关键的绩效测量指标；

③确定最起码的绩效标准；

④减少供应商的基数；

⑤评价供应商的绩效。

（6）质量改进的流程。

解析：质量改进主要分五步：

①项目提案与选择。项目的提案可以来自组织的所有层次，有多种来源，为了增加提案，也可做一些激励措施。提案的数量较多时，需要对项目进行筛选并识别出最具有收益的提案，在筛选工作中，要综合考虑并形成系统的评价准则，筛选过程的最终结果是提出一个排出优先次序的推荐项目清单。被选定的项目应当有一个书面的使命陈述来规定项目的最终成果。

②建立项目团队。每一个选定的项目，都需要由一个相应的团队来负责实现。团队的成员一般由发起者与有关主管协商后选定。为了确保项目团队具备完成项目的能力，还需要进行专门的培训。

③诊断过程。诊断过程是指从症状到原因的过程，具体包括分析症状、推测原因、验证推测并确定原因。

④治疗过程。原因确定后，诊断过程即告结束，治疗过程开始启动。所谓治疗过程是指从原因到治疗的过程，具体包括制定和选择治疗措施，在实际条件下测试和验证措施，消除变革的阻力。

⑤建立控制，巩固成果。为了保证每一次改进都能切实提高组织的水平，实现质量突破，并且能够使改进的成果得到巩固，在实施治疗方案后，还需要做好效果评价和在新水平上控制等两项工作。

（7）产品设计过程的一般步骤。

解析：目前已经形成了较成熟、标准化了的产品设计过程，一般包括以下六个步骤：

①产品构思阶段。根据市场需求,并通过市场调研,寻求新产品开发的方向,提出产品开发建议书。这时有多种新产品可供选择,应结合市场需要和企业的实际,从中选择某项较易成功的产品,或排出一个优先顺序,作为进一步论证选择的准备。

②总体方案设计阶段。在审查产品开发建议书的基础上,制定新产品计划任务书。该文件应明确指出发展新产品的目的或目标,以及新产品的质量指标,即性能、规格、寿命、可靠性、安全性、外观要求等指标。根据计划任务书开展总体方案设计,确定新产品的原理、结构、总体布局、总系统配置以及产品性能精度指标、自动化程度、外观等,然后论证新技术、新工艺、新原理、新材料采用的必要性和可能性,并论证该产品设计、生产和使用的经济性。

③初步设计阶段。主要是技术设计工作,即进行设计计算、模拟试验、原理图设计、参数设计以及设计评审工作。

④详细设计与试制。主要是工作图设计,包括:在保证全系统的协调性基础上,进行图纸审查,使技术文件达到齐全、统一、正确、清晰等基本要求;进行可靠性、维修性等审查;进行生产前准备,并转入试制和试验工作,以此发现设计上的缺陷,作为确保设计质量的重要手段;最后进行工厂级或国家级的设计定型工作。

⑤小批试生产阶段。这一阶段主要是考验工艺。经过小批试生产,解决和排除质量上的问题,进行生产定型,然后转入小批生产。

⑥小批生产阶段。通过小批生产的新产品在现场中的使用(试运转),可以收集到用户的意见,然后根据用户要求作必要的修改。

产品开发过程会对产品成本、可生产性和质量产生重大影响,需要在设计过程中统筹考虑,此外消费品的安全性,关注环境也是产品开发过程中应着重考虑的问题。

(8)建设工程项目有关使用功能的质量特性是?

解析:工程项目的功能性质量,主要表现为反映项目使用功能需求的一系列特性指标,如房屋建筑工程的平面空间布局、通风采光性能;工业建筑工程的生产能力和工艺流程;道路交通工程的路面等级、同行能力等。按照现代质量管理理念,功能性质量必须以顾客关注为角点,满足顾客的需求或期望。

(9)工程项目承发包基本模式有哪些?

解析:平行发包模式;设计、施工总分包模式;施工总承包管理模式;工程项目总承包模式。

(10)工程项目管理模式有哪些?

答：业主自行组织工程项目管理机构进行管理的模式、委托咨询公司协助业主进行项目管理的模式、设计—招标—建设模式、建设管理模式（CM模式）、委托项目管理模式、PFI建设模式、伙伴合同模式。

(11) 项目经理的权限与职责分别是什么？

答：权限：

①组织项目管理班子；②以企业法定代表人的代表人身份处理与所承担的工程项目有关的外部关系，受委托签署有关合同；③指挥工程项目建设的生产经营活动，调配并管理进入工程项目的人力、资金、物资、机械设备等生产要素；④选择施工作业队伍；⑤进行合理的经济分配；⑥企业法定代表人授予的其他管理权力。

职责：

①贯彻执行国家和工程所在地政府的有关法律、法规和政策，执行企业的各项管理制度；②严格财务制度，加强财务管理，正确处理国家、企业和个人的利益关系；③执行项目承包合同中有项目经理负责的各项条款；④对工程项目施工进行有效控制，执行有关技术规范和标准，积极推广运用新技术，确保工程质量和工期，实现安全、文明生产，努力提高经济效益。

(12) 建筑工程质量不符合要求怎么处理？

解析：①经返工重做或更换器具、设备的检验批应重新进行验收。②经有资质的检测单位检测鉴定能够达到设计要求的检验批应予以验收。③经有资质的检测单位检测鉴定达不到设计要求、但经原设计单位核算认可能够满足结构安全和使用功能的检验批可予以验收。④经返修或加固处理的分项、分部工程虽然改变外形尺寸但仍能满足安全使用要求可按技术处理方案和协商文件进行。

(13) 你认为应树立起哪些工程质量管理观念？

解析：①工程项目管理不是追求最高的质量和完美的工程而是追求符合预定目标的符合合同要求的工程；②减少重复的管理工作；③对不同种类的项目和工程部分，质量控制深度不同；④它是一项综合性的管理工作，除了各个管理外还需要一个良好的社会质量环境；⑤质量问题大多数是技术性，如设计，施工方案，采购工作等；⑥它的目标不是发现质量问题，而是应提前避免质量问题的发生，防患于未然，以降低质量成本；⑦按照PDCA循环原理，工程项目质量是一个持续改进的过程。

(14) 什么是控制图，控制图有哪些类型？

解析：控制图是用于区分质量波动究竟由于偶然因素引起还是由于异常因素引起，从而判明项目实施过程是否处于控制状态的一种有效工具。控制图的类型：根据控制对象（不同的统计量）的不同，控制图可分为计量值控制图和计数值控制图。无论是计量值控制图还是计数值控制图，按用途不同都可分为管理用控制图和分析用控制图。

（15）质量管理的原则有哪些？

解析：①以顾客为中心。组织依存于顾客。因此，组织应理解顾客当前的和未来的需求，满足顾客要求并争取超越顾客期望。②领导作用。领导必须将本组织的宗旨、方向和内部环境统一起来，并创造使员工能够充分参与实现组织目标的环境。领导的作用，即最高管理者具有决策和领导一个组织的关键作用。③全员参与。各级人员是组织之本，只有他们的充分参与，才能使他们的才干为组织带来最大的收益。④过程方法。将相关的资源和活动作为过程进行管理，可以更高效地得到期望的结果。⑤管理的系统方法。专家认为，针对设定的目标，识别、理解并管理一个由相互关联的过程所组成的体系，有助于提高组织的有效性和效率。⑥持续改进。持续改进是组织的一个永恒的目标。⑦互利的供方关系。通过互利的关系，增强组织及其供方创造价值的能力。⑧基于事实的决策方法。对数据和信息的逻辑分析或直觉判断是有效决策的基础。

（16）全面质量管理的常用统计分析方法有哪些？

解析：①排列图。排列图法又叫帕累特图法，也有的称之为 ABC 分析图法或主项目图法。它是寻找影响产品质量主要因素，以便对症下药，有的放矢进行质量改善，从而提高质量，以达到取得较好的经济效益的目的。②因果分析图法。因果分析图法是一种系统地分析和寻找影响质量问题原因的简便而有效的图示方法。③直方图法。直方图法是整理分析质量数据，判断和预测生产过程质量的一种常用方法。④分层法。它是整理质量数据、分析影响质量原因的一种重要方法。⑤控制图法。它是利用控制图来对生产过程质量状态进行分析判断和控制的一种极为重要的动态方法。⑥散布图法（又称相关图法）。它是寻求两个变量或两种质量特性之间有无相关性、相关关系如何的一种直观判断的方法。⑦统计分析表法（又称调查表法）。它利用统计调查表来进行数据收集整理工作和原因分析的一种方法。

（17）影响工程质量的因素有哪些？

解析：①人员素质。人是生产经营活动的主体，也是工程项目建设的决策者、管理者、操作者，工程建设的全过程，如项目的规划、决策、勘察、设计和施工，都是通过人来完成的。②工程材料。工程材料是指构成工程实体的各类建筑材料、构配件、半成品等，它是工程建设的物质条件，是工程质量的基础。③机械设备。机械设备可分两类：一是指组成工程实体及配套的工艺设备和各类机具。④工艺方法。工艺方法是指施工现场采用的施工方案，包括技术方案和组织方案。⑤环境条件。环境条件是指对工程质量特性起重要作用的环境因素。

（18）简述工程质量事故的分类及特点。

解析：①特别重大事故，是指造成 30 人以上死亡，或者 100 人以上重伤（包括急性工业中毒，下同），或者 1 亿元以上直接经济损失的事故。②重大事故，是指造成 10 人以上 30 人以下死亡，或者 50 人以上 100 人以下重伤，或者 5000 万元以上 1 亿元以下直接经济损失的事故。③较大事故，是指造成 3 人以上 10 人以下死亡，或者 10 人以上 50 人以下重伤，或者 1000 万元以上 5000 万元以下直接经济损失的事故。④一般事故，是指造成 3 人以下死亡，或者 10 人以下重伤，或者 1000 万元以下直接经济损失的事故。

（19）建设单位办理工程竣工验收备案应提交哪些材料？

解析：①工程竣工验收备案表。②工程竣工验收报告。竣工验收报告应当包括工程报建日期，施工许可证号，施工图设计文件审查意见，勘察、设计、施工、工程监理等单位分别签署的质量合格文件及验收人员签署的竣工验收原始文件，市政基础设施的有关质量检测和功能性试验资料以及备案机关认为需要提供的有关资料。③法律、行政法规规定应当由规划、公安消防、环保等部门出具的认可文件或者准许使用文件。④施工单位签署的工程质量保修书。⑤法规、规章规定必须提供的其他文件。商品住宅还应当提交《住宅质量保证书》和《住宅使用说明书》。

（20）质量认证及其意义。

解析：质量认证是第三方依据成句对产品、过程或服务符合规定的要求给予书面保证。包括产品质量认证和质量管理体系。意义：通过实质质量认证可以促进企业完善质量管理体系、提高企业的信誉和时长竞争力、有利于保证供需双方的利益、有利于国际时长的开拓和增加国际时长竞争力。

8.4 计算题及解题指导

8.4.1 例题精解

（1）某零件质量要求为 20 ± 0.15，抽样 100 件，测得：$\bar{x}=20.00\text{mm}$，$S=0.05\text{mm}$，请计算过程能力指数，并判断该过程的能力。

解析：根据公式

$$C_p \frac{T_u-T_L}{6S}=\frac{20.15-19.85}{6\times0.05}=1$$

当 $1 \geqslant C_p \geqslant 0.67$ 时，判断标准为过程能力不充分。

可见该过程的能力不充分。

（2）某手表厂对手表的螺栓扭矩抽取了 25 个容量为 5 的样本，得出平均值和方差均值分别是 163.256 和 14.280。查表得知当 $n=5$ 时，$D_4=2.114$，$D_3=0$，$A_2=0.577$。请计算 $\bar{X}$ 图和 R 图的控制界限，并画出 R 图示意图。

解析：根据公式，$\bar{X}$ 图的上下控制界限分别是：

$UCL=\bar{\bar{X}}+A_2\bar{R}$，$LCL=\bar{\bar{X}}-A_2\bar{R}$；

R 控制图的上下界限分别是：$UCL=D_4\bar{R}$，$LCL=D_3\bar{R}$。

将数据代入公式，

$\bar{X}$ 图的上控制界限为 $UCL=163.256+0.577\times14.280\approx171.496$

$\bar{X}$ 图的下控制界限为 $LCL=163.256-0.577\times14.280=155.016$

R 控制图的上界限分别是 $UCL=2.114\times14.280=30.188$

R 控制图的下界限分别是 $LCL=0\times14.042=0$

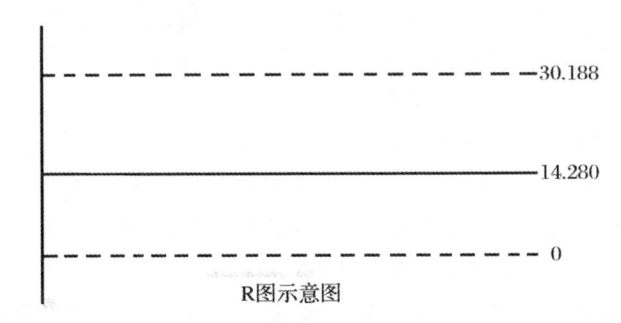

R 图示意图

（3）某部件清洁度的要求是有关指标不大于 60mg，抽样结果得 $\bar{X}=36$mg，$S=8$mg。请计算过程能力指数，并判断过程能力。

解析：这是给定上限的单向容差。

根据公式得出 $C_{pu}=\dfrac{T_u-\bar{X}}{3S}=\dfrac{60-36}{3\times8}=1$

根据过程能力指数评定标准判定：$1\geqslant C_p\geqslant 0.67$ 属于 3 级，说明过程能力不足。

（4）某工程施工过程中，施工单位未经建立工程师事先同意，订购了一批饰面材料，饰面材料送抵施工现场后建立工程师进行了检验，发现施工单位未能提交产品合格证、质量保证书和检测证明材料，装饰材料外观粗糙、标识不清，且有锈斑。请问监理工程师如何处理本案例中的问题？

解析：①监理工程师书面通知施工单位不得将该批材料用于工程，并抄送业主备案。

②监理工程师应要求施工单位提交该批产品的产品合格证、质量保证书、材质化验单、技术指标报告和生产许可证等资料,以便监理工程师对材质进行书面资料的审查。

③如果施工单位提交了以上资料,经监理工程师审查符合要求,则施工单位应按技术规范要求对该产品进行有监理人员见证的取样送检。

④如果施工单位不能提供所需的资料,或虽提供了上述材料,单经抽样监测后产品不符合技术规范或设计文件或承包合同要求,则监理工程师应书面通知施工单位不得将该批产品用于工程,并要求施工单位将其孕畜施工现场。

⑤工程师应将处理结果书面通知业主,工程材料的检测费用由施工单位承担。

(5) 某工程进行到某层吊顶工程施工时,施工单位按照规定,提前 24 小时向监理单位提出对吊顶工程进行隐蔽验收的申请,经监理验收合格后,施工单位进行了覆盖,并继续下道工序的施工,这时监理单位突然提出要对已覆盖的隐蔽工程重新检查验收,施工单位认为隐蔽项目已经过监理单位验收,且验收合格,因此拒绝了监理单位的要求,双方产生分歧。

问题:①施工单位的做法是否正确。

②对已验收的隐蔽项目重新验收,由此造成的工期与费用损失又谁承担。

解析:①施工单位的做法不对,在任何情况下,监理单位(甲方)对隐蔽工程的质量存在疑虑,提出需要打开覆盖进行重新验收时,施工单位必须遵照建立单位(甲方)的要求无条件打开覆盖接受重新检查验收。

②对已验收的合格隐蔽项目打开覆盖进行重新验收,如果重新检验后隐蔽工程项目合格,由此产生的一切费用均由建设单位承担;如果重新检验后隐蔽工程项目不合格,由此产生的一切费用均由施工单位承担。

8.4.2 习题

(1) 甲单位承担了某工程施工总承包任务,依法将钢结构工程分包给 A 单位。基坑开挖完成后,经家单位申请验槽,总监理工程师仅核对基坑位置后就结束验槽工作。施工中,A 单位使用的高强螺栓未经报验,发生了因高强螺栓不符合质量标准导致的钢梁高空坠落事故,直接经济损失 6 万元。

问题:①验槽的组织方式是否妥当?基坑验槽包括哪些内容?

②发生的质量事故,各单位应承担的责任及理由。

③该事故属于哪一类工程质量事故?处理此事故的依据是什么?

解析:①验槽组织方式不妥当。验槽应先由总包方自检合格,合格后向监理单位报验申请,由监理单位组织勘察设计、施工单位共同验槽。

第8章 工程项目质量管理

验槽内容不全面。应包括：根据设计图纸检查验槽的开挖平面位置、尺寸、槽底深度；检查是否与设计图纸相符，开挖深度是否符合设计要求；仔细观察槽壁、槽底土质类型、均匀程度和有关异常土质是否存在，核对基坑土质及地下水情况是否与勘察报告相符；检查基槽边坡外缘与附近建筑物的距离，基坑开挖对建筑物稳定是否有影响；检查核实分析钎探资料，对存在的异常点位进行复核检查。

②甲单位承担连带责任。因甲单位是总承包单位。

A单位承担主要责任。因质量事故是由于A单位自身原因造成的。

监理单位承担失职责任。因其未发现高强螺栓存在质量隐患。

③事故属于严重质量事故。处理依据：质量事故的实况资料、有关合同文件、有关的技术文件和档案、相关的建设法规。

(2) 对某工程楼地面质量进行调查，发现有80间房间地面起砂，统计结果见表8.2，试绘制地面起砂原因排列图，并加以分析。

表8.2　　　　　　　　地面起砂原因统计结果

起砂原因	出现房间数	起砂原因	出现房间数
砂含泥量过大	17	砂浆配合比不当	7
砂粒径过大	47	水泥标号太低	3
养护不良	5	压光不足	1

解析：绘制地面起砂原因排列图，如图8.2所示。

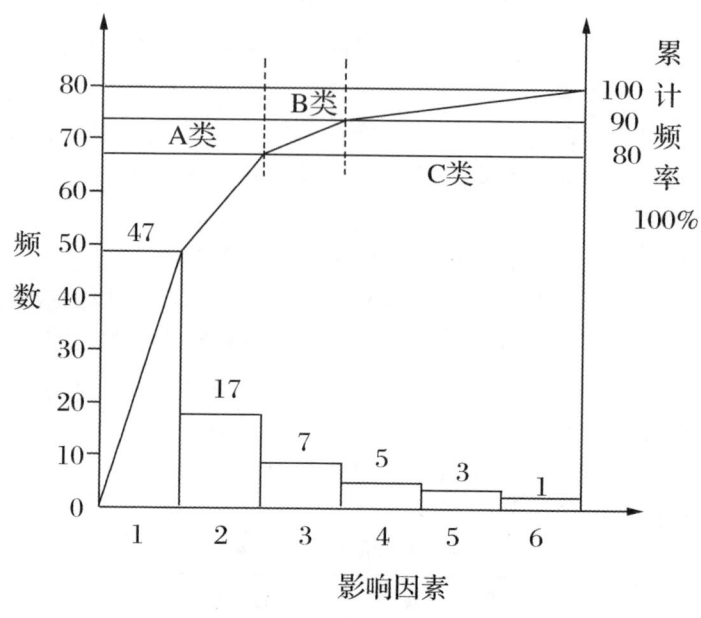

图 8.2 排列图

(3) 某大型基础工程的混凝土设计强度为 C30。在混凝土开始浇筑后,施工单位按规定预留了 40 组混凝土试块,根据其抗压强度试验结果绘制出频数分布情况见表 8.3。如已知 C30 混凝土强度质量控制范围取值为:上限 TU=38.2MPa,下限 TL=24.8MPa,请绘制频数直方图,并对混凝土质量给予全面评价。

表 8.3　　　　　　　　混凝土试块抗压强度试验结果

组号	分组区间（MPa）	频数	累计频数（Σ%）
1	25.15－26.95	2	0.05
2	26.95－28.75	4	0.10
3	28.75－30.55	8	0.20
4	30.55－32.35	11	0.275
5	32.34－34.15	7	0.175
6	34.15－35.95	5	0.125
7	35.95－37.75	3	0.075

解析:

绘制有上限、下限图线的频数直方图,其直方图基本呈正态分布,数据分布在控制范围内，两侧略有余地，说明生产过程正常，质量基本稳定。频数直方图，如图 8.3 所示。

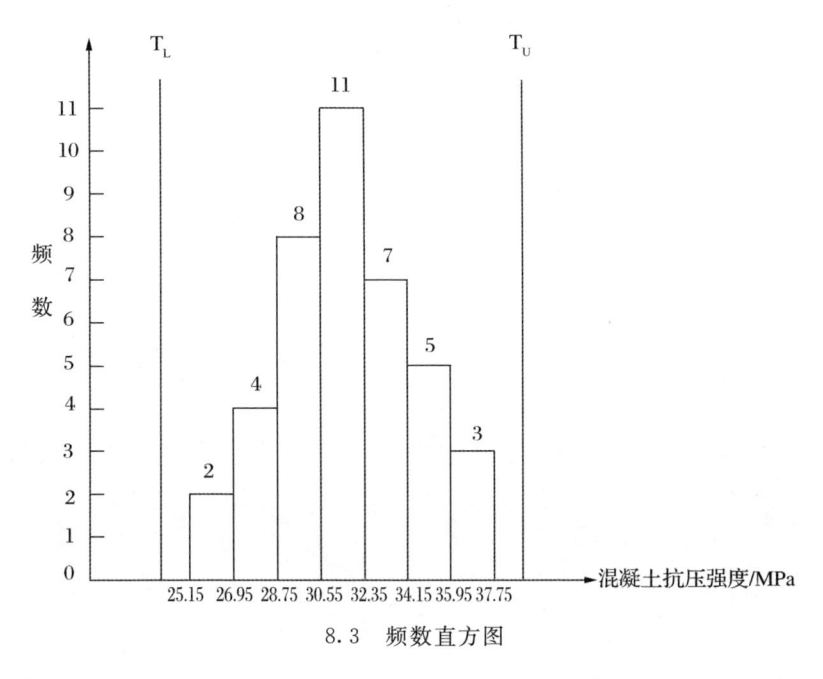

图 8.3 频数直方图

第 9 章　工程项目成本管理

9.1　内容分析

9.1.1　学习目的

熟悉工程项目成本概念与构成；熟悉施工成本管理的内容；掌握项目施工成本控制的方法。

9.1.2 学习内容

本章知识结构，如图 9.1 所示。

```
概述 ──┬── 工程项目成本的构成
       ├── 施工成本的概念和构成
       └── 施工成本的主要形式
  ↓
成本预测与计划 ──┬── 成本预测
                └── 成本计划
  ↓
成本控制与核算 ──┬── 成本控制概述
                ├── 成本控制的方法
                └── 成本核算
  ↓
成本分析与考核 ──┬── 施工成本分析的作用与原则
                ├── 施工成本分析的方法
                └── 成本考核
  ↓
工程项目全寿命周期成本管理 ──┬── 寿命周期成本
                              ├── 寿命周期的成本分析
                              └── 寿命周期成本评价法的一般步骤
```

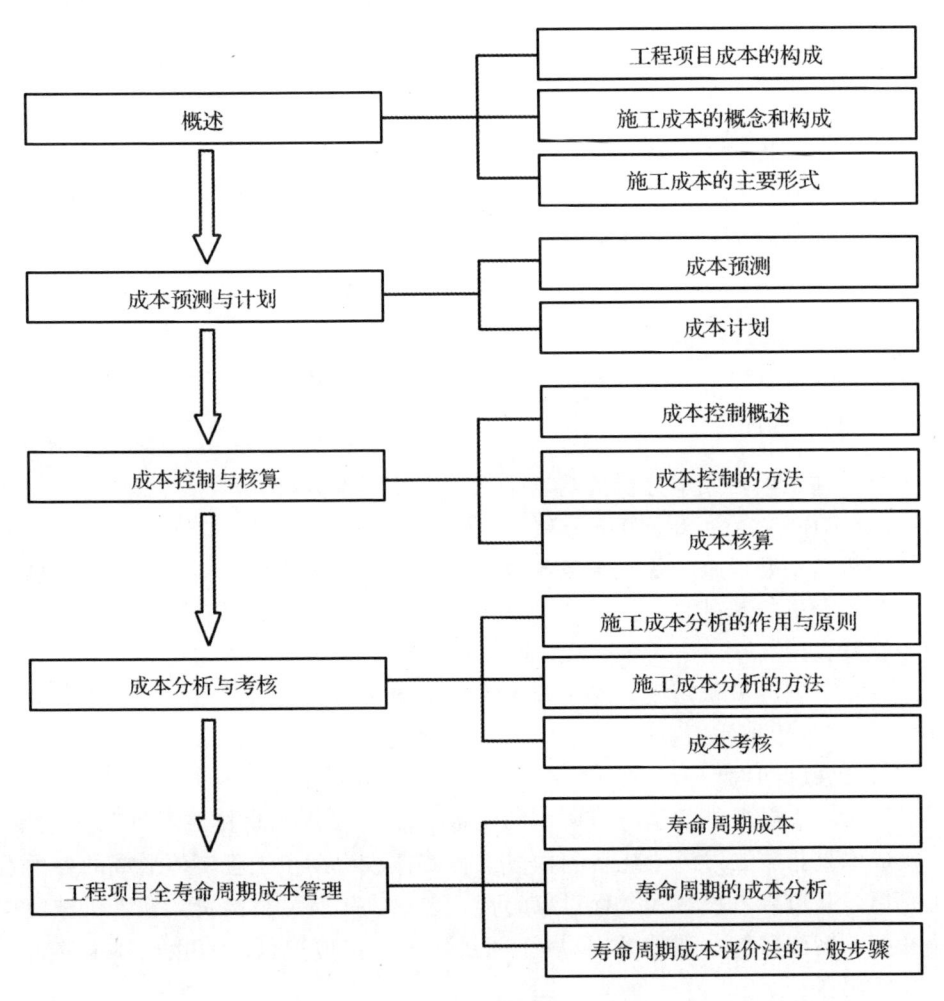

图 9.1 知识结构图

9.2 重点及难点分析

9.2.1 学习重点

施工成本管理的内容：成本预测、成本计划、成本控制、成本核算、成本分析和成本考核。

施工成本控制方法：施工成本的过程控制方法，如人工费的控制、材料费的控制、施工机械使用费的控制、施工分包费用的控制；赢得值法；偏差控制法。

常用的偏差分析方法有横道图法、时标网络图法、表格法和曲线法。

9.2.2 学习难点

施工成本控制方法：熟悉施工成本控制的方法，理解各个方法的内涵，并会运用合适的方法进行施工成本的分析。

9.3 思考题

9.3.1 选择题

(1) 施工项目成本分析的基础是（　　）成本分析。

A. 工序　　　　B. 分部分项　　　C. 单项工程　　　D. 单位工程

解析：本题考查的是施工成本分析的方法。分部分项工程成本分析是施工项目成本分析的基础。

答案：B

(2) 下列各项费用中，属于施工项目直接成本的是（　　）。

A. 工具用具使用费　　　　　　B. 职工教育经费

C. 机械折旧费　　　　　　　　D. 管理人员工资

解析：本题考查的是施工成本的组成。施工成本＝直接成本＋间接成本，直接成本是指施工过程中耗费的构成工程实体或有助于工程实体形成的各项费用支出，是可以直接计入工程对象的费，包括人工费、材料费、施工机械使用费和施工措施费等。选项 ABD 属于间接成本。选项 C 属于直接成本中的施工机具使用费。

答案：C

(3) 将施工成本按人工费、材料费、施工机械使用费、企业管理费等，是（　　）编制施工成本计划的方法。

A. 按施工成本组成　　　　　　B. 按子项目组成

C. 按工程进度　　　　　　　　D. 按合同结构

解析：本题考查的是按施工成本组成编制施工成本计划的方法。将施工成本按人工费、材料费、施工机械使用费、企业管理费等，是按施工成本组成编

· 182 ·

制施工成本计划的方法。

答案：A

（4）施工成本控制过程中，为了及时发现施工成本是否超支，应该定期进行（　　）的比较。

A. 施工成本计划值与实际值

B. 施工成本计划值与投标报价

C. 成本实际值与投标报价

D. 实际工程款支付与合同价

解析：本题考查的是施工成本控制的步骤。在确定了施工成本计划之后，必须定期地进行施工成本计划值与实际值的比较，当实际值偏离计划值时，分析产生偏差的原因，采取适当的纠偏措施，以确保施工成本控制目标的实现。

答案：A

（5）赢得值法评价指标之一的费用偏差反映的是（　　）。

A. 统计偏差　　B. 平均偏差　　C. 绝对偏差　　D. 相对偏差

解析：本题考查的是赢得值法。费用（进度）偏差反映的是绝对偏差。

答案：C

（6）（　　）是以施工定额为基础，并考虑降低成本要求和采用技术组织措施效果后编制的，以施工预算为根据确定的工程成本。

A. 预算成本　　B. 计划成本　　C. 实际成本　　D. 间接成本

解析：计划成本是指在施工中采用技术组织措施和实现降低成本计划要求所确定的工程成本。计划成本是以施工定额为基础，并考虑降低成本要求和采用技术组织措施效果后编制的，以施工预算为根据确定的工程成本。

答案：B

（7）通常在编制按施工进度的施工成本计划时，如果项目分解程度对时间控制合适，则可能对施工成本支出计划分解的影响是（　　）。

A. 合适　　B. 过粗　　C. 过细　　D. 无影响

解析：本题考查的是按施工进度编制施工成本计划的方法。在实践中，将工程项目分解为既能方便地表示时间，又能方便地表示施工成本支出计划的工作是不容易的。

答案：C

（8）建设工程项目施工成本控制应贯穿于项目（　　）。

A. 从施工图预算开始至项目动用为止

B. 从工程投标报价开始至项目竣工结算完成为止

C. 从施工准备开始至项目竣工结算完成为止

D. 从工程投标阶段开始至项目竣工验收为止

解析：施工成本控制应贯穿于施工项目从投标阶段开始直到项目竣工验收的全过程。

答案：D

（9）关于建设工程项目成本管理的说法，正确的是（　　）。

A. 成本计划是对影响成本的因素进行分析，以寻求进一步降低成本的途径

B. 施工成本一般以分项工程为成本核算对象

C. 成本分析时，对于偏差的控制，分析是关键，纠偏是核心

D. 成本考核是对成本计划是否实现的最后检验

解析：A错误，施工成本分析是在施工成本核算的基础上，对成本的形成过程和影响成本升降的因素进行分析，以寻求进一步降低成本的途径。B错误，施工成本一般以单位工程为成本核算对象。D错误，成本核算是对成本计划是否实现的最后检验。

答案：C

（10）下列费用中，不属于施工项目间接成本的是（　　）。

A. 管理人员工资　　　　　B. 差旅交通费

C. 施工措施费　　　　　　D. 办公费

解析：间接成本是指为施工准备、组织和管理施工生产的全部费用的支出，是非直接用于也无法直接计入工程对象，但为进行工程施工所必须发生的费，包括管理人员工资、办公费、差旅交通费等。

答案：C

（11）确定施工成本偏差的严重性和偏差产生的原因，是施工成本控制过程中（　　）阶段要解决的问题。

A. 比较　　　　B. 分析　　　　C. 预测　　　　D. 纠偏

解析：分析比较结果以确定偏差的严重性和原因，是施工成本控制工作的核心。

答案：B

（12）在施工成本管理中，（　　）是指按照计算规定开支范围对施工费用进行归集，并根据成本核算对象，计算出总成本和单位成本。

A. 成本预测　　B. 成本核算　　C. 成本计划　　D. 成本考核

解析：在施工成本管理中，成本核算是指按照计算规定开支范围对施工费用进行归集，并根据成本核算对象，计算出总成本和单位成本。

答案：B

第9章 工程项目成本管理

(13) 施工成本控制要以（　　）为依据，围绕降低工程成本目标，从预算收入和实际成本两方面，努力挖掘增收节支潜力，以求获得最大的经济效益。

A. 进度偏差　　B. 施工计划　　C. 施工成本核算　　D. 工程承包合同

解析：施工成本控制要以工程承包合同为依据，围绕降低工程成本目标，从预算收入和实际成本两方面，努力挖掘增收节支潜力，以求获得最大的经济效益。

答案：D

(14) 赢得值法中的赢得值是指（　　）。

A. BCWP　　B. ACWP　　C. BCWS　　D. ACWS

解析：用赢得值原理对项目执行效果进行定量评估和控制，其基本参数有三项，即计划工作的预算费用（简称 BCWS），已完工作的预算费用（简称 BCWP），已完工作的实际消耗费用（简称 ACWP），其中 BCWP 即所谓赢得值。

答案：A

(15) 赢得值法中，当 BCWP－BCWS＜0 时，表示（　　）。

A. 进度延误　　B. 费用节约　　C. 费用超支　　D. 进度提前

解析：BCWP 与 BCWS 对比，由于两者均以预算值作为计算基准，因此两者的偏差，即反映出项目进展的进度偏差（SV＝BCWP－BCWS）。SV＝0，表示项目进展进度与计划进度相符；SV＞0，表示进度提前；SV＜0，表示进度拖后。

答案：A

(16) 某地下工程施工合同约定，3 月份计划开挖土方量 40000m^3，合同单价为 90 元/m^3；3 月份实际开挖土方量 38000m^3，实际单价为 80 元/m^3。则至 3 月底，该工程的进度偏差为（　　）万元。

A. 18　　B. －18　　C. 16　　D. －16

解析：进度偏差（SV）＝已完工作预算费用（BCWP）－计划工作预算费用（BCWS），所以 SV＝38000×90－40000×90＝－18 万元。

答案：B

(17) 施工成本的控制中，除了对人工费、材料费、施工机械使用费进行控制外，还应对（　　）进行控制。

A. 工程实际费用　　　　　　B. 工程监理费用
C. 业主建设管理成本　　　　D. 施工分包费用

解析：施工成本的过程控制方法包括：①人工费的控制；②材料费的控

制；③施工机械使用费的控制；④施工分包费用的控制。

答案：D

(18) 下列施工成本管理的措施中，属于组织措施的是（ ）。

A. 选用合适的分包项目合同结构

B. 加强施工定额管理和施工任务单管理

C. 确定合适的施工机械、设备使用方案

D. 对施工成本管理目标进行风险分析，并制定防范性对策

解析：A 属于合同措施，C 属于技术措施，D 属于经济措施

答案：B

(19) 下列成本管理的措施中，属于经济措施的是（ ）。

A. 编制成本计划，确定合理详细的工作流程

B. 对不同的技术方案进行经济效果分析

C. 对成本管理目标进行风险分析

D. 在执行合同的过程中寻求索赔的机会

解析：A 是组织措施，B 是技术措施，D 是合同措施

答案：C

(20) 项目成本指标控制的工作包括：①采集成本数据，监测成本形成过程；②制定对策，纠正偏差；③找出偏差，分析原因；④确定成本管理分层次目标。正确的工作程序是（ ）。

A. ④－①－③－② B. ①－②－③－④

C. ①－③－②－④ D. ②－④－③－①

解析：项目成本指标控制程序如下：①确定成本管理分层次目标；②采集成本数据，监测成本形成过程；③找出偏差，分析原因；④制定对策，纠正偏差；⑤调整改进成本管理方法。

答案：A

(21) 关于分部分项工程成本分析的说法，正确的有（ ）。

A. 必须对施工项目中的所有分部分项工程进行成本分析

B. 分部分项工程成本分析方法是进行实际成本与目标成本两者的对比

C. 分部分项工程成本分析的对象为在建的分部分项工程

D. 主要分部分项工程要从开工到竣工进行系统的成本分析

解析：C 说法错误，分部分项工程成本分析的对象为已完成分部分项工程。B 说法错误，分析的方法是：进行预算成本、目标成本和实际成本的"三算"对比，分别计算实际偏差和目标偏差，分析偏差产生的原因，为今后的分部分项工程成本寻求节约途径。A 说法错误，由于施工项目包括很多分部分

项工程，无法也没有必要对每一个分部分项工程都进行成本分析，特别是一些工程量小、成本费用少的零星工程。

答案：D

（22）对成本的形成过程和影响成本升降的因素进行分析，以寻求进一步降低成本的途径，指的是（　　）。

A. 施工成本预测　　　　　　B. 施工成本核算
C. 施工成本分析　　　　　　D. 施工成本考核

解析：施工成本分析其中之一的作用是：寻求进一步降低成本的途径和方法，不断提高企业的经济效益。对施工成本执行情况进行评价，找出成本升降的原因，归根到底，是为了挖掘潜力，寻求进一步降低成本的途径和方法。

答案：C

（23）根据成本信息和施工项目的具体情况，在施工以前对成本进行估算，并作为施工项目成本决策依据的是（　　）。

A. 施工成本预测　　　　　　B. 施工施工成本分析
C. 施工成本计划　　　　　　D. 施工成本核算

解析：工程项目成本预测是指通过成本信息和工程项目的具体情况，对未来的成本水平及其发展趋势做出科学的估计，其实质是工程项目在施工以前对成本进行核算。

答案：A

（24）施工项目降低成本的指导文件及设立目标成本的依据，指的是（　　）。

A. 施工成本预测　　　　　　B. 施工成本分析
C. 施工成本计划　　　　　　D. 施工成本核算

解析：一个施工成本应包括从开工到竣工所必需的施工成本，是该施工项目降低成本的指导文件，是设立目标成本的依据。

答案：C

（25）施工成本控制的步骤中，最具有实质性的一步是（　　）。

A. 预测　　　B. 比较　　　C. 分析　　　D. 纠偏

解析：施工成本控制步骤为：比较－分析－预测－纠偏－检查，其中纠偏是最具实质性的一步。

答案：D

（26）具有形象直观，但反映的信息量少，一般在项目的较高管理层应用的施工成本偏差分析方法是（　　）。

A. 横道图法　　B. 时标网络图法　C. 表格法　　D. 曲线法

解析：横道图法反映的信息量少，但具有形象直观的特点，一般在项目的较高管理层应用。

答案：A

(27) 在综合成本分析方法中，可作为施工项目成本分析基础的是（　　）。

A. 分部分项工程成本分析　　　B. 月（季）度成本分析
C. 年度成本分析　　　　　　　D. 竣工成本的综合分析

解析：分部分项工程成本分析是针对施工项目主要的、已完的分部分项工程进行的成本分析，是施工成本分析的基础。通过分部分项工程成本分析，可以基本了解项目成本形成全过程，为竣工成本分析和今后的项目成本管理提供一份宝贵的参考资料。

答案：A

(28) 下列哪个选项不是降低成本计划中施工成本的可能途径（　　）。

A. 改善劳动组织，合理使用劳动力
B. 增加管理机构及管理层次
C. 研究推广新产品、新技术、新材料等
D. 价值工程

解析：B错误，加强费用管理，节约施工管理费是降低成本计划中施工成本的可能途径之一。主要是精简管理机构，减少管理层次，压缩非生产人员，实行定额管理，制定费用分项分部门的定额指标，有计划地控制各项费用开支。

答案：B

(29) 形成目标管理的PDCA循环，是施工成本控制的（　　）原则。

A. 可控性　　　B. 全面性　　　C. 分级归口管理　　D. 目标管理

解析：分级归口管理的内容包括：目标的设定和分解，目标的责任到位和执行，检查目标的执行结果，评价目标和修正目标，形成目标管理的P（计划）D（实施）C（检查）A（处理）循环。

答案：C

(30) 当前我国对建筑节能及人们对于建筑产品的生态型要求越来越高，原来的建筑产品无法达到这一要求，其工程寿命周期成本的变化是由（　　）引起的。

A. 物理因素　　B. 经济因素　　C. 技术因素　　D. 社会和法律因素

解析：当前我国对建筑节能及人们对于建筑产品的生态型要求越来越高，原来的建筑产品无法达到这一要求，其工程寿命周期成本的变化是社会和法律因素引起的。

答案：D

9.3.2 简答题

(1) 简述建筑工程成本的含义。

解析：建筑工程成本是为完成一定的建筑工程和设备安装工程所消耗的生产资料价值和支付给劳动者的劳动报酬。

(2) 简述建筑安装工程费用项目的构成。

解析：目前我国的建筑安装工程费有：①人工费。人工费是指按工资总额构成规定，支付给从事建筑安装工程施工的生产工人和附属生产单位工人的各项费用。构成人工费的基本要素有两个，即人工工日消耗量和人工日工资单价。②材料费。材料费是指施工过程中耗费的原材料、辅助材料、构配件、零件、半成品或成品、工程设备（指构成或计划构成永久工程一部分的机电设备、金属结构设备、仪器装置及其他类似的设备和装置）的费用。③施工机具使用费。建筑安装工程费中的施工机具使用费，是指施工作业所发生的施工机械、仪器仪表使用费或其租赁费。④企业管理费。企业管理费是指建筑安装企业组织施工生产和经营管理所需费用。⑤利润。利润是指施工企业完成所承包工程获得的盈利。⑥规费。规费是指按国家法律、法规规定，由省级政府和省级有关权力部门规定必须缴纳或计取的费用。⑦税金。工程造价中的税金是指按国家税法规定应计入建筑安装工程造价内的营业税、城市维护建设税、教育费附加以及地方教育附加。

(3) 简述施工成本的概念和构成。

解析：施工成本是指在建筑企业以施工项目作为成本核算对象的施工过程中所消耗的生产资料转移价值和劳动者的必要劳动所创造的价值的货币形式。即某施工项目在施工中所发生的全部生产费的总和，包括消耗的原材料、辅助材料、构配件等费用，周转材料的摊销费或租赁费，施工机械的使用费或租赁费，支付给生产工人的工资、奖金、工资性质的津贴等，以及进行施工组织与管理所发生的全部费用支出。

(4) 简述施工成本管理的具体工作内容。

解析：施工成本管理的内容包括成本预测、成本计划、成本控制、成本核算、成本分析和成本考核。

(5) 简述施工成本的主要形式。

解析：其一，按成本管理要求，分为预算成本、计划成本和实际成本。①预算成本。工程预算成本是以施工图预算为依据按预算价格计算的成本。②计划成本。计划成本是指在施工中采用技术组织措施和实现降低成本计划要求所确定的工程成本。③实际成本。实际成本是施工项目在报告期内实际发生的各项费用的总和。

其二，按生产费用计入成本的方法来划分，分为直接成本和间接成本。①直接成本。直接成本是指施工过程中耗费的构成工程实体或有助于工程实体形成的各项费用支出，是可以直接计入工程对象的费，包括人工费、材料费、施工机械使用费和施工措施费等。②间接成本。间接成本是指为施工准备、组织和管理施工生产的全部费用的支出，是非直接用于也无法直接计入工程对象，但为进行工程施工所必须发生的费，包括管理人员工资、办公费、差旅交通费等。

其三，按成本与施工所完成的工程量关系来划分，分为固定成本和变动成本。①固定成本。固定成本是指在一定期间和一定的工程量范围内，其发生的成本额不受工程量增减变动的影响而相对固定的成本。②变动成本。变动成本是指发生总额随着工程量的增减变动而成正比例变动的费用。

（6）简述施工项目成本管理的含义。

解析：施工项目的成本管理实质就是一种目标管理。项目管理的最终目标是低成本、高质量、短工期，而低成本是这三大目标的核心和基础。目标成本有很多形式，在制定目标成本作为编制施工成本计划和预算的依据时，可能以计划成本、定额成本或标准成本作为目标成本，还将随成本计划编制方法的变化而变化。

（7）简述施工成本计划的含义。

解析：施工成本计划是以货币形式编制施工项目在计划期内的生产费用、成本水平、成本降低率以及为降低成本所采取的主要措施和规划的书面方案，是建立施工成本管理责任制，开展成本控制和核算的基础。一个施工成本应包括从开工到竣工所必需的施工成本，是该施工项目降低成本的指导文件，是设立目标成本的依据。成本计划是目标成本的一种形式。

（8）简述降低施工成本的途径。

解析：降低成本计划中施工成本的可能途径有：①加强施工管理，提高施工组织水平。②加强技术管理，提高工程质量。③加强劳动工资管理，提高劳动生产率。④加强机械设备管理，提高机械使用率。⑤加强材料管理，节约材料费用。⑥加强费用管理，节约施工管理费。⑦积极采用降低成本的新管理技术。

（9）简述施工成本控制的概念。

解析：施工成本控制是指在施工过程中，对影响施工成本的各因素加强管理,并采用各种有效措施,将施工中实际发生的各种消耗和支出严格控制在成本计划范围内,随时揭示并即时反馈,严格审查各项费用是否符合标准,计算实际成本和计划成本之间的差异并进行分析,消除施工中的损失浪费现象,发现和总结先进经验。

(10) 简述施工成本控制的作用。

解析:施工成本控制的目的在于降低项目成本,提高经济效益。然而项目成本的降低,除了控制成本支出以外,还必须增加工程预算收入。因为,只有在增加收入的同时节约支出,才能提高施工成本的降低水平。由此可见,增加工程预算收入也是施工项目降低成本的主要来源。

施工成本控制是推行项目经理承包责任制的动力,成本目标是项目经理项目承包责任制中经济承包目标的综合体现,项目经理要实现这一目标,就必须利用生产要素市场机制,管好项目,控制消耗,将质量、工期、成本三大目标结合起来综合控制。这样,不仅实现了成本控制,又带动了施工项目的全面管理。

施工成本控制应贯穿于施工项目从投标阶段开始直到项目竣工验收的全过程,它是企业全面成本管理的重要环节。它可分为事前控制,事中控制(过程控制),事后控制。

(11) 简述施工成本控制的内容。

解析:施工前期的成本控制。在投标阶段通过进行成本预测,提出投标决策意见,中标以后,标书为依据确定项目成本控制目标。在施工准备阶段,制订施工项目管理规划,编制明细而具体的成本计划,为成本控制实施做好准备。在施工前期,还应根据项目建设时间的长短和参加建设人数的多少,编制间接费用预算,并对上述预算进行明细分解,以项目经理部有关部门责任成本的形式落实下去,为今后的成本控制和绩效考评提供依据。

施工期间的成本控制。施工期间的成本控制应抓以下环节:①加强施工任务单和限额领料单的管理,落实执行降低成本的各项措施,做好施工任务单的验收和限额领料单的结算。②将施工任务单和限额领料单的结算资料进行对比,计算分部分项工程的成本差异,分析差异产生的原因,并采取有效的纠偏措施。③做好月度成本原始资料的收集和整理,正确计算月度成本,分析月度预算成本和实际成本的差异,充分注意不利差异,认真分析有利差异的原因,特别重视盈亏比例异常现象的原因分析,并采取措施尽快加以纠正。④在月度成本核算的基础上实行责任成本核算。即利用原有会计核算的资料,重新按责任部门或责任者归集成本费用,每月结算一次,并与责任成本进行对比,由责任者自行分析成本差异和产生差异的原因,自行采取纠正措施,为全面实施责任成本创造条件。⑤经常检查对外合同履约情况，防止发生经济损失。⑥加强施工成本计划执行情况的检查与协调。

竣工验收及保修阶段的成本控制。①精心安排、干净利落地完成竣工扫尾工作，把竣工扫尾时间缩短到最低限度。②重视竣工验收工作，顺利交付使用。③及时办理结算，避免漏项。④工程保修期间，应由项目经理指定保修工作的责任者，根据实际情况提出保修计划，以此作为控制保修费用的依据。

(12) 简述施工成本控制的方法。

解析：①施工成本的过程控制方法。包括对人工费的控制；材料费的控制；施工机械使用费的控制；施工分包费用的控制。②赢得值法。赢得值法是根据计划工作的预算费用（BCWS）、已完工作的预算费用（BCWP）、已完工作的实际消耗费用（ACWP），这三项参数，形成三条可供定量分析的曲线，对项目进行费用和进度综合控制，从而使得工程项目建设的经济效益显著提高。③偏差控制法。偏差控制法是在制定出计划成本基础上，通过采用成本分析方法找出计划成本与实际成本间偏差和分析产生偏差的原因与变化发展趋势，进而采取措施以减少或消除偏差，实现目标成本的一种科学管理方法。

(13) 简述赢得值法的成本控制原理。

解析：赢得值法中基本参数有三项，即计划工作的预算费用（简称BCWS）；已完工作的预算费用（简称BCWP），已完工作的实际消耗费用（简称ACWP），其中BCWP即所谓赢得值。

BCWP与BCWS对比，由于两者均以预算值作为计算基准，因此两者的偏差，即反映出项目进展的进度偏差（SV＝BCWP－BCWS）。SV＝0，表示项目进展进度与计划进度相符；SV＞0，表示进度提前；SV＜0，表示进度拖后。

ACWP与BCWP对比，由于两者均以已完工作量为计算基准，因此两者的偏差，即反映出项目进展的费用偏差（CV＝BCWP－ACWP）。CV＝0，表示实际消耗费用与预算费用相符；CV＞0，表示实际消耗费用低于预算；CV＜0，表示实际消耗费用超预算。

(14) 简述偏差控制法的程序。

解析：①找出偏差。在项目施工过程中定期地（每日或每周）、不断地寻找和计算三种偏差，并以目标偏差为对象进行控制。通常寻找偏差可用成本对比方法进行。通过在施工过程中不断记录实际发生的成本费用，然后将记录的实际成本与计划成本进行对比，从而发现目标偏差。还可将实际成本、计划成本二者的发展变化用图表示出来。②根据成本偏差，用因果分析图分析产生的原因，然后设计纠偏措施，制定对策，协调成本计划。对策要列成对策表，落

第 9 章　工程项目成本管理

实执行责任。最后,应对责任的执行情况应进行考核。

(15) 简述施工成本核算的概念。

解析:施工成本核算包括两个基本环节:一是按照规定的成本开支范围对施工费用进行归集和分配,计算出施工费用的实际发生额;二是根据成本核算对象,采用适当的方法,计算出该施工项目的总成本和单位成本。施工成本管理需要正确及时地核算施工过程中发生的各项费用,计算施工项目的实际成本。施工成本核算所提供的各种成本信息,是成本预测、成本计划、成本控制、成本分析和成本考核等各个环节的依据。

(16) 简述施工成本核算的对象和基本内容。

解析:施工成本核算一般以单位工程为对象,但也可以按照承包工程项目的规模、工期、结构类型、施工组织和施工现场等情况,结合成本管理要求,灵活划分成本核算对象。

施工成本核算的基本内容包括:人工费核算;材料费核算;周转材料费核算;结构件成本核算;机械使用费核算;措施费核算;分包工程成本核算;企业管理费核算;项目月度施工成本报告编制。

(17) 简述施工成本分析的作用。

解析:①有助于恰当评价成本计划的执行结果。施工项目的经济活动错综复杂,在实施成本管理时制订的成本计划,其执行结果往往存在一定偏差,如果简单地根据成本核算资料直接做出结论,则势必影响结论的正确性。反之,若在核算资料的基础上,通过深入的分析,则可能做出比较正确的评价。②揭示成本节约和超支的原因,进一步提高企业管理水平。成本是反映施工项目经济活动的综合性指标,它直接地影响着项目经理部和施工企业生产经营活动的成果,如果施工项目降低了原材料的消耗,减少了其他费用的支出,提高了劳动生产率和设备利用率,这必定会在成本下综合反映出来。借助成本分析、用科学方法,从指标、数字着手,在各项经济指标相互联系中系统地对比分析,揭示矛盾,找出差距,就能正确地查明影响成本高低的各种因素及原因,了解生产经营活动中哪一部门、哪一环节工作做出了成绩或产生了问题,从而可以采取措施,不断提高项目经理部和施工企业经营管理的水平。③寻求进一步降低成本的途径和方法,不断提高企业的经济效益。对施工成本执行情况进行评价,找出成本升降的原因,归根到底,是为了挖掘潜力,寻求进一步降低成本的途径和方法。只有把企业的潜力充分挖掘出来,才会使企业的经济效益越来越好。

(18) 简述施工成本考核的概念和内容。

解析:施工成本考核是指在施工项目完成后,对施工成本形成中的各责任者，按施工成本目标责任制的有关规定，将成本的实际指标与计划、定额、预算进行对比和考核，评定施工成本计划的完成情况和各责任者的业绩，并以此给予相应的奖励和处罚。

施工成本考核包括考核目的、时间、范围、对象、方式、依据、指标、组织领导、评价与奖惩原则等内容。具体可分为以下几类：①施工成本考核按时间可分为月度考核、阶段考核和竣工考核三种。②施工成本考核按考核对象，可以分为两个层次。一是施工企业对项目经理的考核，二是项目经理对所属部门、施工队班组的考核。

（19）简述工程项目全寿命周期成本管理的概念。

解析：全寿命周期成本（Life cycle costing）管理是工程项目投资决策的一种分析工具，是一种用来选择决策备选方案的方法。主要以价值工程的思想和手段，综合考虑工程项目的建造成本和运营、维护成本，从而实现更为科学的建筑设计和更为合理的材料设备的选择。以便在确保设计质量的前提下，实现降低项目全寿命周期成本的目标。从纵向看，建设项目成本管理贯穿项目生命周期的始终；从横向看，包括业主、承包商、分包商、供货商在内的所有参与方都要参与项目的成本管理。

（20）简述寿命周期成本评价法的一般步骤。

解析：①明确系统（对象）的任务。②资料收集。③方案创造。④明确系统的评价要素及其定量化方法。⑤方案评价。⑥编制评价报告。⑦工程项目全寿命周期目标体系。

9.4 计算题及解题指导

9.4.1 例题精解

（1）某工程措施项目计划成本和工程施工过程中发生的实际成本见表9.1。

第9章 工程项目成本管理

表 9.1　　　　　　　　　措施项目成本表

序号	项目名称	计划成本（万元）	实际成本（万元）
1	环境保护	6	6.5
2	文明施工	12	12.8
3	安全施工	7	7.2
4	临时设施	115	110
5	夜间施工	65	60
6	二次搬运	80	77
7	大型机械设备进出场及安拆	20	19.5
8	混凝土及钢筋混凝土模板及支架	215	209
9	脚手架	73	70
10	已完工程及设备保护	7	8
11	施工排水、降水	58	56
合计		658	636

问题：

①各措施项目成本降低额为多少？

②措施项目的总成本降低额和降低率为多少？

解析：

①各措施项目成本降低额计算见表9.2。

表 9.2　　　　　　　　　措施项目成本表

序号	项目名称	计划成本（万元）	实际成本（万元）	成本降低额（万元）
1	环境保护	6	6.5	－0.5
2	文明施工	12	12.8	－0.8
3	安全施工	7	7.2	－0.2
4	临时设施	115	110	5
5	夜间施工	65	60	5
6	二次搬运	80	77	3
7	大型机械设备进出场及安拆	20	19.5	0.5
8	混凝土及钢筋混凝土模板及支架	215	209	6

续表

序号	项目名称	计划成本（万元）	实际成本（万元）	成本降低额（万元）
9	脚手架	73	70	3
10	已完工程及设备保护	7	8	−1
11	施工排水、降水	58	56	2
合计		658	636	22

②措施项目总成本降低额为：658−636＝22万元，即措施项目的成本降低了22万元。

措施项目的总成本降低率为：(658−636)÷658×100％＝3.3％，即措施项目的总成本比计划成本降低了3.3％。

(2) 某项目总工期6个月，合同总价为1500万元。项目经理部在第6个月对该工程前5个月的个月费用情况进行了统计检查，有关情况如下表9.3所示。

表9.3　　　　　　　　　检查记录表

月份	计划完成工作预算成本 BCWS（万元）	已完成工作量（％）	实际发生成本 ACWP（万元）	挣值 BCWP（万元）
1	180	95	185	
2	220	100	205	
3	240	110	250	
4	300	105	310	
5	280	100	275	

问题：

①计算前5个月的已完工程预算费用BCWP及5月末的BCWP；

②计算5月末的合计ACWP、BCWS；

③计算5个月的CV与SV，并分析成本和进度状况；

④计算5个月的CPI与SPI，并分析成本和进度状况。

解析：

①利用公式：已完工作预算费用BCWP＝计划完成工作预算费用BCWS×已完成工作量的百分比，对表9.1进行计算，求得5个月的已完工程预算费用BCWP（见表9.4）。5月末总的BCWP为1254万元。

表 9.4　　　　　　　　　　计算结果

月份	计划完成工作预算成本 BCWS（万元）	已完成工作量（%）	实际发生成本 ACWP（万元）	挣值 BCWP（万元）
1	200	100	185	200
2	220	100	205	220
3	230	110	250	253
4	300	105	310	315
5	280	95	275	266
合计	1230		1225	1254

②5 月末 ACWP 为 1225 万元，BCWS 为 1230 万元，见表 9.4。

③CV＝BCWP－ACWP＝1254－1225＝29 万元，由于 CV 为正，说明成本节约 29 万元。

SV＝BCWP－BCWS＝1254－1230＝24 万元，由于 SV 为正，说明进度提前 24 万元。

④CPI＝BCWP÷ACWP＝1254÷1225＝1.02，由于 CPI＞1，成本节约 2%。

SPI＝BCWP÷BCWS＝1254÷1230＝1.02，由于 SPI＞1，进度提前 2%。

（3）某项目的门窗子分部工程中有塑料门窗安装、门窗玻璃安装、特种门安装三个分项工程，在上个月的施工中，主要技术经济参数见表 9.5。试判定工程中塑料窗安装、木门安装、特种门安装的施工成本偏差、进度偏差。

表 9.5　　　　装饰装修工程技术经济参数表

序号	项目名称	塑料窗安装	木门安装	特种门安装
1	计划单位成本（元）	78	90	150
2	拟完成的工程量	300	100	40
3	拟完成工程计划施工成本（元）			
4	已完成工程量	280	115	40
5	已完工程计划施工成本（元）			
6	实际单位成本（元）	66	102	158
7	已完工程实际成本（元）			
8	成本偏差（元）			

续表

序号	项目名称	塑料窗安装	木门安装	特种门安装
9	成本偏差局部程度			
10	进度偏差（元）			
11	进度偏差局部程度			

解析：

①完成表格的各项数据：

表 9.6　　　　　装饰装修工程技术经济参数表

序号	项目名称	计算式	塑料窗安装	木门安装	特种门安装
1	计划单位成本（元）		78	90	150
2	拟完成的工程量		300	100	40
3	拟完成工程计划施工成本（元）	(1)×(2)	23400	9000	6000
4	已完成工程量		280	115	40
5	已完工程计划施工成本（元）	(1)×(4)	21840	10350	6000
6	实际单位成本（元）		66	102	158
7	已完工程实际成本（元）	(4)×(6)	18480	11730	6320
8	成本偏差（元）	(7)−(5)	−3360	1380	320
9	成本偏差局部程度	(7)/(5)	0.846	1.13	1.05
10	进度偏差（元）	(3)−(5)	1560	−1350	0
11	进度偏差局部程度	(3)/(5)	1.071	0.870	1.00

②判定工程中塑料窗安装、特种门安装、木门安装的施工成本偏差：

塑料窗安装施工成本偏差：18480−21840＝−3360元，成本节支3360元；

木门安装施工成本偏差：11730−10350＝1380元，成本超支1380元；

特种门安装施工成本偏差：6320−6000＝320元，成本超支320元。

③判定工程中塑料窗安装、特种门安装、木门安装的施工进度偏差：

塑料窗安装施工进度偏差：23400−21840＝1560元，进度拖延；

木门安装施工进度偏差：9000−10350＝−1350元，进度提前；

特种门安装施工进度偏差：6000−6000＝0元，实际进度与计划进度一致。

9.4.2 习题

(1) 某项目成本计划任务表中部分信息如下，请将表 9.7 中空缺补充完整。

表 9.7　　　　　　　　　项目成本计划任务表　　　　　　　　单位：万元

项目	计划成本	实际成本	计划成本降低额	计划成本降低率
1. 直接费用				
人工费	205	209		
材料费	300	282.5		
机械使用费	5	5.2		
其他直接费	158	150		
2. 间接费用				
施工管理费	41	41.6		
合计				

(2) 假设某项目预算费用为 300 万元，工期 6 个月，每月计划支出 50 万元，第 3 个月检查计划时，有关情况统计见表 9.8。

表 9.8　　　　　　　　　某项目检查记录表　　　　　　　　单位：万元

费用项目	第1月	第2月	第3月	第4月	第5月	第6月
BCWS	50	50	50	50	50	50
BCWP	40	30	30			
ACWP	50	40	40			

问题：

①计算 3 个月的 CV 与 SV，并分析成本和进度状况；

②计算 3 个月的 CPI 与 SPI，并分析成本和进度状况。

(3) 某项目的 A、B、C 三个分项工程，主要技术经济参数如表 9.9 所示。试判定该项目中 A 分项工程、B 分项工程、C 分项工程的施工成本偏差、进度偏差。

表 9.9　　　　　　　　　　技术经济参数表

序号	项目名称	A 分项工程	B 分项工程	C 分项工程
1	计划单位成本（元）	50	60	70
2	拟完成的工程量	440	190	650
3	拟完成工程计划施工成本（元）			
4	已完成工程量	480	228	800
5	已完工程计划施工成本（元）			
6	实际单位成本（元）	56	52	83
7	已完工程实际成本（元）			
8	成本偏差（元）			
9	成本偏差局部程度			
10	进度偏差（元）			
11	进度偏差局部程度			

第 10 章　工程项目安全与环境管理

10.1　内容分析

10.1.1　学习目的

了解工程项目安全与环境管理的目的、特点和要求；熟悉并掌握工程项目安全管理的实施方法、环境管理的措施，以及工程项目安全事故的处理。

10.1.2　学习内容

本章知识结构，如图 10.1 所示。

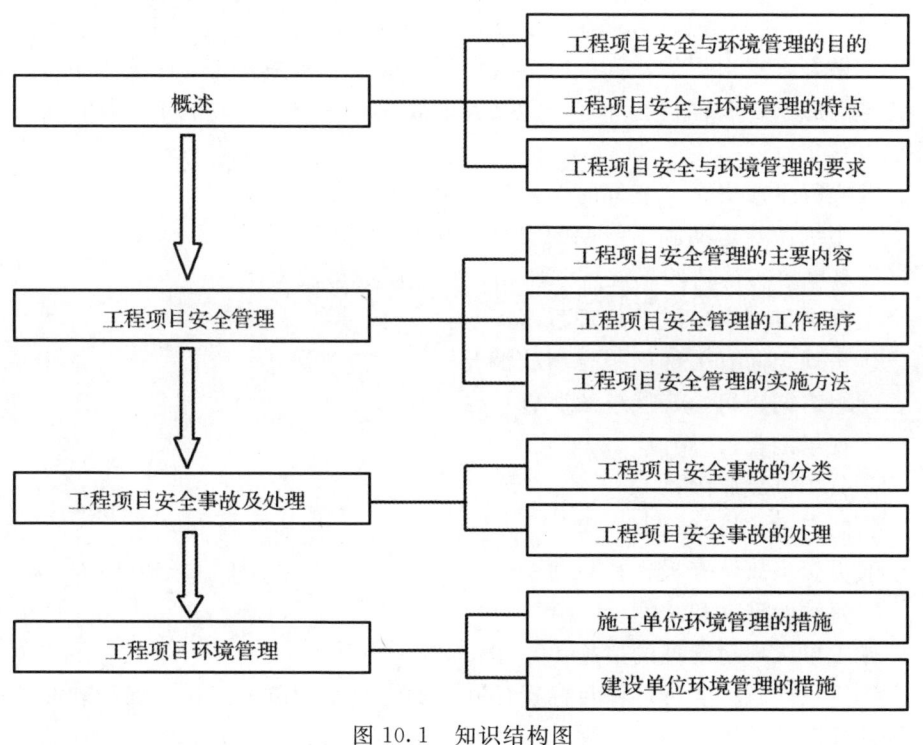

```
概述 ──┬── 工程项目安全与环境管理的目的
       ├── 工程项目安全与环境管理的特点
       └── 工程项目安全与环境管理的要求
  │
  ▼
工程项目安全管理 ──┬── 工程项目安全管理的主要内容
                   ├── 工程项目安全管理的工作程序
                   └── 工程项目安全管理的实施方法
  │
  ▼
工程项目安全事故及处理 ──┬── 工程项目安全事故的分类
                         └── 工程项目安全事故的处理
  │
  ▼
工程项目环境管理 ──┬── 施工单位环境管理的措施
                   └── 建设单位环境管理的措施
```

图 10.1　知识结构图

10.2 重点及难点分析

10.2.1 学习重点

工程项目安全管理的实施方法:
①建立健全施工项目的安全管理网络,确保网络体系的正常运行;
②做好对施工项目的风险评估,制定风险削减计划和应急措施,实现对施工项目重要环境因素(事故危险源)的实时监控;
③编制施工组织设计,采用先进工艺技术,科学布置,利用人、物和环境,实行文明施工,以形成良好的劳动条件;
④制定切实可行的安全目标、指标,并分解到各部门、单位、班组,做到千斤重担众人挑,人人肩上有指标;
⑤制定项目安全生产和文明施工管理制度,并采取有效措施加以落实,用制度管人、管事;
⑥做好对员工的安全知识培训和安全意识教育,努力提高全员的安全生产技能及自我保护意识,力求在施工项目上营造良好的安全生产氛围;
⑦做好火灾、爆炸、高处坠落、坍塌、触电、机械伤害、中暑、中毒、物体打击、冻伤、车辆伤害和环境污染等事故预防工作,认真制定各种预防措施并加以落实;
⑧实行生产安全"五同时"做到管生产必须管安全;
⑨组织做好定期和不定期的安全检查工作;
⑩对事故实行"四不放过"原则,杜绝同类事故发生。

工程项目安全事故的处理程序:
①按规定向有关部门报告事故情况;
②组织调查组,开展事故调查;
③现场勘查;
④分析事故原因;
⑤制定预防措施;
⑥提交事故调查报告;
⑦事故的审理和结案。

施工单位环境管理的措施:
①组织措施:实行环保目标责任制;加强检查和监控工作;保护和改善施工场的环境,要进行综合治理。

②技术措施：防施工噪声；防大气污染；防止水源污染；加强回收处置与重复利用。

10.2.2 学习难点

工程项目安全管理的实施方法：熟悉工程项目安全生产管理的实施方法，以及各实施方法所包含的具体内容。

工程项目安全事故的处理程序：掌握处理工程项目安全事故的程序，熟悉每个环节所包括的具体内容，并能灵活运用。

10.3 思考题

10.3.1 选择题

(1) 施工职业健康安全管理体系文件包括三个层次，其中不包括（　　）。
A. 操作规程　　B. 管理手册　　C. 程序文件　　D. 作业文件
解析：本题考查的是职业健康安全管理体系与环境管理体系的建立。选项A属于作业文件包括的内容。
答案：A

(2) 为确保职业健康安全管理体系和环境管理体系的持续适宜性、充分性和有效性，对组织的管理体系进行评审的应是施工企业的（　　）。
A. 安全总监　　B. 项目经理　　C. 技术总监　　D. 最高管理者
解析：本题考查的是职业健康安全管理体系与环境管理体系的运行。管理评审是由施工企业的最高管理者对管理体系的系统评价，判断企业的管理体系面对内部情况的变化和外部环境是否充分适应有效，由此决定是否对管理体系作出调整，包括方针、目标、机构和程序等。
答案：D

(3) 某工程发生一般事故，施工单位及时向建设主管部门进行了事故报告，根据《生产安全事故报告和调查处理条例》的相关规定，建设主管部门应逐级上报至（　　）。

A. 国务院

B. 国务院建设主管部门

C. 国家安全生产监督管理总局

D. 设区的市级人民政府安全生产监督管理部门和负有安全生产监督管理职责的有关部门

解析：题考查的是施工生产安全事故的处理。一般事故应逐级上报至设区的市级人民政府安全生产监督管理部门和负有安全生产监督管理职责的有关部门。

答案：D

（4）按照《生产安全事故报告和调查处理条例》（国务院令第493号）第三条规定，造成（　　）死亡的事故属于较大事故。

A. 5人以上20人以　　　　　B. 10人以上30人以下

C. 3人以上10人以下　　　　D. 15人以上70人以下

解析：本题考查的是职业健康安全事故的分类。较大事故：是指造成3人以上10人以下死亡，或者10人以上50人以下重伤，或者1000万元以上5000万元以下直接经济损失的事故。

答案：C

（5）安全事故处理的原则是（　　）。

A. "四不放过"的原则

B. 事故原因不清楚不放过

C. 事故责任者没有受到教育不放过

D. 事故责任者没有处理不放过

解析：安全事故处理的原则（"四不放过"原则）：事故原因未查清不放过；事故责任人未受到处理不放过；事故责任人和周围群众没有受到教育不放过；事故没有制定切实可行的整改措施不放过。

答案：A

（6）施工职业健康安全管理体系的纲领性文件是（　　）。

A. 程序文件　　B. 管理手册　　C. 管理方案　　D. 作业文件

解析：管理手册是对施工企业整个管理体系的整体性描述，为体系的进一步展开以及后续程序文件的制定提供了框架要求和原则规定，是管理体系的纲领性文件。

答案：B

（7）施工企业职业健康安全和环境管理体系的管理评审是（　　）。

A. 管理体系接受政府监督的一种体制

B. 管理体系自我保证和自我监督的一种机制

C. 企业最高管理者对管理体系的系统评价

D. 对企业执行相关法律情况的评价

解析：管理评审是由施工企业的最高管理者对管理体系的系统评价，判断企业的管理体系面对内部情况的变化和外部环境是否充分适应有效，由此决定

第 10 章　工程项目安全与环境管理

是否对管理体系做出调整，包括方针、目标、机构和程序等。选项 B 属于内部审核。选项 D 属于合规性评价的内容。

答案：C

（8）安全事故的处理程序正确的是（　　）。①安全事故调查；②分析事故原因；③报告安全事故；④现场勘查；⑤编写调查报告并上报。

A. ③①④②⑤　　B. ④①②③⑤　　C. ①④②③⑤　　D. ②③①④⑤

解析：安全事故应该按下列程序进行处理：按规定向有关部门报告事故情况；组织调查组，开展事故调查；现场勘查；分析事故原因；制定预防措施；提交事故调查报告；事故的审理和结案。

答案：A

（9）根据《生产安全事故报告和调查处理条例》，生产安全事故发生后，受伤者或最先发现事故的人员应立即用最快的传递手段，向（　　）报告。

A. 施工单位负责人　　　　　　B. 项目经理
C. 安全员　　　　　　　　　　D. 项目总监理工程师

解析：生产安全事故发生后，受伤者或最先发现事故的人员应立即用最快的传递手段，将发生事故的时间、地点、伤亡人数、事故原因、事故现场情况，向施工单位负责人报告；施工单位负责人接到报告后，应当在 1 小时内向事故发生地县级以上人民政府建设主管部门和有关部门报告。

答案：A

（10）按照文明工地标准及相关文件规定的尺寸和规格制作了各类工程标志牌，应当包括工程概况牌、管理人员名单及监督电话牌、消防保卫牌、安全生产牌、文明施工牌和（　　）。

A. 组织结构图　　　　　　　　B. 施工现场平面图
C. 建筑总平面图　　　　　　　D. 工程效果图。

解析：本题考查的是施工现场文明施工的措施，"五牌一图"，即工程概况牌、管理人员名单及监督电话牌、消防保卫（防火责任）牌、安全生产牌、文明施工牌和施工现场平面图。

答案：B

（11）根据《建设工程施工现场管理规定》，下列施工单位的做法中，符合环境保护技术措施和要求的是（　　）。

A. 将冲洗车辆的泥浆水未经处理直接排入污水管网

B. 施工现场位于城市郊区，在现场熔融沥青

C. 施工现场严禁焚烧各类废弃物

D. 施工现场可以露天搅拌混凝土或砂浆

· 205 ·

解析：A 说法错误，施工现场的污水应沉淀处理达到排放标准后，方可排入市政污水管网。B 说法错误，施工现场严禁焚烧各类废弃物。D 说法错误，在规定区域内的施工现场应使用预拌制混凝土及预拌制砂浆。采用现场搅拌混凝土或砂浆的场所应采取封闭、降尘、降噪措施。水泥和其他易飞扬的细颗粒建筑材料应密闭存放或采取覆盖等措施。

答案：C

（12）监理人员进行平行检验时，发现施工过程存在安全事故隐患，应当（   ）。

  A. 责令施工企业整改   B. 向施工企业项目经理报告
  C. 向建设单位驻工地代表报告 D. 向建设行政主管部门报告

解析：工程监理单位在实施监理过程中，发现存在安全事故隐患的，应当要求施工单位整改；情况严重的，应当要求施工单位暂时停止施工，并及时报告建设单位。施工单位拒不整改或者不停止施工的，工程监理单位应当及时向有关主管部门报告。工程监理单位和监理工程师应按照法律、法规和工程建设强制性标准实施监理，并对建设工程安全生产承担监理责任。

答案：A

（13）施工企业在其经营生产的活动中必须对本企业的安全生产负全面责任，（   ）是安全生产的第一负责人。

  A. 项目经理   B. 监理工程师
  C. 总监理工程师   D. 企业的法定代表人

解析：施工企业在其经营生产的活动中必须对本企业的安全生产负全面责任。企业的法定代表人是安全生产的第一负责人，项目经理是施工项目生产的主要负责人。

答案：D

（14）施工安全控制的基本要求中规定：所有新员工必须经过三级安全教育，即施工人员进场作业前进行（   ）的安全教育。

  A. 公司、项目部、作业班组   B. 公司、施工队、专业队
  C. 项目部、施工队、作业班组 D. 公司、项目部、专业队

解析：所有新员工上岗前必须进行三级安全教育，即施工人员进场作业前进行企业、项目、作业班组的安全教育。

答案：A

（15）关于建设工程施工现场文明施工措施的说法，正确的是（   ）。

  A. 施工现场要设置半封闭的围挡
  B. 施工现场设置的围挡高度不得低于 1.5m

第10章 工程项目安全与环境管理

C. 集体宿舍与作业区隔离，人均床铺面积不小于1.5m²

D. 项目经理是现场文明施工的第一责任人

解析：A错误，围挡封闭是创建文明工地的重要组成部分，工地四周设置连续、密闭的砖砌围挡，与外界隔绝进行封闭施工。B错误，围挡高度按不同地段要求进行砌筑，市区主要路段和其他涉及市容景观路段的工地设置围挡高度不低于2.5m，其他工地的围挡高度不低于1.8m。C错误，集体宿舍与作业区隔离，人均床铺面积不小于2m²。

答案：D

(16) 产品的时代性和社会性决定了工程项目安全与环境管理的（　　）。

A. 复杂性　　　B. 多样性　　　C. 协调性　　　D. 持续性

解析：产品的时代性和社会性决定了工程项目安全与环境管理的多样性。

答案：B

(17) （　　）应按照有关建设工程法律法规的规定和强制性标准的要求，办理各种有关安全与环境保护方面的审批手续。

A. 建设单位　　B. 设计单位　　C. 监理单位　　D. 施工单位

解析：建设单位应按照有关建设工程法律法规的规定和强制性标准的要求，办理各种有关安全与环境保护方面的审批手续。

答案：A

(18) 安全控制的方针是（　　）。

A. 预防与整治相结合　　　　　B. 安全为生产服务

C. 生产与安全并重　　　　　　D. 安全第一、预防为主

解析："安全第一、预防为主"是安全控制的方针。

答案：D

(19) 关于安全生产事故应急预案管理的说法，正确的是（　　）。

A. 应急预案应报同级人民政府和上一级安全生产监督管理部门备案

B. 施工单位应每半年至少组织一次现场处置方案演练

C. 施工单位应每年至少组织两次综合应急预案演练或者专项应急预案演练

D. 非参建单位的安全生产及应急管理方面的专家，均可受邀参加应急方案评审

解析：A说法错误，地方各级安全生产监督管理部门的应急预案，应当报同级人民政府和上一级安全生产监督管理部门备案。其他负有安全生产监督管理职责的部门的应急预案，应当抄送同级安全生产监督管理部门。C说法错误，施工单位应当制定本单位的应急预案演练计划，根据本单位的事故预防重

点，每年至少组织一次综合应急预案演练或者专项应急预案演练，每半年至少组织一次现场处置方案演练。D说法错误，评审人员与所评审预案的施工单位有利害关系的，应当回避。

答案：B

(20) 筑施工企业安全生产管理工作中，（　　）是清除隐患、防止事故、改善劳动条件的重要手段。

A. 安全监察制度　　　　　　B. 伤亡事故报告处理制度
C. "五同时"制度　　　　　　D. 安全检查制度

解析：建设工程安全生产管理制度中，安全检查制度是清除隐患、防止事故、改善劳动条件的重要手段，是企业安全生产管理工作的一项重要内容。

答案：D

(21) 施工现场发生安全事故后，首先应该做的工作是（　　）。

A. 进行事故调查

B. 对事故责任者进行处理

C. 排除险情，采取有效措施抢救伤员和财产

D. 编写事故调查报告并上报

解析：事故发生后，事故发生单位应当严格保护事故现场，做好标识，排除险情，采取有效措施抢救伤员和财产，防止事故蔓延扩大。施工单位的事故处理内容包括：①事故现场处理；②事故登记；③事故分析记录；④要坚持安全事故月报制度，若当月无事故也要报空表。

答案：C

(22) 某实施施工总承包的建设工程，分包工程发生生产安全事故，应由（　　）负责上报事故。

A. 分包单位　　B. 建设单位　　C. 总承包单位　　D. 监理单位

解析：根据《生产安全事故报告和调查处理条例》实行施工总承包的建设工程，由总承包单位负责上报事故。

答案：C

(23) （　　）是环保工作的第一责任人，是施工现场环境保护自我监控体系的领导者和责任者。

A. 项目经理　　　　　　　　B. 监理工程师
C. 总监理工程师　　　　　　D. 企业的法定代表人

解析：项目经理是环保工作的第一责任人，是施工现场环境保护自我监控体系的领导者和责任者。

答案：A

第 10 章 工程项目安全与环境管理

（24）施工现场混凝土搅拌站的污水，应（　　）。
A. 有组织地直接排入市政污水管网
B. 自由流入沉淀池沉淀后排入市政雨水排水管网
C. 分批直接排入市政污水管网
D. 经排水沟排放和沉淀池沉淀后再排入城市污水管道或河流

解析：现场搅拌站的污水、水磨石的污水等须经排水沟排放和沉淀池沉淀后再排入城市污水管道或河流，污水未经处理不得直接排入城市污水管道或河流。

答案：D

（25）下列有关对员工的安全知识培训和安全意识教育说法错误的是（　　）。
A. 安全知识培训和安全意识教育是提高员工安全生产意识和技能的主要途径。
B. 入厂人员集中授课，并进行考试，对于不合格者可以先上岗，同时进行培训及再考试，直到合格。
C. 加强对特种作业人员的专门培训，凡特殊工种都要做到持证上岗。
D. 施工队每周要进行一次安全讲话教育，生产班组每天都要进行班前讲话。

解析：入厂人员集中授课，由安全管理人员和工程技术人员进行施工项目有关安全生产和文明施工要求及工艺技术知识的教育，并进行考试，对不合格者再培训再考试，直到合格，不合格不许上岗。

答案：B

（26）安全专项施工方案应由施工企业（　　）编制。
A. 专业工程技术人员　　　　B. 项目安全总监
C. 项目总工程师　　　　　　D. 项目经理

解析：安全专项施工方案应由施工企业专业工程技术人员编制。

答案：A

（27）发现危险源的重要途径是（　　）。
A. 安全教育　　B. 安全监测　　C. 安全检查　　D. 安全责任制

解析：安全检查是发现危险源的重要途径。

答案：C

（28）组织施工现场的定期安全检查的是（　　）。
A. 专业工程技术人员　　　　B. 项目安全总监
C. 项目总工程师　　　　　　D. 项目经理

解析：项目经理需定期组织施工现场的安全检查。

答案：D

(29) 作业场所的缺陷属于安全事故主要诱因当中的（　　）。

A. 人的不安全行为　　　　　B. 物的不安全状态

C. 环境的不利因素　　　　　D. 管理上的缺陷

解析：常见安全事故发生的原因大体上分为三个方面：人的不安全因素、物的不安全状态、管理上的不安全因素。作业场所的缺陷是属于物的不安全状态。

答案：B

(30) 下列关于建设单位环境管理措施说法错误的是（　　）。

A. 施工招标时应将施工单位的环境保护素质作为评标定标的条件之一。

B. 在施工承包合同中，增加有关环境保护方面的条款。

C. 由建设单位相关人员对施工过程中的噪音污染、大气污染、水质污染、景观破坏等情况进行实时监测。

D. 建设单位要严格遵守有关法律，对各种环境问题进行补偿。

解析：施工期间，由环保行政职能部门对施工过程中的噪音污染、大气污染、水质污染、景观破坏等情况进行实时监测，对于出现超标或不利于环保的严重行为及时通知施工单位整改，采取补救措施，严重者应追究法律责任。

答案：C

10.3.2 简答题

(1) 简述工程项目安全与环境管理的目的。

解析：工程项目安全管理的目的：防止和尽可能减少生产安全事故，保护产品生产者和使用者的健康与安全，保障人民群众的生命和财产免受损失；控制影响或可能影响工作场所内员工、临时工作人员、合同方人员、访问者和其他有关部门人员健康和安全的条件和因素；避免因管理不当对工作人员或因使用不当对使用者造成的健康和安全的危害。

工程项目环境管理的目的：保护和改善施工现场的环境，控制作业现场的各种粉尘、废水、废气、固体废弃物以及噪声、振动对环境的污染和危害，注意节约资源和避免资源的浪费。

(2) 简述工程项目安全与环境管理的特点。

解析：①复杂性。工程项目的安全和环境管理涉及大量的露天作业，受到气候条件、工程地质和水文地质、地理条件和地域资源等不可控因素的影响较大。②多变性。一方面是工程项目建设现场材料、设备和工具的流动性大；另一方面由于技术进步，项目不断引入新材料、新设备和新工艺，这都加大了相应的管理难度。③协调性。工程项目建设涉及的工种甚多，包括大量的高空作业、地下作业、用电作业、爆破作业、施工机械、起重作业等较危险的工程，并且各工种经常需要交叉或平行作业。④持续性。工程项目建设一般具有建设周期长的特点，从设计、实施直至投产阶段，诸多工序环环相扣。前一道工序的隐患，可能在后续的工序中暴露，酿成安全事故。⑤经济性。产品的时代性、社会性与多样性决定环境管理的经济性。⑥多样性。产品的时代性和社会性决定了环境管理的多样性。

（3）简述工程项目在决策阶段安全与环境管理的要求。

解析：建设单位应按照有关建设工程法律法规的规定和强制性标准的要求，办理各种有关安全与环境保护方面的审批手续。对需要进行环境影响评价或安全预评价的建设工程项目，应组织或委托有相应资质的单位进行建设工程项目环境影响评价和安全预评价。

（4）简述工程项目在设计阶段安全与环境管理的要求。

解析：设计单位应按照有关建设工程法律法规的规定和强制性标准的要求，进行环境保护设施和安全设施的设计，防止因设计考虑不周而导致生产安全事故的发生或对环境造成不良影响。

在进行工程设计时，设计单位应当考虑施工安全和防护需要，对涉及施工安全的重点部分和环节在设计文件中应进行注明，并对防范生产安全事故提出指导意见。对于采用新结构、新材料、新工艺的建设工程和特殊结构的建设工程，设计单位应在设计中提出保障施工作业人员安全和预防生产安全事故的措施建议。在工程总概算中，应明确工程安全环保设施费用、安全施工和环境保护措施费等。设计单位和注册建筑师等执业人员应当对其设计负责。

（5）简述工程项目在施工阶段安全与环境管理的要求。

解析：建设单位在申请领取施工许可证时，应当提供建设工程有关安全施工措施的资料。

对于依法批准开工报告的建设工程，建设单位应当自开工报告批准之日起15日内，将保证安全施工的措施报送建设工程所在地的县级以上人民政府建设行政主管部门或者其他有关部门备案。

对于应当拆除的工程，建设单位应当在拆除工程施工15日前，将拆除施工单位资质等级证明，拟拆除建筑物、构筑物及可能涉及毗邻建筑的说明，拆除施工组织方案，堆放、清除废弃物的措施的资料报送建设工程所在地的县级以上的地方人民政府主管部门或者其他有关部门备案。

施工企业在其经营生产的活动中必须对本企业的安全生产负全面责任。企业的代表人是安全生产的第一负责人,项目经理是施工项目生产的主要负责人。施工企业应当具备安全生产的资质条件,取得安全生产许可证的施工企业应设立安全机构,配备合格的安全人员,提供必要的资源;要建立健全职业健康安全体系以及有关的安全生产责任制和各项安全生产规章制度。对项目要编制切合实际的安全生产计划,制定职业健康安全保障措施;实施安全教育培训制度,不断提高员工的安全意识和安全生产素质。

建设工程实行总承包的,由总承包单位对施工现场的安全生产负总责并自行完成工程主体结构的施工。分包单位应当接受总承包单位的安全生产管理,分包合同中应当明确各自的安全生产方面的权利、义务。分包单位不服从管理导致生产安全事故的,由分包单位承担主要责任,总承包和分包单位对分包工程的安全生产承担连带责任。

(6) 简述工程项目在验收试运行阶段安全与环境管理的要求。

解析:项目竣工后,建设单位应向审批建设工程项目环境影响报告书、环境影响报告或者环境影响登记表的环境保护行政主管部门申请,对环保设施进行竣工验收。环保行政主管部门应在收到申请环保设施竣工验收之日起30日内完成验收。验收合格后,才能投入生产和使用。

对于需要试生产的建设工程项目,建设单位应当在项目投入试生产之日起3个月内向环保行政主管部门申请对其项目配套的环保设施进行竣工验收。

(7) 简述工程项目安全管理的主要内容。

解析:①落实安全生产管理制度。主要安全生产管理制度包括:安全生产责任制度;安全生产许可证制度;政府安全生产监督检查制度;安全生产教育培训制度;安全措施计划制度;特种作业人员持证上岗制度;专项施工方案专家论证制度;危及施工安全工艺、设备、材料淘汰制度;施工起重机械使用登记制度;安全检查制度;生产安全事故报告和调查处理制度;"三同时"制度;安全预评价制度;意外伤害保险制度等。②贯彻安全技术管理。编制施工组织设计时,必须结合工程实际,编制切实可行的安全技术措施,要求全体人员必须认真贯彻执行。执行过程中发现问题,应及时采取妥善的安全防护措施。要不断积累安全技术措施在执行过程中的技术资料,进行研究分析,总结提高,以利于以后工程的借鉴。③坚持安全教育和安全技术培训。组织全体人员认真学习国家、地方和本企业安全生产责任制、安全技术规程、安全操作规程和劳动保护条例等。新工人进入岗位之前要进行安全纪律教育,特种专业作业人员要进行专业安全技术培训,考核合格后方能上岗。要使全体职工经常保持高度的安全生产意识,牢固树立"安全第一"的思想。④组织安全检查。为了确保安全生产,必须严格进行安全检查。安全检查员要经常查看现场,及时排除施工中的不安全因素，纠正违章作业，监督安全技术措施的执行，不断改善劳动条件，防止工伤事故的发生。⑤进行事故处理。人身伤亡和各种安全事故发生后，应立即进行调查，了解事故产生的原因、过程和后果，提出鉴定意见。在总结经验教训的基础上，有针对性地制定防止事故再次发生的可靠措施。

（8）简述工程项目安全管理的实施方法。

解析：①建立健全施工项目的安全管理网络，确保网络体系的正常运行。②做好对施工项目的风险评估，制定风险削减计划和应急措施，实现对施工项目重要环境因素（事故危险源）的实时监控。③编制施工组织设计，采用先进工艺技术，科学布置，利用人、物和环境，实行文明施工，以形成良好的劳动条件。④制定切实可行的安全目标、指标，并分解到各部门、单位、班组，做到千斤重担众人挑，人人肩上有指标。⑤制定项目安全生产和文明施工管理制度，并采取有效措施加以落实，用制度管人、管事。⑥做好对员工的安全知识培训和安全意识教育，努力提高全员的安全生产技能及自我保护意识，力求在施工项目上营造良好的安全生产氛围。⑦做好火灾、爆炸、高处坠落、坍塌、触电、机械伤害、中暑、中毒、物体打击、冻伤、车辆伤害和环境污染等事故预防工作，认真制定各种预防措施并加以落实。⑧实行生产安全"五同时"做到管生产必须管安全。⑨组织做好定期和不定期的安全检查工作。⑩对事故实行"四不放过"原则，杜绝同类事故发生。

（9）简述建立一个健全的安全管理网络体系的方法。

解析：具体的操作方法是：项目部成立安全领导小组，项目经理任组长，一名副经理任副组长，项目部其他领导、安全员、各施工队长为成员。同时，在基层施工队和生产班组中都要指派一名专（兼）职安全员负责此项工作。领导小组要定期召开会议，汇报总结并布置阶段性安全工作，研究解决重大安全问题。

（10）简述施工项目安全管理的方法。

解析：做好对施工项目的安全管理，首要的一项工作就是分析项目在施工过程中可能出现什么样的事故，对可能造成事故的隐患进行评价，然后对这些危险源有针对性地制定削减计划，削减计划可采用先进的工艺技术实施技术保证，也可以指派具有丰富经验的人员进行现场作业或负责指挥和监督，同时还可以采用屏蔽隔离法，时间、人、物、轨迹交叉回避法，能量控制法等。在制定了风险消减计划后，由于其他不定因素影响，还可能发生事故。为了把事故损失控制在最小范围，还要制定应急措施，应急措施要做到组织、人员、救护方法三落实。而且要把计划、措施告知员工，以增加全员的风险意识，提高自主管理意识。

(11) 简述工程项目安全文明生产在编制施工组织设计时应考虑的因素。

解析：在施工组织设计中，要绘制平面布置图，把原材料、半成品存在区、预制场、施工区、住宅区、食堂、厕所、水、电、气、路、停车场及其他占地进行划分，在施工过程中严格按施工组织设计执行，不允许随心所欲打乱仗。在执行的同时，要强化文明施工的管理，做到"物以类别、标识齐全"，确保"电灯亮、道路通、设备完好、砖成垛、砂成方、工完料净场地清"。用物的安全状态、人的安全行为为项目的安全生产提供基本保证。

(12) 简述如何做好对员工安全知识培训和安全意识教育。

解析：具体方法可采用入厂人员集中授课，由安全管理人员和工程技术人员进行施工项目有关安全生产和文明施工要求及工艺技术知识的教育，并进行考试，对不合格者再培训再考试，直到合格，不合格不许上岗。在做好一般教育的基础上，还要加强对特种作业人员的专门培训，凡特殊工种都要做到持证上岗。另外，施工队每周要进行一次安全讲话教育，生产班组每天都要进行班前讲话。

(13) 简述如何做好施工项目的安全检查工作。

解析：做好施工项目的安全检查工作，应该从以下几个方面考虑：一是提高检查的权威性。施工项目的负责人要亲自参与组织安全检查，挑选责任心强、业务素质高的同志充实检查队伍。项目部要开展月检，施工队要实行周检，班组要进行日检。二是完善安全检查档案制度，做到有记录、有整改、有反馈，使前一次检查的整改情况成为下一次检查的首选对象，确保检查工作闭合循环，提高检查的针对性。三是采取各种方式，提高检查效果。一方面是自查自改、双向检查和下发限期整改通知单、填报整改情况反馈表等；另一方面是结合重点工作，不定期开展专项检查，如对各种作业票证检查等，对查出的问题要在整改的基础上严肃处理，不讲情面。

(14) 简述工程项目按事故严重程度划分的安全事故类别。

解析：我国《企业职工伤亡事故分类标准》（GB 6441—1986）规定，按事故严重程度分类，事故分为：①轻伤事故。轻伤是指损失工作日低于105日的失能伤害。②重伤事故。重伤是指相当于损失工作日等于和超过105日的失能伤害。③死亡事故。死亡事故分为重大伤亡事故和特大伤亡事故。其中，重大伤亡事故指一次事故中死亡1~2人的事故；特大伤亡事故指一次事故死亡3人以上（含3人）的事故。

(15) 简述工程项目按事故造成的人员伤亡或者直接经济损失划分的安全事故类别。

解析：依据2007年6月1日起实施的《生产安全事故报告和调查处理条

例》规定，按生产安全事故（以下简称事故）造成的人员伤亡或者直接经济损失，事故分为：①特别重大事故，是指造成 30 人以上死亡，或者 100 人以上重伤（包括急性工业中毒，下同），或者 1 亿元以上直接经济损失的事故；②重大事故，是指造成 10 人以上 30 人以下死亡，或者 50 人以上 100 人以下重伤，或者 5000 万元以上 1 亿元以下直接经济损失的事故；③较大事故，是指造成 3 人以上 10 人以下死亡，或者 10 人以上 50 人以下重伤，或者 1000 万元以上 5000 万元以下直接经济损失的事故；④一般事故，是指造成 3 人以下死亡，或者 10 人以下重伤，或者 1000 万元以下直接经济损失的事故。

（16）简述工程项目安全事故的处理原则。

解析：工程项目安全事项的处理原则，即"四不放过"原则：①事故原因未查清不放过；②事故责任人未受到处理不放过；③事故责任人和周围群众没有受到教育不放过；④事故没有制定切实可行的整改措施不放过。

（17）简述安全事故处理的程序。

解析：安全事故应该按下列程序进行处理：①按规定向有关部门报告事故情况。事故发生后，事故现场有关人员应当立即向本单位负责人报告；单位负责人接到报告后，应当于 1 小时内向事故发生地县级以上人民政府安全生产监督管理部门和负有安全生产监督管理职责的有关部门报告，并有组织、有指挥地抢救伤员、排除险情；应当防止人为或自然因素的破坏，便于事故原因的调查。②组织调查组，开展事故调查。事故调查组有权向有关单位和个人了解与事故有关的情况，并要求其提供相关文件、资料，有关单位和个人不得拒绝。事故发生单位的负责人和有关人员在事故调查期间不得擅离职守，并应当随时接受事故调查组的询问，如实提供有关情况。事故调查中发现涉嫌犯罪的，事故调查组应当及时将有关材料或者其复印件移交司法机关处理。③现场勘查。事故发生后，调查组应迅速到现场进行及时、全面、准确和客观的勘查，包括现场笔录、现场拍照和现场绘图。④分析事故原因。通过调查分析，查明事故经过，按受伤部位、受伤性质、起因物、致害物、伤害方法、不安全状态、不安全行为等，查清事故原因，包括人、物、生产管理和技术管理等方面的原因。通过直接和间接地分析，确定事故的直接责任者、间接责任者和主要责任者。⑤制定预防措施。根据事故原因分析，制定防止类似事故再次发生的预防措施。根据事故后果和事故责任者应负的责任提出处理意见。⑥提交事故调查报告。事故调查组应当自事故发生之日起 60 日内提交事故调查报告；特殊情况下，经负责事故调查的人民政府批准，提交事故调查报告的期限可以适当延长，但延长的期限最长不超过 60 日。⑦事故的审理和结案。重大事故、较大事故、一般事故，负责事故调查的人民政府应当自收到事故调查报告之日起

15日内作出批复；特别重大事故，30日内作出批复，特殊情况下，批复时间可以适当延长，但延长的时间最长不超过30日。

（18）简述施工单位环境管理的组织措施。

解析：①实行环保目标责任制。把环保指标以责任书的形式层层分解到有关单位和个人，列入承包合同和岗位责任制，建立一支懂行善管的环保自我监控体系。项目经理是环保工作的第一责任人，是施工现场环境保护自我监控体系的领导者和责任者。建筑企业要把环保政绩作为考核项目经理的一项重要内容。②加强检查和监控工作。要加强检查，加强对施工现场粉尘、废气的监测、监控工作。要与文明施工现场管理一起检查、考核、奖罚。及时采取措施消除粉尘、废气和污水的污染。③保护和改善施工场的环境，要进行综合治理。一方面施工单位要采取有效措施控制人为噪声、粉尘的污染和采取技术措施控制烟尘、污水、噪声污染，另一方面，建设单位应该负责协调外部关系，同当地居委会、村委会、办事处、派出所、居民、施工单位、环保部门加强联系。要做好宣传教育工作，认真对待来信来访，凡能解决的问题，立即解决，一时不能解决的扰民问题，也要说明情况，求得谅解并限期解决。

（19）简述施工单位环境管理的技术措施。

解析：①防施工噪声。主要是科学安排施工，合理选择和调整施工时间和机械配置。在建筑施工过程中，应对施工进行科学安排，尽可能将施工作业时间安排在白天。在居民区附近路段，严禁晚上进行大规模施工活动，以减少对居民的干扰。从施工机械方面进行合理选择，在一些环境敏感区附近施工时，要及时调整施工设备，增加轻型振动设备，减少施工设备震动和噪声对沿线居民产生的影响。

②防大气污染。材料堆放应采取必要挡风措施，减少扬尘。组织好材料和土方运输，防止扬尘和材料散落造成环境污染。材料运输宜采用封闭性较好的自卸车运输或采取覆盖措施。对施工场地、材料运输及进出料场的道路应经常洒水防尘。除设有符合规定的装置外，禁止在施工现场焚烧油毡、橡胶、塑料、皮革、树叶、枯草、各种包皮等以及其他会产生有毒、有害烟尘和恶臭气体的物质。机动车都要安装PVC阀，对那些尾气排放超标的车辆要安装净化消声器，确保不冒黑烟。工地茶炉、大灶、锅炉，尽量采用消烟除尘型和消烟节能回风灶，烟尘降至允许排放量为止。工地搅拌站除尘是治理的重点，有条件的应采用现代化先进设备降低粉尘污染；或者使用商品混凝土。

③防止水源污染。禁止将有毒有害废弃物作土方回填。施工现场搅拌站废水，现制水磨石的污水，电石（碳化钙）的污水须经沉淀池沉淀后再排入城市污水管道或河流。最好将沉淀水用于工地洒水降尘或采取措施回收利用。上述

污水未经处理不得直接排入城市污水管道或河流中去。现场存放油料必须对库房地面进行防渗处理。如采用防渗混凝土地面，铺油毡等。使用时，要采取措施，防止油料跑、冒、滴、漏，污染水体。施工现场100人以上的临时食堂，污水排放时可设置简易有效的隔油池，定期掏油和杂物，防止污染。工地临时厕所，化粪池应采取防渗漏措施。中心城市施工现场的临时厕所可采取水冲式厕所，蹲坑上加盖，并有防蝇、灭蝇措施，防止污染水体和环境。化学药品、外加剂等要妥善保管，库内存放，防止污染环境。

④加强回收处置与重复利用。在杜绝污染源减少污染物的同时，对已造成的污染物及时进行回收处理、并通过技术手段重复再利用也是至关重要的技术措施。对建筑垃圾进行分类处理。砂、石类可作混凝土的骨料，碎砖头作三合土或回填料，落地灰、碎屑等经粉碎后作砂浆骨料，塑料桶、箱、盒、编织袋等可处理给废品收购站。在混凝土搅拌机及冲刷集中的地方建贮水池、集水井及时回收废弃水，经沉淀处理后再用于工程或冲刷。人员较多的大型施工场地，可在厕所附近建沼气池，作垃圾、粪便处理，用产生的沼气烧水、做饭、照明，不仅消除了生活污染、废气污染，而且还可节省施工费用。将废机油回收用于模板工程作隔离剂或用作防腐。金属类、木材类、纤维类等废弃物除部分重复利用外可处理给废品收购站视作再生资源。

（20）简述建设单位环境管理的措施。

解析：①施工招标时对施工单位的环保措施进行审查。②加强合同管理，提高环保意识。③建立环保监督机构。④进行施工期间的环保监测。⑤发挥监理工程师的监督作用。⑥充分利用工程支付的调节手段，将环境保护工作落到实处。⑦妥善进行环境补偿。

第 11 章　工程项目风险管理

11.1　内容分析

11.1.1　学习目的

了解工程项目风险识别的步骤和方法；熟悉工程项目风险识别的方法；掌握工程项目风险应对的策略。

11.1.2　学习内容

本章知识结构，如图 11.1 所示。

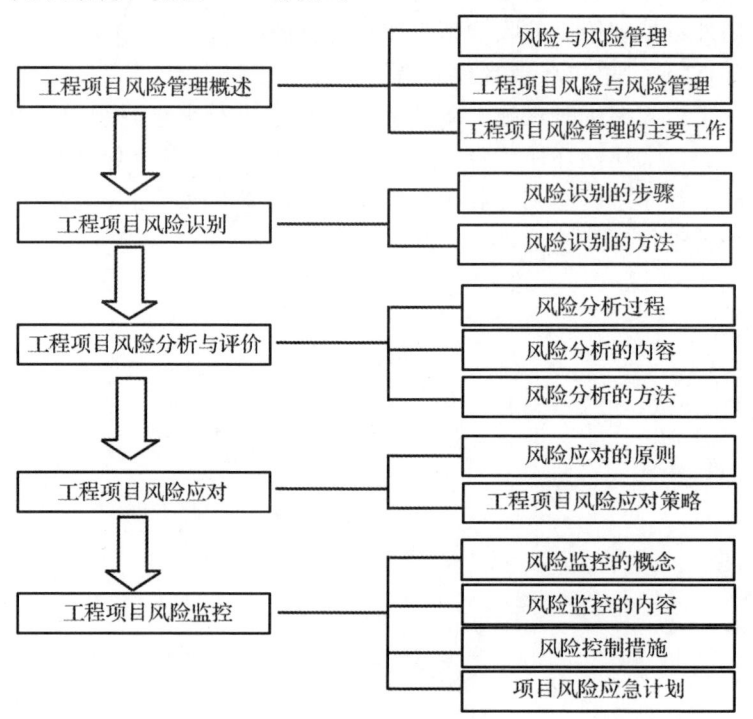

图 11.1　知识结构图

11.2 重点及难点分析

11.2.1 学习重点

风险识别的方法：头脑风暴法；德尔菲法；因果分析法；情景分析法；访谈法；SWOT 技术。

风险应对策略：风险回避；风险转移；风险分担；风险自留；损失控制。

风险应对措施包括两类：一类是在风险发生前，针对风险因素采取控制措施，以消除或减轻风险。另一类是在风险发生前，通过财务安排减轻风险对项目目标实现程度的影响。

风险控制的措施：权变措施；纠正措施；项目变更申请；风险应对计划更新。

11.2.2 学习难点

风险与风险管理的概念；工程项目风险识别的步骤和方法；工程项目风险分析的过程、内容和方法；风险应对的策略；工程项目风险监控的概念、内容、控制措施与应急计划。

11.3 思考题

11.3.1 选择题

（1）下列风险因素中，属于组织风险的是（　　）。
A. 工程资金供应的条件　　B. 现场防火设施的可用性
C. 施工方案　　　　　　　D. 业主方人员的能力

解析：组织风险包括：组织结构模式、工作流程组织、任务分工和管理职能分工、业主方（包括代表业主利益的项目管理方）人员的构成和能力、设计人员和监理工程师的能力、承包方管理人员和一般技工的能力、施工机械操作人员的能力和经验、损失控制和安全管理人员的资历和能力等；工程资金供应的条件与现场防火设施的可用性属于经济与管理风险、施工方案属于技术风险。

答案：D

（2）下列工程项目风险管理工作中，属于风险识别阶段的工作是（　　）。

A. 分析各种风险的损失量　　B. 分析各种风险因素发生的概率

C. 确定风险因素　　D. 对风险进行监控

解析：风险管理过程包括项目实施全过程的项目风险识别、项目风险评估、项目风险响应和项目风险控制。项目风险识别的任务是识别项目实施过程存在哪些风险，其工作程序包括：①收集与项目风险有关的信息；②确定风险因素；③编制项目风险识别报告。

答案：C

（3）建设工程项目风险可分为组织风险、经济与管理风险、工程环境风险和技术风险等，下列风险因素中属于技术风险的是（　　）。

A. 事故防范计划　　B. 现场防火设施

C. 工程设计文件　　D. 一般技工的能力

解析：建设工程项目的技术风险包括：工程勘测资料和有关工作文件、工程设计文件、工程施工方案、工程物资、工程机械等。

答案：C

（4）项目风险管理过程包括：①项目风险响应；②项目风险评估；③项目风险识别；④项目风险控制。其正确的管理流程是（　　）。

1. ③—②—④—①　　B. ③—②—①—④

2. ②—③—④—①　　D. ①—③—②—④

解析：风险管理过程包括项目实施全过程的项目风险识别、项目风险评估、项目风险响应和项目风险控制。

答案：B

（5）下列工程项目风险管理工作中，属于风险识别阶段的工作是（　　）。

A. 分析各种风险的损失量

B. 分析各种风险因素发生的概率

C. 确定风险因素

D. 对风险进行监控

E. 收集与项目风险有关的信息

解析：风险管理过程包括项目实施全过程的项目风险识别、项目风险评估、项目风险响应和项目风险控制。项目风险识别的任务是识别项目实施过程存在哪些风险，其工作程序包括：①收集与项目风险有关的信息；②确定风险因素；③编制项目风险识别报告。

答案：CE

（6）下列风险管理工作内容中，属于项目风险评估工作的有（　　）。

A. 分析各种风险因素发生的概率

B. 分析各种风险发生的损失量

C. 确定风险等级

D. 确定风险量

E. 确定风险管理范围

解析：此题考查风险管理的工作流程。E 属于风险管理计划的内容。

答案：ABCD

(7) 下列项目风险管理工作中，属于风险响应的是（　　）。

A. 收集与项目风险有关的信息

B. 监控可能发生的风险并提出预警

C. 确定各种风险的风险量和风险等级

D. 向保险公司投保难以控制的风险

解析：A 属于风险识别；B 属于风险控制；C 属于风险评估。

答案：D

(8) 根据《建设工程项目管理规范》GB/T50326－2006，项目风险管理计划应包括（　　）。

A. 风险分类和风险排序要求

B. 可使用的风险管理方法、工具

C. 确定风险因素

D. 分析各种风险损失量

E. 收集风险信息

解析：项目风险对策应形成风险管理计划，它包括：①风险管理目标；②风险管理范围；③可使用的风险管理方法、工具以及数据来源；④风险分类和风险排序要求；⑤风险管理的职责和权限；⑥风险跟踪的要求；⑦相应的资源预算。

CE 属于风险识别的内容，D 属于风险评估的内容。

答案：AB

(9) 下列有关施工风险的论述，正确的是（　　）。

A. 损失程度为中等、发生的可能性为很大的事件，风险等级为 5

B. 现场与公用防火设施的可用性及数量属于工程环境风险

C. 施工风险管理的过程为：风险识别—风险响应—风险评估—风险控制

D. 风险评估工作的内容包括确定风险因素的概率、损失量，并确定风险等级

E. 常用的风险对策包括风险规避、减轻、自留、转移及其组合等

解析：根据风险等级评估表，损失程度为中等、发生的可能性为很大的事

· 221 ·

件，风险等级为4，A错误。现场与公用防火设施的可用性及其数量属于经济与管理风险，B错误。风险管理过程包括项目实施全过程的项目风险识别、项目风险评估、项目风险响应和项目风险控制，C错误。项目风险评估包括以下工作：①利用已有数据资料（主要是类似项目有关风险的历史资料）和相关专业方法分析各种风险因素发生的概率；②分析各种风险的损失量，包括可能发生的工期损失、费用损失，以及对工程的质量、功能和使用效果等方面的影响；③根据各种风险发生的概率和损失量，确定各种风险的风险量和风险等级。D正确。常用的风险对策包括风险规避、减轻、自留、转移及其组合等策略，E正确。

答案：DE

（10）风险识别过程会得到（　　）。

A. 风险分解结构

B. 风险清单及风险特征

C. 确定的风险责任人

D. 风险应对措施

解析：A. 风险分解结构是风险管理计划中用来确定风险类别的。B. 通过识别风险过程识别出来的风险事件及其特征，是初步风险登记册的内容。C. 风险责任人将在后续过程定性风险分析中确定。D. 风险应对措施将在规划风险应对过程中制定。

答案：B

（11）风险事件是指造成损失的偶发事件，是造成损失的外在原因或直接原因，下列不属于风险事件的是（　　）。

A. 地震、雷电　　B. 心理状态　　C. 偷盗、抢劫　　D. 交通事故

解析：风险事件是指由于风险因素相互作用导致的任何事件或行动目标发生偏离的事件。如洪水、战争、轮船沉没等。例如轮船沉没可能是由于恶劣的气候条件、能见度低、指挥人员的麻痹思想、驾驶人员的观察能力和反应能力差及轮船设计缺陷等多方面的因素相互作用的结果。

答案：B

（12）定性的风险评价方法是（　　）。

A. 敏感性分析　　　　　　B. 盈亏平衡分析

C. 决策树　　　　　　　　D. 专家打分法

解析：风险分析包括风险事件发生概率的估计和对损失程度的估计。风险分析与评价可以采用定性和定量两类方法。定性的风险评价方法有专家打分法、层次分析法等，作用在于区分出不同风险的相对严重程度以及根据预先确

第 11 章 工程项目风险管理

定的可接受的风险度作出相应的决策。定量的风险评价方法包括敏感性分析、盈亏平衡分析、决策树、随机网络、蒙特卡罗模拟法等。

答案：D

(13) 按风险后果的承担者分类，风险不包括（ ）。

A. 有项目业主/投资方风险

B. 承包商风险

C. 设计、咨询、监理风险

D. 制造商风险

解析：按风险后果的承担者分类有项目业主/投资方风险；承包商风险；设计、咨询、监理风险；供应商风险；担保方风险；保险公司风险等。

答案：D

(14) 风险分析包括风险的定性分析和定量分析，其目的是（ ）。

A. 估计风险发生的概率和对项目的影响力

B. 检查风险的对策是否有效

C. 监控机制是否在运行

D. 不断识别新的风险并制定对策

解析：风险分析包括风险的定性分析和定量分析，其目的是估计风险发生的概率和对项目的影响力，识别项目的重大风险并进行重点管理，风险分析的结果之一是确定风险量。风险发生概率可以用数学模型、统计方法和人工估计进行分析；风险的影响力是指风险发生后对项目的工作范围、时间、成本、质量的影响，这里的影响特指风险发生后对项目所带来的损害；风险管理的重点目标就是那些发生概率大且影响力大的事件。

答案：A

(15) 工程担保中最重要的、担保金额最大的一种工程担保是（ ）。

A. 投标担保   B. 履约担保   C. 预付款担保   D. 分包担保

解析：投标担保是指投标人在投标报价之前或同时，向业主提交投标保证金或投标保函，保证一旦中标，则履行受标签约承包工程。一般投标保证金额为标价的 0.5%～5%。履约担保，是为保障承包商履行承包合同所作的一种承诺。一旦承包商没能履行合同义务，担保人给予赔付，或者接收工程实施义务，而另觅经业主同意的其他承包商负责继续履行承包合同义务。这是工程担保中最重要的，也是担保金额最大的一种工程担保。预付款担保，这是要求承包商提供的担保，为保证工程预付款用于该工程项目，不准承包商挪作他用及卷款潜逃。

答案：B

(16) 经过风险分析，确定了项目中存在的风险以及这些风险发生的可能性，确定了这些风险对项目的影响和可探测度，并排出了风险的优先等级，在此之后就可以根据风险性质和项目对风险的承受能力制定相应的防范计划，即（　　）。

  A. 识别风险　　　　　　　B. 进行风险应对策略研究
  C. 编制风险管理计划　　　D. 分析风险

解析：项目风险管理的程序可以表述为风险管理计划编制、风险识别、风险分析、风险对策研究和风险监控等五个过程。经过风险分析，确定了项目中存在的风险以及这些风险发生的可能性，确定了这些风险对项目的影响和可探测度，并排出了风险的优先等级，在此之后就可以根据风险性质和项目对风险的承受能力制定相应的防范计划，即进行风险应对策略研究。

答案：B

(17) 风险监控的工作内容包括（　　）。

  A. 跟踪已识别风险的发展变化情况
  B. 衡量风险消减计划需求
  C. 根据风险的变化情况及时调整风险应对计划
  D. 及时识别和分析已发生的风险
  E. 对于已发生过和已解决的风险应密切注意

解析：风险监控包括两方面的工作：一是跟踪已识别风险的发展变化情况，包括在整个项目周期内，风险产生的条件和导致的后果变化，衡量风险消减计划需求；二是根据风险的变化情况及时调整风险应对计划，并及时识别和分析已发生的风险及其产生的遗留风险和新增风险，采取适当的应对措施。对于已发生过和已解决的风险应及时从风险监控列表中调整出去。

答案：ABCD

(18) 以下对项目风险管理的描述中，不正确的是（　　）。

  A. 项目的风险管理是一个识别确定和分析度量项目风险，制定、选择和管理风险处理方案的过程
  B. 项目风险管理的目标是消除风险，以最少的成本，保证安全、可靠地实现项目的总目标
  C. 项目风险管理的目标与项目的总体目标相一致，是一个明确的、单一的目标
  D. 项目风险管理的程序可以表述为风险管理计划编制、风险识别、风险分析与量化、风险对策研究和风险监控等五个过程
  E. 项目风险管理计划的编制过程是规划和设计如何进行项目的风险管理

活动的过程

解析：项目风险管理的目标可以定义为：通过风险识别、风险量化，并以此为基础，合理地使用多种管理方法、技术手段，对项目活动涉及的风险进行有效的防范与控制，采取主动行动，创造条件，尽量扩大风险事件的有利结果，妥善地处理风险事件造成的不利后果，以最少的成本，保证安全、可靠地实现项目的总目标。

答案：BC

（19）制定风险应对策略主要考虑的因素包括（　　）。

A. 可规避性　　B. 可消除性　　C. 可转移性

D. 可缓解性　　E. 可接受性

解析：制定风险应对策略主要考虑以下四个方面的因素：可规避性、可转移性、可缓解性、可接受性。

答案：ACDE

（20）风险监控的目的包括（　　）。

A. 监视项目风险的状况

B. 检查风险的对策是否有效

C. 监控机制是否在运行

D. 对风险采取措施，并使之减弱，直到消除

E. 不断识别新的风险并制定对策

解析：风险监控的目的包括监视项目风险的状况；检查风险的对策是否有效；监控机制是否在运行；不断识别新的风险并制定对策。

答案：ABCE

11.3.2　填空题

（1）风险需要具备下列要素：（　　　　）；（　　　　），即产生损失的后果。

解析：一般来说风险需要具备下列要素：不确定性；事件的影响。

答案：不确定性；事件的影响

（2）在工程项目风险管理过程中，风险识别的方法是：头脑风暴法；（　　）；因果分析法；（　　）；（　　）；（　　）。

解析：在工程项目风险管理过程中，风险识别的方法是：头脑风暴法；德尔菲法；因果分析法；情景分析法；访谈法；SWOT技术。

答案：德尔菲法；情景分析法；访谈法；SWOT技术

（3）在工程项目中，风险分析的内容包括：（　　　）；（　　　）；

· 225 ·

（　　　　）；（　　　　）；（　　　　）。

解析：在工程项目中，风险分析的内容包括：风险存在和发生的时间分析；风险的影响和损失分析；风险发生的可能性分析；风险级别；风险的起因和可控性分析。

答案：风险存在和发生的时间分析；风险的影响和损失分析；风险发生的可能性分析；风险级别；风险的起因和可控性分析

（4）工程项目风险分析的过程是：（　　　　）；（　　　　）；（　　　　）。

解析：风险分析的过程是：采集数据；完成不确定性模型；对风险影响进行评价。

答案：采集数据；完成不确定性模型；对风险影响进行评价

（5）工程项目风险管理的主要工作是：（　　　　）；（　　　　）；（　　　　）；（　　　　）。

解析：工程项目风险管理的主要工作是：风险识别；风险估计与评价；风险应对；风险监控。

答案：风险识别；风险估计与评价；风险应对；风险监控

（6）风险管理是指采用科学的方法对存在的风险进行（　　　　）、（　　　　）、（　　　　）、（　　　　）和（　　　　），选择最佳风险管理措施对风险予以处理，保证以较低的成本投入，最大限度地减少风险损失，获得比较安全保障的过程。

解析：风险管理是指采用科学的方法对存在的风险进行识别、估计、评价、应对和监控，选择最佳风险管理措施对风险予以处理，保证以较低的成本投入，最大限度地减少风险损失，获得比较安全保障的过程。

答案：识别、估计、评价、应对和监控

（7）在工程项目中风险分析的方法是：（　　　　）；（　　　　）；（　　　　）。

解析：在工程项目中风险分析的方法是：列举法；专家经验法；其他分析方法。

答案：列举法；专家经验法；其他分析方法

（8）在工程项目中，风险应对策略为：（　　　　）；（　　　　）；（　　　　）；（　　　　）；（　　　　）。

解析：在工程项目中，风险应对策略包括：风险回避；风险转移；风险分担；风险自留；损失控制。

答案：风险回避；风险转移；风险分担；风险自留；损失控制

（9）风险控制的措施主要包括：（　　　　）；（　　　　）；（　　　　）；

· 226 ·

(　　　)。

解析：通过项目风险监控，不但可以把握工程项目风险的现状，而且可以了解工程项目风险应对措施的实施效果、有效性，以及判断出现了哪些新的风险事件，从而对工程项目风险重新进行评估，并对风险应对计划作重新调整。风险控制的措施订购有：权变措施；纠正措施；项目变更申请；风险应对计划更新。

答案：权变措施；纠正措施；项目变更申请；风险应对计划更新

（10）风险回避即以一定的方式中断风险使其（　　　），从而避免（　　　）。这是对付风险损失最彻底的一种策略，也是一种消极的风险处置方法。

解析：风险回避即以一定的方式中断风险使其不再发生或不再发展，从而避免可能发生潜在损失。这是对付风险损失最彻底的一种策略，也是一种消极的风险处置方法。

答案：不再发生或不再发展；可能发生潜在损失

11.3.3　简答题

（1）简述风险的概念。

解析：人们普遍接受的有以下两种：一是风险是损失发生的不确定性，二是风险是在一定的条件下，一定期限内，某一事件其预期结果与实际结果之间的变动程度。变动程度越大，风险越大；反之，则越小。

（2）简述风险管理的概念。

解析：风险管理是指采用科学的方法对存在的风险进行识别、估计、评价、应对和监控，选择最佳风险管理措施对风险予以处理，保证以较低的成本投入，最大限度地减少风险损失，获得比较安全保障的过程。

（3）简述工程项目风险的概念和特点。

解析：工程项目风险的概念：工程项目风险是指在项目建设过程中，由于各种各样的原因发生潜在风险和损失的可能性和概率。

工程项目风险具有以下特点：①工程项目风险的客观性与必然性；②工程项目风险的不确定性；③工程项目风险具有一定的规律性和可预测性；④工程项目风险的可变性；⑤工程项目风险的相对性；⑥工程项目风险的阶段性；⑦工程项目风险的行为相关性；⑧工程项目风险的结果双重性；⑨工程项目风险的全面性。

（4）简述工程项目风险的分类。

解析：工程项目风险的分类为：

①按项目的系统要素分类：项目环境要素风险、项目系统结构风险、项目

行为主体产生的风险。

②按风险对目标的影响分类：工期风险、费用风险、质量风险、生产能力风险、市场风险、信誉风险、人身伤亡、法律责任。

③按管理的过程和生产要素分类：战略风险、决策风险、技术风险、计划与控制风险、运营管理风险等。

(5) 简述风险应对措施的分类。

解析：风险应对措施包括两类：一类是在风险发生前，针对风险因素采取控制措施，以消除或减轻风险。

另一类是在风险发生前，通过财务安排减轻风险对项目目标实现程度的影响。

(6) 简述风险识别的步骤。

解析：风险识别的步骤是：①项目状态分析；②对项目进行结构分解；③历史资料分析；④确认不确定性的客观存在；⑤建立风险清单；⑥进行风险分类。

(7) 简述风险应对的原则。

解析：风险应对的原则是：①风险应对的思想应贯穿于项目建设的全过程；②风险应对应该具有针对性；③风险应对措施应该具有可行性；④风险应对措施应考虑可行性。

(8) 简述风险监控的概念。

解析：风险监控就是通过对风险规划、识别、估计、评价、应对全过程的监视和控制，从而保证风险管理能达到预期的目标，它是项目实施过程中的一项重要工作。

其目的是：核对风险管理策略和措施的实际效果是否与预见的相同；寻找机会改善和细化风险规避计划，获取反馈信息，以便将来的决策更符合实际。

(9) 简述风险监控的内容。

解析：风险监控的内容包括：

①风险应对措施是否按计划正在实施。

②风险应对措施是否如预期那样有效，收到显著的效果，或者是否需要制订新的应对方案。

③对工程项目建设环境的预期分析，以及对项目整体目标实现可能性的预期分析是否依然成立。

④风险的发生情况与预期的状态相比是否发生了变化，并对风险的发展变化做出分析判断。

⑤识别到的风险哪些已发生，哪些正在发生，哪些有可能在后面发生。

第11章 工程项目风险管理

⑥是否出现了新的风险因素和新的风险事件,坦恩的发展变化趋势有如何等。

(10) 简述风险控制的措施。

解析：通过项目风险监控,不但可以把握工程项目风险的现状,而且可以了解工程项目风险应对措施的实施效果、有效性,以及判断出现了哪些新的风险事件,从而对工程项目风险重新进行评估,并对风险应对计划作重新调整。风险控制的措施主要有：权变措施；纠正措施；项目变更申请；风险应对计划更新。

(11) 简述项目风险应急计划。

解析：工程项目风险应急计划是假定风险事件肯定发生的条件下,所确定的在项目风险事件发生是所实施的行动计划。该计划主要包括项目预备费计划和项目技术实施后备计划。

①项目预备费计划：工程项目预备费或应急费,在一般的工程概算中也称不可预见费,是指在实施前难以预料在实施过程中又可能发生的、在规定范围内的工程和费用,以及工程建设期内发生的价差。预备费包括基本预备费和价差预备费两项。

②项目技术实施后备计划：工程项目技术实施后备计划是专门应对技术类风险的,是一系列事先研究好的工程技术方案,如工程质量保证实施、施工进度调整方案等。

(12) 简述工程项目风险应对策略。

解析：工程项目风险应对策略为：风险回避；风险转移；风险分担；风险自留；损失控制。

(13) 简述工程项目风险管理的概念和特点。

解析：工程项目风险管理的概念：工程项目风险管理是指采用科学的方法对工程项目建设风险进行识别、评价,并在此基础上采用应对和监控措施,有效地控制风险,可靠的实现工程项目的总目标。

工程项目风险管理具有以下特点：

①工程项目风险管理尽管有一些通用的方法,如概率分析法、模拟法、专家咨询法等,而要研究具体项目风险还必须与项目的特点相联系。一般情况,项目的特点如下：项目的复杂性、系统性、规模、新颖性、工艺的成熟程度；项目的类型和所在的领域；项目所处地域,如过度、环境条件等。

②风险管理需要大量地占有信息,了解情况,要对项目系统的环境有十分深入的了解,并要进行预测,所以不熟悉情况是不可能进行有效的风险管理的。

③风险管理仍在很大程度上依赖于管理者的经验及管理者过去工程的经历、对环境的了解程度和对项目本身的熟悉程度。

④风险管理在项目管理中属于一种高档层的综合性管理工作。

⑤风险管理的目的并不是消灭风险。

(14) 简述风险转移的概念及方式。

解析：风险转移的概念是：指将自己可能面临的风险转移给他人，以避免风险损失的一种方法。

风险转移主要有以下两种方式：

①保险风险转移：保险是最重要的风险转嫁方式，是指通过购买保险的方法将风险转移给保险公司或保险机构。

②非保险风险转移：非保险风险转移是指通过保险以外的其他手段将风险转移出去。非保险风险主要有：担保合同；租赁合同；委托合同；分包合同；责任约定；合资经营；实行股份制等。

(15) 简述风险回避的概念。

解析：风险回避即以一定的方式中断风险使其不再发生或不再发展，从而避免可能发生潜在损失。这是对付风险损失最彻底的一种策略，也是一种消极的风险处置方法。虽然采取回避能消除风险，但同时也失去实现项目可能带来的收益，所以这种方法一般适用于以下情况：

①某风险所致的损失频率和损失幅度都相当高；

②应用其他风险管理方法的成本超过其产生的效益时。

11.4 综合题

(1) 某工业建设工程项目建设单位委托了一家监理单位协助组织工程招标并负责施工监理工作。总监理工程师在主持编制监理规划时，安排了一位专业监理工程师负责该建设项目风险分析和相应监理规划内容的编写工作。经过风险识别、评价，按风险量的大小将该项目中的风险归纳为大、中、小三类。根据该建设项目的具体情况，监理工程师对建设单位的风险事件提出了风险决策，相应制定了风险控制措施（见表 11.1）。

第 11 章　工程项目风险管理

表 11.1　　　　　　　　　　风险控制措施

序号	风险事件	风险对策	风险对策
1	风险对策	风险转移	建设单位与承包单位签订固定总价合同
2	承包单位技术、管理水平低	风险回避	出现问题向承包单位索赔
3	承包单位违约	风险转移	要求承包单位提供第三方担保或提供履约保函
4	建设单位购买的昂贵设备运输过程中的意外事故	风险转移	从现金净收入中支出
5	第三方责任	风险自留	建立非基金储备

问题：

①针对监理工程师提出的风险转移、风险回避和风险自留三种风险对策，指出各自的适用对象（指风险量大小）。

②分析监理工程师在表 11.1 中提出的各项风险控制措施是否正确？说明理由。

解析：

①针对监理工程师提出的风险转移、风险回避和风险自留三种风险对策，其中：风险转移适用于风险量大或中等的风险事件；风险回避适用于风险量大的风险事件；风险自留适用于风险量小的风险事件。

②对照风险对策及控制措施表中的问题回答（按表中序号）：

1 对应正确。固定总价合同对建设单位没有风险。

2 对应不正确。应选择技术、管理水平高的承包单位。

3 对应正确。第三方担保或承包单位提供履约保函可以转移风险。

4 对应不正确。从现金净收入中支出属于风险自留。

5 对应正确。出现风险损失，从非基金储备中支付，有应对措施，属于风险自留。但按国际惯例，对此类风险，一般是通过投保第三方责任险的方式转移风险。

（2）某大型多层厂房工程，业主把施工阶段的监理任务委托给某监理公司，总监工程师在开工前预备会上强调本工程是工业项目，按合同准时完成建设任务，就可为业主带来预定的投资效益，所以监理工程师一定要注意风险控制，要有明确的风险管理的具体目标，在施工过程中按具体目标加强风险管理。

问题：

总监工程师强调明确的风险管理的具体目标都由哪些目标组成？

解析：

风险管理的具体目标包括：实际投资不超过计划投资；实际工期不超过计划工期；实际质量满足于其质量要求；建设过程安全。

(3) 某项工程经过估计，得出各个风险发生的概率分别为：征地严重受阻 0.5，债券发行不顺 0.7，施工严重拖延 0.3，项目完成后使用率低（不到 40%）0.1；各个风险后果严重程度的概率分别为：超过预算（超过 30%）0.5，工期拖延（但小于 2 年）0.7，年现金流入达不到计划要求（的 20%）0.9。请计算此项目的风险系数。

解析：$P_f = (0.5+0.7+0.3+0.1)/4 = 0.4$

$C_f = (0.5+0.7+0.9)/3 = 0.7$

本项目的风险系数 $= (P_f + C_f) - P_f * C_f = (0.4+0.7) - 0.4*0.7 = 0.82$

(4) 某大型多层厂房工程，业主把施工阶段的监理任务委托给中海监理公司，总监工程师在开工前预备会上强调本工程是工业项目，按合同准时完成建设任务，就可各业主带来预定的投资效益，所以监理工程师一定要注意风险控制，尤其要注意质量的风险损失控制。

问题：

总监工程师提到的质量控制的风险损失值由哪些损失费用组成？

解析：

总监工程师提到的质量控制的风险损失值由：①建筑损坏的直接损失；②修复返工费用；③工期延误损失；④永久缺陷对使用的损失；⑤第三者责任的损失组成。

(5) 某大型多层厂房工程，业主把招标和施工阶段的监理任务委托给中海监理公司，总监工程师建议业主进行工程保险以便转移所有的风险？总监认为这是最有效的风险转移方式？

问题：

①工程保险可以转移所有风险吗？为什么？

②什么是最有效的风险转移方式？

解析：

①不可以，因为存在不可保的因素，有的风险不适宜保险。

②最有效的风险转移方式是：工程保险与回避，损失控制与风险自留结合起来运用。

第 12 章　建筑工程项目进度管理

12.1　内容分析

12.1.1　学习目的

了解工程项目进度管理的概念；熟悉工程项目进度计划的编制与调整方法；掌握工程项目进度的控制措施。

12.1.2　学习内容

本章知识结构，如图 12.1 所示。

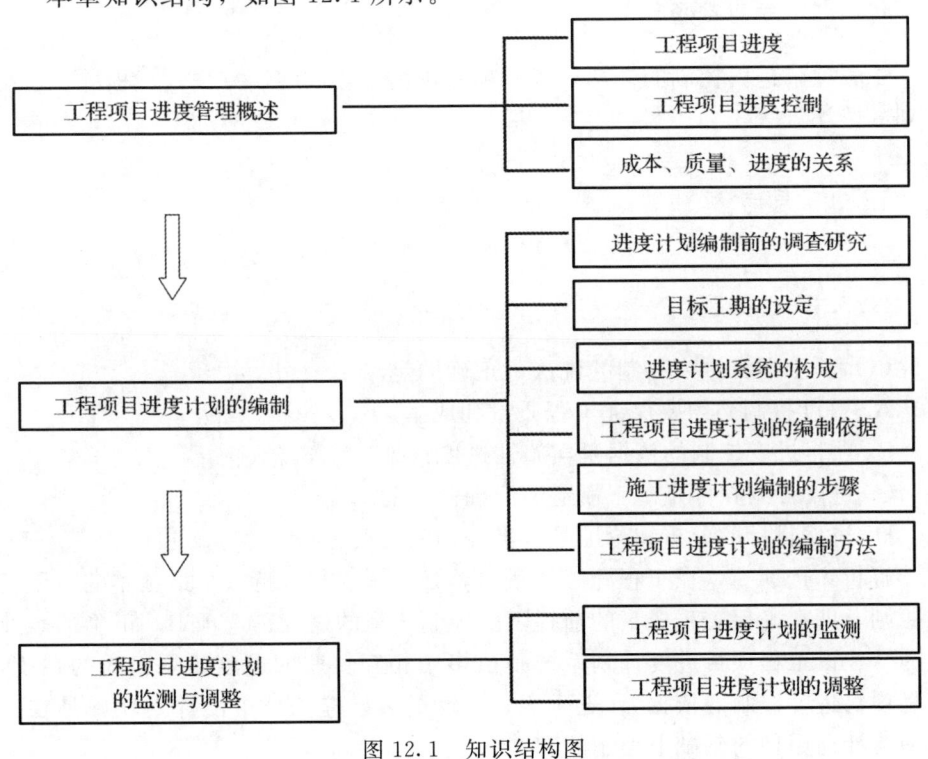

图 12.1　知识结构图

12.2 重点及难点分析

12.2.1 学习重点

对建设工程项目进度计划进行监测的方法：

①进度计划执行中的跟踪检查途径。定期收集进度报表资料、现场实地检查工程进展情况、定期召开现场会议。

②实际进度数据的加工处理。为了进行实际进度与计划进度的比较，必须对收集到的实际进度数据进行加工处理，形成与计划进度具有可比性的数据。

③实际进度与计划进度的对比分析。将实际进度数据与计划进度数据比较，可以确定工程项目进度实际执行状况与计划目标的差距。常用的进度比较方法有横道图、S形曲线、香蕉形曲线、前锋线、列表比较法等。

工程项目进度计划的编制方法：横道图法、网络图法、里程碑法、进度曲线法等。其中，横道图法和网络图法是最常用的方法。

12.2.2 学习难题

工程项目进度控制的概念；工程项目进度计划的编制方法；工程项目进度计划的监测方法。

12.3 思考题

12.3.1 选择题

（1）关于项目进度控制的说法，正确的是（   ）。

A. 进度控制必须要保证工程质量和成本

B. 项目进度控制的依据是实施性进度计划

C. 进度计划软件是基于横道图原理开发的

D. 进度目标的分析和论证是进度控制的首要工作

解析：选项 A，在工程施工实践中，必须树立和坚持一个最基本的工程管理原则，即在确保工程质量的前提下，控制工程的进度；选项 B，正确的表述应为"建设工程项目进度计划系统是由多个相互关联的进度计划组成的系统，它是项目进度控制的依据"；选项 C，正确的表述应为"进度计划软件是在工程网络计划原理的基础上编制的"。

第 12 章 建筑工程项目进度管理

答案：D

（2）在国际上，设计进度计划主要是各设计阶段的设计图纸（包括有关的说明）的（　　）。

A. 出图计划　　B. 交底计划　　C. 数量计划　　D. 专业协调计划

解析：在国际上，设计进度计划主要是各设计阶段的设计图纸的出图计划。

答案：A

（3）在进度计划的编制时，施工方应依据项目特点和进度控制的需要，编制（　　）。

A. 施工进度计划　　　　　　B. 设计进度计划
C. 主要设备采购工作计划　　D. 项目动用前准备工作计划

解析：在进度计划编制方面，施工方应依据项目的特点和施工进度控制的需要，编制深度不同的控制性、指导性和实施性施工的进度计划，以及按不同计划周期（年度、季度、月度和旬）的施工计划等。

答案：A

（4）建设工程项目进度计划系统分为总进度计划、子系统进度计划和单项工程进度计划，这是根据进度计划的不同（　　）编制的。

A. 功能　　B. 深度　　C. 周期　　D. 编制主体

解析：由多个相互关联的不同计划深度的进度计划组成的计划系统：①总进度规划（计划）；②项目子系统进度规划（计划）；③项目子系统中的单项工程进度计划等。

答案：B

（5）建设工程项目的总进度目标指的是整个工程项目的进度目标，它是在（　　）确定的。

A. 项目决策阶段　　　　B. 项目设计阶段
C. 项目实施阶段　　　　D. 招投标阶段

解析：建设工程项目的总进度目标指的是整个工程项目的进度目标，它是在项目决策阶段项目定义时确定的。

答案：A

（6）在论证建设项目总进度目标时，需要进行下列工作：①编制各层进度计划；②项目的工作编码；③进度计划系统的结构分析等项工作。对上述工作而言，正确的工作步骤是（　　）。

A. ①②③　　B. ③②①　　C. ②③①　　D. ②①③

解析：建设工程项目总进度目标论证的工作步骤如下：①调查研究和收集

资料；②项目结构分析；③进度计划系统的结构分析；④项目的工作编码；⑤编制各层进度计划；⑥协调各层进度计划的关系，编制总进度计划；⑦若所编制的总进度计划不符合项目的进度目标，则设法调整；⑧若经过多次调整，进度目标无法实现，则报告项目决策者

答案：B

(7) 建设项目的进度控制是一个动态管理过程，对于进度目标分析和论证的目的是（　　）。

　　A. 落实进度控制的具体措施
　　B. 决定进度计划的不同层面
　　C. 论证进度目标是否合理、能否实现
　　D. 分析进度计划系统内部的关系

解析：在进行建设工程项目总进度目标控制前，首先要分析和论证目标实现的可能性。进度目标分析和论证的目的是论证进度控制目标是否合理，进度目标有否可能实现。如果经过科学的论证，发现目标不可能实现，则必须调整目标。选项 A 落实进度控制的措施是项目具体实施阶段的内容；选项 B 和选项 D，决定进度计划的不同层面及确定进度计划系统内部关系都是制定进度目标阶段的工作，故选项为 C。

答案：C

(8) 若相邻两工作搭接施工，紧前工作的施工速度小于紧后工作时，考虑为紧后工作留出工作面，保证紧后工作一定的施工时间，这种逻辑关系可表示为（　　）。

　　A. STS　　　　B. FTS　　　　C. FTF　　　　D. STF

解析：相邻两工作，当紧前工作的施工速度小于紧后工作时，则必须考虑为紧后工作留有充分的工作面，否则紧后工作就将因无工作面而无法进行。这种结束工作时间之间的间隔就是 FTF。

答案：C

(9) 下列进度控制措施中，属管理措施的有（　　）。

　　A. 分析影响项目工程进度的风险
　　B. 制定项目进度控制的工作流程
　　C. 选用有利的设计和施工技术
　　D. 建立进度控制的会议制度

解析：本题考核的是进度控制的措施。制定项目进度控制的工作流程与建立进度控制的会议制度属于组织措施，分析影响项目工程进度的风险属于管理措施，选用有利的设计和施工技术属于技术措施。

答案：A

（10）下列为加快进度而采取的各项措施中，属于技术措施的是（　　）。

A. 重视计算机软件的应用

B. 编制进度控制工作流程

C. 实行班组内部承包制

D. 用大模板代替小钢模

解析：本题考核的是建设工程项目进度控制的技术措施。建设工程项目进度控制的技术措施涉及对实现进度目标有利的设计技术和施工技术的选用。不同的设计理念、设计技术路线、设计方案会对工程进度产生不同的影响，在设计工作的前期，特别是在设计方案评审和选用时，应对设计技术与工程进度的关系作分析比较。

答案：D

（11）关于建设工程项目进度控制措施的说法，正确的是（　　）。

A. 各类进度计划的编制程序、审查流程属于组织措施的范畴

B. 管理措施主要涉及管理的思想、方法和承发包模式

C. 风险管理属于进度控制管理措施的范畴

D. 在工程进度受阻时，应首先对有无设计变更的可能性进行分析

E. 应用信息技术属于进度控制管理措施的范畴

解析：本题考核的是建设工程项目进度控制的措施。在工程进度受阻时，应分析是否存在设计技术的影响因素，为实现进度目标有无设计变更的可能性。

答案：ABCE

（12）下列建设工程项目进度控制措施中，属于经济措施的有（　　）。

A. 应用价值工程方法

B. 审核设计预算

C. 编制资源需求计划

D. 明确资金供应条件

E. 落实经济激励措施

解析：本题考核的是建设工程项目进度控制的经济措施。建设工程项目进度控制的经济措施涉及资金需求计划、资金供应的条件和经济激励措施等。

答案：CDE

（13）建设工程项目进度控制的主要工作环节包括（　　）等。

A. 进度目标的分析和论证

B. 进度控制工作职能分工

C. 定期跟踪进度计划的执行情况

D. 采取纠偏措施及调整进度计划

E. 进度控制工作流程的编制

解析：本题考核的是建设工程项目进度控制的主要工作环节。进度控制的主要工作环节包括进度目标的分析和论证、编制进度计划、定期跟踪进度计划的执行情况、采取纠偏措施以及调整进度计划。

答案：ACD

(14) 建设工程项目进度控制措施中，采用信息技术辅助进度控制属于进度控制的（　　）措施。

A. 经济　　　　B. 技术　　　　C. 组织　　　　D. 管理

解析：本题考核的是建设工程项目进度控制的管理措施。建设工程项目进度控制的管理措施涉及管理的思想、管理的方法、管理的手段、承发包模式、合同管理和风险管理等。为了实现进度目标，应选择合理的合同结构，以避免过多的合同交界面而影响工程的进展。工程物资的采购模式对进度也有直接的影响，对此应作比较分析。为实现进度目标，不但应进行进度控制，还应注意分析影响工程进度的风险，并在分析的基础上采取风险管理措施，以减少进度失控的风险量。重视信息技术（包括相应的软件、局域网、互联网以及数据处理设备）在进度控制中的应用。

答案：D

(15) 为确保工程项目进度目标的实现，应编制与进度计划相适应的资源需求计划，若发现资源条件不具备，则应调整（　　）。

A. 进度目标　　B. 资源计划　　C. 资金计划　　D. 进度计划

解析：本题考核的是建设工程项目进度控制的经济措施。建设工程项目进度控制的经济措施涉及资金需求计划、资金供应的条件和经济激励措施等。为确保进度目标的实现，应编制与进度计划相适应的资源需求计划（资源进度计划），包括资金需求计划和其他资源（人力和物力资源）需求计划，以反映工程实施的各时段所需要的资源。通过资源需求的分析，可发现所编制的进度计划实现的可能性，若资源条件不具备，则应调整进度计划。

答案：D

(16) 下列各项措施中，（　　）是建设工程项目进度控制的技术措施。

A. 确定各类进度计划的审批程序

B. 选择工程承发包模式

C. 优选项目设计、施工方案

D. 选择合理的合同结构

第 12 章 建筑工程项目进度管理

解析：建设工程项目进度控制的技术措施涉及对实现进度目标有利的设计技术和施工技术的选用。

答案：C

(17) 建设工程项目进度控制的经济措施包括（　　）。

A. 优化项目设计方案

B. 分析和论证项目进度目标

C. 编制资源需求计划

D. 选择项目承发包模式

解析：建设工程项目进度控制的经济措施包括：编制资源需求计划。

答案：C

(18) 当关键线路的实际进度比计划进度拖后时，应在尚未完成的关键工作中，选择（　　）的工作，压缩其作业持续时间。

A. 资源强度小且持续时间短

B. 资源强度小或费用低

C. 资源强度大或持续时间短

D. 资源强度大且费用高

解析：本题考核的是网络计划调整的方法。当关键线路的实际进度比计划进度拖后时，应在尚未完成的关键工作中，选择资源强度小或费用低的工作缩短其持续时间，并重新计算未完成部分的时间参数，将其作为一个新计划实施。当关键线路的实际进度比计划进度提前时，若不拟提前工期，应选用资源占用量大或者直接费用高的后续关键工作，适当延长其持续时间，以降低其资源强度或费用；当确定要提前完成计划时，应将计划尚未完成的一部分作为一个新计划，重新确定关键工作的持续时间，按新计划实施。

答案：B

(19) 当工程施工的实际进度与计划进度不符时，需要对网络计划作出调整，调整的内容有（　　）。

A. 调整关键线路的长度

B. 调整非关键工作时差

C. 调整组织结构

D. 增减工作项目

E. 调整资源的投入

解析：本题考核的是网络进度计划的调整内容。网络计划调整的内容包括：调整关键线路的长度；调整非关键工作时差；增、减工作项目；调整逻辑关系；重新估计某些工作的持续时间；对资源的投入作相应调整。

答案：ABDE

（20）调整工程网络计划时，调整内容一般包括（　　）。

A. 非关键工作时差

B. 关键线路长度

C. 工作组织关系

D. 工作工艺工程

E. 工作持续时间

解析：网络计划调整的内容包括：调整关键线路的长度；调整非关键工作时差；增、减工作项目；调整逻辑关系；重新估计某些工作的持续时间；对资源的投入作相应调整。

答案：ABE

（21）某工程网络计划中工作 M 的总时差为 3 天，自由时差为 0。该计划执行过程中，只有工作 M 的实际进度拖后 4 天，则工作 M 的实际进度将其紧后工作的最早开始时间推迟和使总工期延长的时间分别为（　　）。

A. 3 天和 0 天　　B. 3 天和 1 天　　C. 4 天和 0 天　　D. 4 天和 1 天

解析：因为 M 工作的自由时差为 0，工作 M 实际进度拖后 4 天，就意味着将其紧后工作的最早开始时间推迟 4 天，又由于 M 工作的总时差为 3 天，工作 M 拖后 4 天，与总时差 3 天相比，还会影响总工期 1 天。

答案：D

（22）对建设工程项目进度目标进行分析和论证，其目的是（　　）。

A. 论证进度目标实现的经济性

B. 确定调整进度目标的方法

C. 制订进度控制措施

D. 论证进度目标是否合理

解析：本题考核的是进度目标的分析和论证。建设工程项目是在动态条件下实施的，因此进度控制也就必须是一个动态的管理过程。包括：①进度目标的分析和论证，其目的是论证进度目标是否合理，进度目标有否可能实现。如果经过科学的论证，目标不可能实现，则必须调整目标。②在收集资料和调查研究的基础上编制进度计划。③进度计划的跟踪检查与调整，它包括定期跟踪检查所编制进度计划的执行情况。若其执行有偏差，则采取纠偏措施，并视必要调整进度计划。

答案：D

（23）施工方视项目特点和进度控制的需要，编制（　　）。

A. 主要设备采购工作计划

第 12 章 建筑工程项目进度管理

B. 设计进度计划

C. 施工进度计划

D. 项目动用前准备工作计划

解析：本题考核的是施工方进度控制的任务。施工方进度控制的任务是依据施工任务委托合同对施工进度的要求控制施工进度，这是施工方履行合同的义务。在进度计划编制方面，施工方应依据项目的特点和施工进度控制的需要，编制深度不同的控制性、指导性和实施性施工的进度计划，以及按不同计划周期（年度、季度、月度和旬）的施工计划等。

答案：C

(24) 在进行施工进度控制时，必须树立和坚持的最基本的工程管理原则是（　　）。

A. 在确保工程质量的前提下，控制工程的进度

B. 在确保投资的前提下，达到进度、成本的平衡

C. 在确保工程投资的前提下，控制工程的进度

D. 在满足各项目参与方利益最大化的前提下，控制工程的进度

解析：本题考核的是进行施工进度控制的基本管理原则。施工进度控制并不仅关系到施工进度目标能否实现，它还直接关系到工程的质量和成本。在工程施工实践中，必须树立和坚持一个最基本的工程管理原则，即在确保工程质量的前提下，控制工程的进度。

答案：A

(25) 为了有效地控制工程项目的施工进度，施工方应根据工程项目的特点和施工进度控制的需要，编制（　　）。

A. 项目动用前准备阶段的工作计划

B. 年度、季度、月度和旬施工计划

C. 采购计划、供货进度计划

D. 设计准备工作计划、设计进度计划

E. 控制性、指导性和实施性的施工进度计划

解析：本题考核的是施工方进度控制的任务。施工方进度控制的任务是依据施工任务委托合同对施工进度的要求控制施工进度，这是施工方履行合同的义务。在进度计划编制方面，施工方应依据项目的特点和施工进度控制的需要，编制深度不同的控制性、指导性和实施性施工的进度计划，以及按不同计划周期（年度、季度、月度和旬）的施工计划等。

答案：BE

12.3.2 填空题

(1) 建设工程项目总进度目标的控制是（　　　）项目管理的任务。

解析：业主方进度控制的任务是控制整个项目实施阶段的进度，包括控制设计准备阶段的工作进度、设计工作进度、施工进度、物资采购工作进度，以及项目运用前准备阶段的工作进度。

答案：业主方

(2) 在建设工作项目进度控制工作中，分析和论证进度目标的目的是分析和论证（　　　　　　）。

解析：进度目标的分析和论证，其目的是论证进度目标是否合理，进度目标有否可能实现。如果经过科学的论证，目标不可能实现，则必须调整目标。

答案：进度目标的合理性及实现的可能性

(3) 在进行建设工程项目总进度目标控制前，首先应（　　　　　　）。

解析：建设工程项目的总进度目标指的是整个工程项目的进度目标，是在项目决策阶段项目定义时确定的，项目管理的主要任务是在项目的实施阶段对项目的目标进行控制。在进行建设工程项目总进度目标控制前，首先应分析和论证进度目标实现的可能性。若项目总进度目标不可能实现，则项目管理者应提出调整项目总进度目标的建议，并提请项目决策者审议。

答案：分析和论证进度目标实现的可能性

(4) 在建设工程项目的实施阶段，项目总进度应包括：（　　　）、（　　　）、（　　　）、（　　　）、（　　　）、（　　　）、（　　　）。

解析：在项目的实施阶段，项目总进度包括：设计前准备阶段的工作进度、设计工作进度、招标工作进度、施工前准备工作进度、工程施工和设备安装进度、工程物资采购工作进度、项目动用前的准备工作进度等。

答案：设计前准备阶段的工作进度；设计工作进度；招标工作进度；施工前准备工作进度；工程施工和设备安装进度；工程物资采购工作进度；项目动用前的准备工作进度等。

(5) 工程项目进度计划的编制方法主要有（　　　）、（　　　）、（　　　）、（　　　）等多种方法。

解析：工程项目进度计划的编制方法主要有横道图法、网络图法、里程碑法、进度曲线法等多种方法，其中横道图法和网络图法是最常用的方法。

答案：横道图法；网络图法；里程碑法；进度曲线法

(6) 我国常用的工程网络计划类型包括（　　　　　）、双代号时标网络计划、（　　　　）及（　　　　　）。其中，双代号时标网络计划兼有网络计划与横道计划的优点，他能够清楚地将网络计划的时间参数直观地表达出来，目前已成为应用最广泛的一种网络计划。

解析：我国常用的工程网络计划类型包括双代号网络计划、双代号时标网络计划、单代号网络计划及单代号搭接网络计划。其中，双代号时标网络计划兼有网络计划与横道计划的优点，他能够清楚地将网络计划的时间参数直观地表达出来，目前已成为应用最广泛的一种网络计划。

答案：双代号网络计划；单代号网络计划；单代号搭接网络计划

（7）工程项目进度控制的基本原理可以概括为由（　　　　）、（　　　　）、（　　　　）三大系统共同构成了进度控制的基本过程。

解析：工程项目进度控制的基本原理可以概括为三大系统的相互作用。即由进度计划系统、进度检测系统、进度调整系统共同构成了进度控制的基本过程。

答案：进度计划系统；进度检测系统；进度调整系统

（8）工程进度控制目标主要分为（　　　　）、（　　　　）和（　　　　）这三类目标工期。

解析：工程进度控制目标主要分为项目的建设周期、设计周期和施工工期这三类目标工期。其中，建设周期是根据国家基本建设统计资料确定；设计周期国家已经制定颁布了设计周期定额可供查阅；施工工期可参考国家颁布的施工工期定额，并综合考虑工程特点及合同要求等确定。

答案：项目的建设周期；设计周期；施工工期

（9）将实际进度数据与计划进度数据比较，可以确定工程项目进度实际执行状况与计划目标的差距。常用的进度比较方法有（　　　　）、（　　　　）、（　　　　）、（　　　　）、（　　　　）等。

解析：将实际进度数据与计划进度数据比较，可以确定工程项目进度实际执行状况与计划目标的差距。常用的进度比较方法有横道图、S形曲线、香蕉形曲线、前锋线、列表比较法等。

答案：横道图；S形曲线；香蕉形曲线；前锋线；列表比较法

（10）施工项目进度控制的主要任务是（　　　　　　）并控制其执行。

解析：施工项目进度控制的主要任务是编制施工总进度计划并控制其执行。

答案：编制施工总进度计划

12.3.3 简答题

(1) 简述施工进度计划的编制步骤。

解析：施工进度计划的编制步骤为：①根据工程项目的具体情况，将工程划分为不同的分部工程；②计算工程量，确定劳动和机械台班数量；③确定各分部分项工程的开展顺序、起止时间、施工天数、安排进度及搭接关系；④用横道图或网络图编制初始进度计划；⑤对进度计划进行优化和调整；⑥形成最终进度计划。

(2) 简述工程项目进度计划的编制方法。

解析：工程项目进度计划的编制方法主要有横道图法、网络图法、里程碑法、进度曲线法等多种方法，其中横道图法和网络图法是最常用的方法。

(3) 简述工程项目进度计划调整实施过程。

解析：在项目进度的检测过程中，一旦发现实际进度偏离进度计划，必须认真分析产生偏差的原因及其对后续工作及总工期的影响，并采取合理的调整措施，确保进度目标的实现。具体过程为：①出现进度偏差；②分析产生偏差的原因；③分析偏差对后续工作和工期的影响；④确定影响后续工作和工期的限制条件；⑤采取进度调整措施；⑥形成调整的进度计划；⑦采取相应的经济、组织、合同措施；⑧实施调整后的进度计划；⑨进度检测系统。

若实际进度的实施情况影响项目进度目标的实现，那么原进度计划需要做必要调整，施工项目进度计划的调整有以下方法：

①调整工作顺序，改变某些工作间的逻辑关系；

②缩短某些工作的持续时间；

③调整项目进度计划。

(4) 简述工程项目进度控制的基本原理。

解析：工程项目进度控制的基本原理可以概括为三大系统的相互作用。即由进度计划系统、进度检测系统、进度调整系统共同构成了进度控制的基本过程。

(5) 简述建设工程项目进度控制的措施。

解析：建设工程项目进度控制的措施为：①项目进度控制的组织措施；②项目进度控制的管理措施；③项目进度控制的经济措施；④项目进度控制的技术措施。

(6) 简述建筑工程中的成本、质量、进度的关系。

解析：建筑工程中的成本、质量、进度三者是融为一体的，非正常有序地施工，盲目地赶工难免会导致施工质量问题和施工安全问题的出现，会造成返

第 12 章 建筑工程项目进度管理

工,并且会引起施工成本的增加,影响建设单位投资效益的尽快发挥。为了保证施工质量,片面的精做细干又会使工程延后,成本增加。因此,施工进度控制不仅关系到施工进度目标能否实现,它还直接关系到工程的质量和成本。

(7) 简述如何对建设工程项目进度计划进行监测。

解析:对建设工程项目进度计划进行监测的方法:

①进度计划执行中的跟踪检查途径。定期收集进度报表资料、现场实地检查工程进展情况、定期召开现场会议。

②实际进度数据的加工处理;为了进行实际进度与计划进度的比较,必须对收集到的实际进度数据进行加工处理,形成与计划进度具有可比性的数据。

③实际进度与计划进度的对比分析。将实际进度数据与计划进度数据比较,可以确定工程项目进度实际执行状况与计划目标的差距。常用的进度比较方法有横道图、S 形曲线、香蕉形曲线、前锋线、列表比较法等。

(8) 简述工程项目进度控制的概念。

解析:工程项目进度控制是指项目管理者围绕目标工期的要求,对工程项目建设各阶段的工作内容、工作程序、持续时间和衔接关系,编制计划并付诸实施,然后在实施过程中不断检查计划的实际执行情况,若出现偏差,分析产生进度偏差的原因和对工期的影响程度,进行相应调整和修改;通过对进度影响因素实施控制及各种关系协调,综合运用各种可行方法、措施,将项目的计划工期控制在事先确定的目标工期范围之内。在兼顾费用、质量控制目标的同时,努力缩短建设工期。

(9) 简述横道图比较法的概念、特点。

解析:横道图比较法的概念:是指将项目实施过程中检查实际进度收集的数据,经加工整理后直接用横道线平行绘于原计划的横道线下,进行实际进度于计划进度的比较方法。

横道图比较法的特点:形象、直观地反映实际进度于计划进度的比较情况。

横道图比较法分为匀速进展横道图比较法和非匀速进展横道图比较法。

(10) 简述采用匀速进展横道图比较法的绘制步骤。

解析:采用匀速进展横道图比较法的步骤是:编制横道图进度计划;在进度计划上标出检查日期;将实际进度用粗黑线标于计划进度的下方;比较分析实际进度与计划进度,若粗黑线右端落在检查日期的左侧,表明实际进度拖后,若粗黑线右端落在检查日期的右侧,表明实际进度超前,若粗黑线右端与检查日期重合,表明实际进度与计划进度一致。

12.4 综合题

（1）某建设工程项目，合同工期 12 个月。承包人向监理机构呈交的施工进度计划如图 12.2 所示（图中工作持续时间单位为月）。

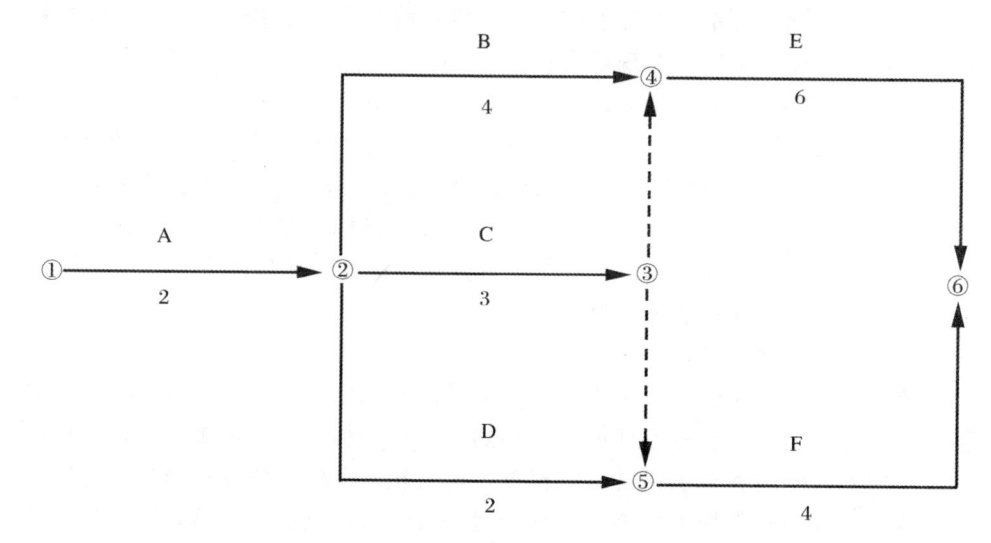

图 12.2 某工程的施工进度计划

问题：
①该施工进度计划的计算工期为多少个月？是否满足合同工期的要求？
②该施工进度计划中哪些工作应作为重点控制对象？为什么？
③施工过程中检查发现，工作 C 将拖后 1 个月完成，其他工作均按计划进行，工作 C 的拖后对工期有何影响？

解析：
①该进度计划的计算工期为 12 个月，满足合同工期要求。
②工作 A、B、E 应作为重点控制对象。因为它们均为关键工作。
③无影响。因工作 C 有总时差 1 个月，它拖后的时间没有超过其总时差。

（2）某建设项目合同工期 15 个月，其双代号网络计划如图 12.3 所示。该计划已经监理人批准。

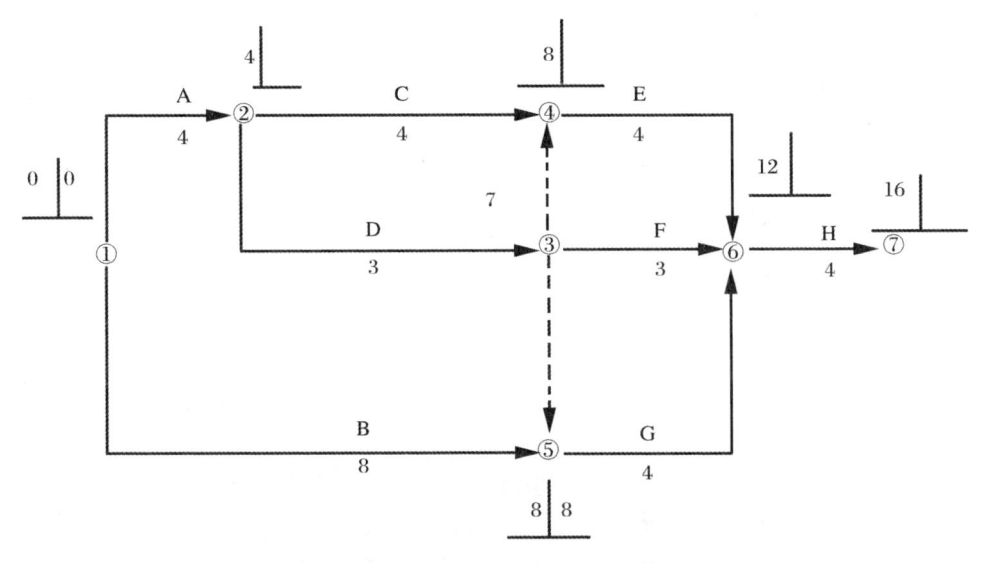

图 12.3 某工程的施工进度计划

问题：

①找出该网络计划的关键路线。

②工作 D 的总时差和自由时差各为多少？

③当该计划实施到第 8 个月末时，经监理工程师检查发现工作 C、B 已按计划完成，而工作 D 还需要 2 个月才能完成。此时工作 D 实际进度是否会使总工期延长？为什么？

解析：

①关键路线有①—②—④—⑥—⑦和①—⑤—⑥—⑦

②工作 D 的总时差为 1 个月，自由时差为 0 个月。

③工作 D 的计划最迟完成时间为第 8 个月，第 8 个月末检查时，工作 D 尚需 2 个月才能完成，尚有总时差 0－2＝－2 个月。所以，工作 D 的实际进度拖后将使工期延长 2 个月。

（3）某工程网络计划如图 12.4 所示（时间单位：月）。

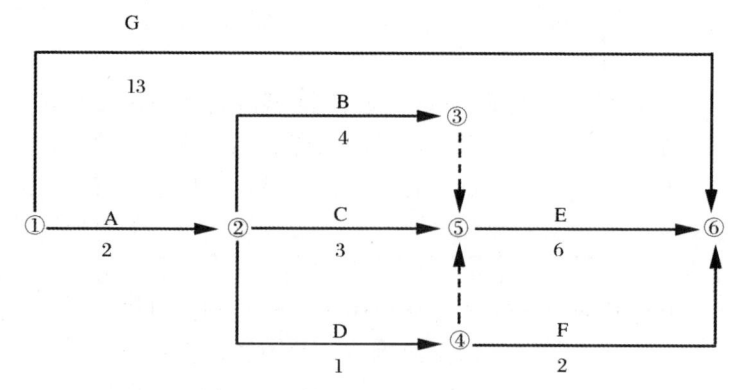

图 12.4　某工程的施工进度计划

问题：

①用"工作法"计算该网络计划的时间参数，并确定关键路线。

②根据上面的计算情况，回答下列问题（计划中各工作按最早时间安排下达；某工作的进度发生偏差时，认为其他工作是按计划进行的）。

a. 该工程的计算工期是多少？

b. 若该工程的计划工期等于计算工期，实施中 E 工作拖后 2 个月完成，对工期有何影响？

c. 若实施中 G 工作提前 2 个月完工，工期变为多少？

d. 若 D 工作拖延 1 个月完成，F 工作的总时差有何变化？

解析：

①计算网络计划的时间参数，并确定关键路线，如图 12.5 所示。

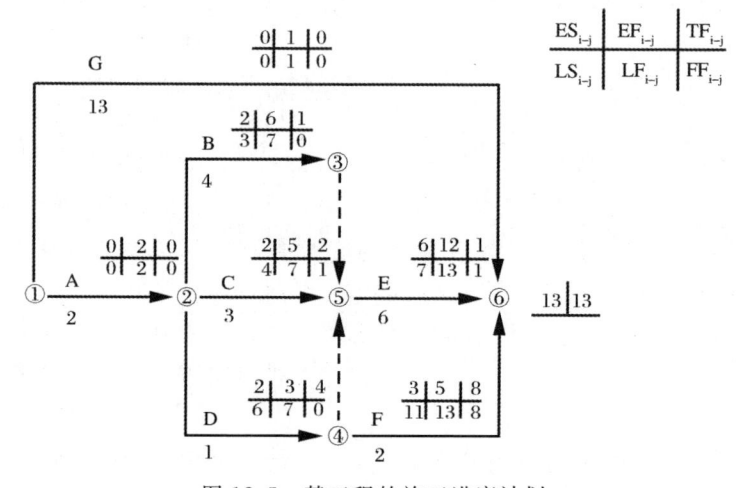

图 12.5　某工程的施工进度计划

关键路线为①—⑥。

②a. 该工程的计算工期是 13 个月。b. 实施中若 E 工作拖后 2 个月完成，工程工期将延长 1 个月。c. 实施中 G 工作提前 2 个月完工，工程工期将变为 12 个月。d. 若 D 工作拖延 1 个月完成，F 的总时差由原有的 8 个月变为 7 个月。

（4）已知某工程项目的时标网络计划，如图 12.6 所示。

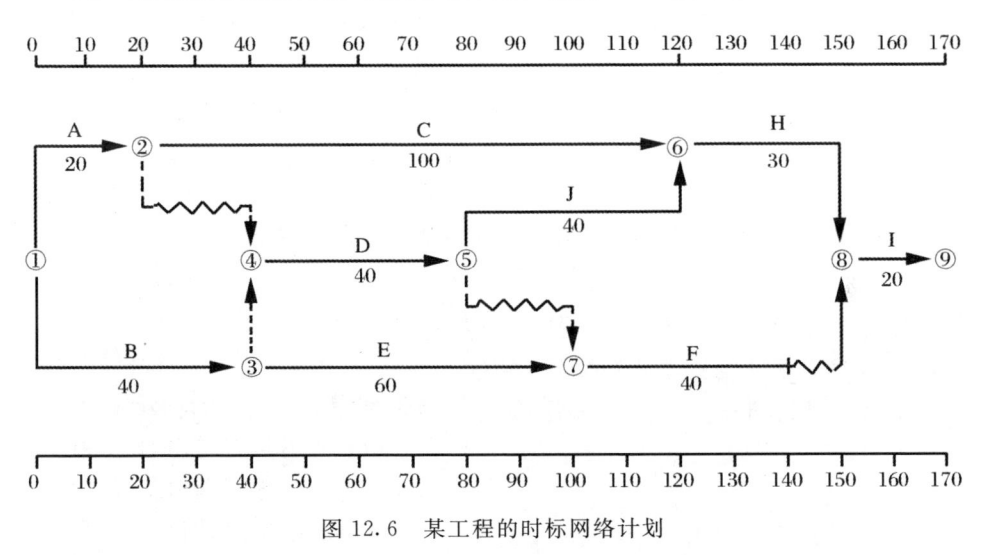

图 12.6 某工程的时标网络计划

问题：

①工作 E 的总时差及自由时差各为多少天？

②指出该网络计划的关键路线。

③工程进行到 70 天下班时检查，发现工作 A、B 已完成，而工作 C、D、E 分别需要 40 天、30 天和 20 天才能完成，试绘制实际进度前锋线，分析工作 C、D、E 的实际进度与计划进度的偏差及影响。

解析：

①工作 E 的总时差为 10 天，自由时差为 0 天。

②关键路线有①—②—⑥—⑧—⑨和①—③—④—⑤—⑥—⑧—⑨

③实际进度前锋线如图 12.7 所示。

图 12.7　某工程的实际进度计划

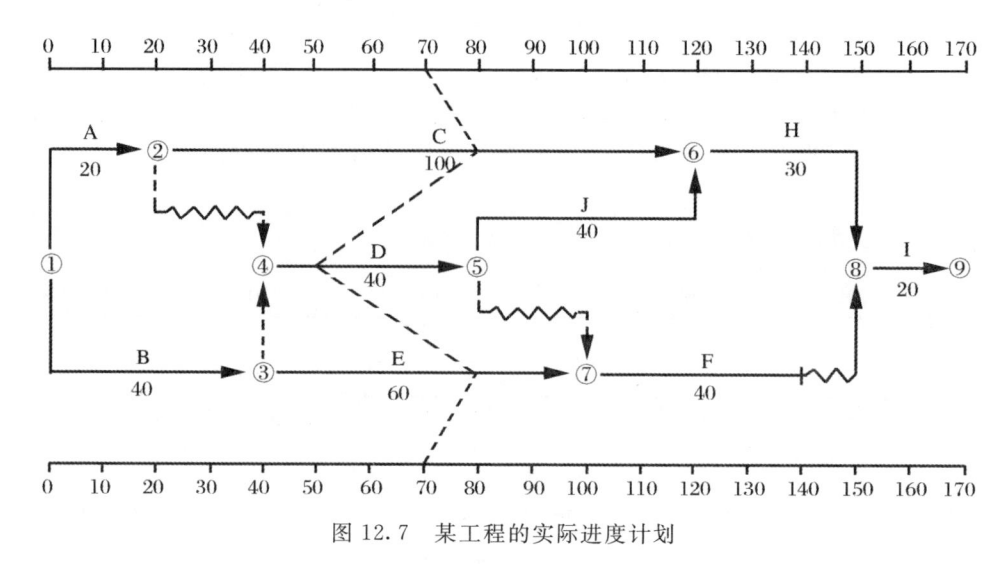

分析有关工作实际进度与计划进度的偏差及影响：

工作 C 实际进度比原计划提前 10 天。

工作 D 实际进度比原计划拖后 20 天。因它是关键工作，总时差和自由时差均为零，所以将使工期拖后 20 天，并将使其紧后工作 J 的最早开始时间往后推迟 20 天。

工作 E 实际进度比原计划提前 10 天。

（5）某工程建设项目，网络计划如图 12.8 所示。在施工过程中，由于业主原因，以及不可抗力因素和施工单位原因，对各项工作的持续时间产生一定的影响，其结果见表 12.1（正数为延长工作天数，负数为缩短工作天数）。由于工作的持续时间变化，该工程的实际工期为 66 天。

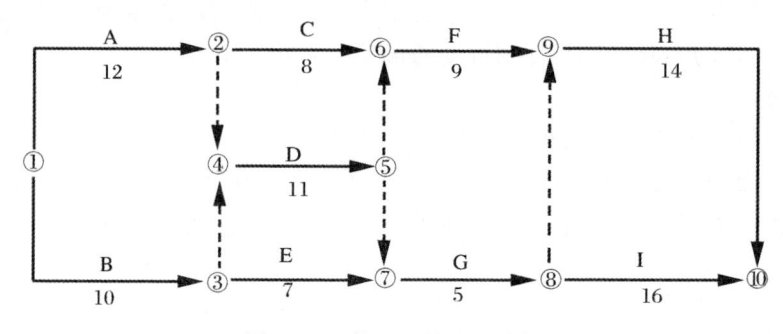

图 12.8　某工程的施工计划

第 12 章　建筑工程项目进度管理

表 12.1　　　　　　　　　　　工程延期时间表　　　　　　　　　　　单位：天

工作代号	业主原因	不可抗力	施工单位原因	延长时间
A	0	2	0	2
B	1	0	1	2
C	1	0	−1	0
D	2	0	2	4
E	0	2	−2	0
F	3	2	0	5
G	0	2	0	2
H	3	0	2	5
I	0	0	0	0
合计	10	8	2	20

问题：

①因业主和不可抗力因素致使各项工作持续时间增加之和为 18 天，所以承包商要求延长合同工期 18 天。是否合理？为什么？

②原计划工期为 46 天，实际工期 60 天。若承包商提出要求延长合同工期 14 天是否合理？为什么？监理工程师应签证延长合同工期几天？

解析：

①要求延长工期 18 天不合理，因业主原因和不可抗力因素对工作持续时间的影响不是都在关键路线上。

②要求延长工期 14 天也不合理，因其中包含了施工单位自身原因所造成的工作持续时间的延长和缩短。

由承包人自己造成的工期延长不给予延期；由发包人和不可抗力造成的工期延长并且对影响工期时应给予延期。所以只考虑发包人和不可抗力造成的工期延长。

由网络图计算可知，关键路线是①—②—④—⑤—⑥—⑨—⑩。

由发包人和不可抗力因素引起工作 B、C、E 的拖期，不影响工期，不予以考虑。

只考虑工作 A、D、F、H 由发包人和不可抗力引起的工程延期。共影响工期 12 天，所以应该给予工程延期 12 天。